LA VENGEANCE DES NATIONS

DU MÊME AUTEUR

RAPPORT SUR L'INFORMATISATION DE LA SOCIÉTÉ, avec Simon Nora, la Documentation française, Le Seuil, 1978.

L'APRÈS-CRISE EST COMMENCÉ, Gallimard, 1982.

L'AVENIR EN FACE, Le Seuil, 1984.

LE SYNDROME FINLANDAIS, Le Seuil, 1986.

LA MACHINE ÉGALITAIRE, Grasset, 1987.

LA GRANDE ILLUSION, Grasset, 1989.

L'ARGENT FOU, Grasset, 1990.

ALAIN MINC

LA VENGEANCE DES NATIONS

BERNARD GRASSET
PARIS

PRÉAMBULE

1989 aura été une année de grâce : le communisme mort, l'optimisme triomphant, le capitalisme arrogant. Mais l'entropie gagne vite. Déjà les nations pointent à l'horizon. Elles vont se venger de leur trop longue humiliation. Durement. A l'Est mais aussi à l'Ouest. Dans le jeu international et au sein de chaque société. L'incertitude à l'extérieur, les pulsions d'identité à l'intérieur avec pour prétexte l'immigration, tel est le décor de l'an 2000. Nous voici obligés, après un demi-siècle d'internationalisme, de réinventer une idée nationale. Qui l'aurait dit? Qui l'aurait imaginé, il y a seulement cinq ans? L'Histoire n'en finit pas de ruser : à nos risques et périls...

CHAPITRE I

Le retour

La nation, cette étrange figure, est donc de retour. Qui l'aurait cru, après un effacement de près d'un demi-siècle, à peine perturbé par la parenthèse d'exaltation gaulliste? Tout poussait à l'internationalisme. La paix, devenue – du moins en Europe – une seconde nature de l'humanité, au point de faire oublier qu'elle résultait du seul équilibre de la terreur entre deux mondes étrangers l'un à l'autre. L'explosion économique, née de la reconstruction, puis reprise en charge par le libre-échange, la construction européenne et, point ultime, le Grand Marché. Les modes de vie, en pleine uniformisation : valeurs, comportements, attitudes, étaient en train d'engendrer un « *Homo occidentalus* » auquel les populations de l'Est rêvaient de s'identifier. Telle est, depuis 1945, la ligne de plus grande pente : ni les drames de la décolonisation, ni la crise à rebonds de 1973 et 1979, ni les rodomontades politiques ne l'avaient perturbée. La nation était devenue un vieil appendice mythologique, tout juste prêt à être remisé au magasin des accessoires des sociétés modernes, hypermodernes, postmodernes ou autres... Et à une époque où l'archaïsme valait excommunication, il ne faisait pas bon se réclamer de la tradition nationale. Celle-ci a été longtemps en France disqualifiée par ceux qui s'en réclamaient : fascistes, ultraminoritaires, communistes toujours désireux de valoriser la rente du « parti des fusillés », personnalités qui mêlaient le sens de la nation à un goût de l'ordre, voire de l'ordre moral. Quant au gaullisme, il finissait avec le recul du temps par ressembler à une simple chanson de geste. De là, faut-il le dire, notre aveuglement hier, notre désarroi aujourd'hui, notre inquiétude demain.

Aveuglement devant la montée d'une extrême droite politique regardée, à l'image du mouvement poujadiste de 1956, comme aussi prompte à s'imposer qu'à disparaître. On ne s'inquiète pas d'un phénomène que l'on prend plaisir à transformer en instrument et la gauche ne s'en est pas privée, qui se vengeait en brandissant devant la droite le même type d'épouvantail que celle-ci n'avait cessé d'agiter, pendant vingt ans, avec le danger communiste. Les hiérarques se rassuraient en se répétant qu'il serait aussi facile de faire rentrer le diable dans la boîte qu'il l'avait été de le faire sortir : question de doigté, en quelque sorte... A 2 %, le phénomène relève du pittoresque; à 5 % de l'anomalie; à 10 % de l'instrument de déstabilisation de la droite; à 15 ou 20 % c'est désormais notre avenir qui est en jeu. Dans le pot-pourri idéologique qui tient lieu de doctrine au Front national voisinent un libéralisme échevelé et l'aspiration au protectionnisme, la xénophobie et le culte de la terre, l'antisémitisme et le poujadisme avec en surplomb le plus primaire des nationalismes. D'où un paradoxe douloureux : le nationalisme du Front national disqualifie l'idée de nation, mais parce qu'il est le seul parti politique à s'en réclamer, il en est devenu le rentier exclusif. A cela, nous, intellectuels, industriels, politiques ouverts aux vents du grand large et peu sensibles à la petite musique nationaliste, avons été insensibles. Or ce n'est pas parce que le Front national en usurpait le drapeau que la question nationale n'était pas en train de poindre à l'horizon.

Désarroi, aujourd'hui, devant la conjonction inattendue de deux phénomènes qui, s'ils entraient en résonance, prendraient une ampleur insoupçonnée. D'un côté la lame de fond partie de l'Est et qui, une fois passée la première illusion du triomphe démocratique, nous promet un violent sursaut nationaliste. Sursaut nationaliste à l'intérieur de sociétés qui, sorties du congélateur de l'Histoire, retrouvent, un demi-siècle plus tard, leurs fantasmes, antisémitisme compris, dans l'état où elles les avaient laissés en entrant dans la longue hibernation communiste. Surgeon national autour d'une Allemagne qui, redevenue le centre de l'Europe, se découvre à nouveau face à ses difficultés d'identité : où commence-t-elle ? Où s'arrête-t-elle ? Questions toujours ouvertes. Environnement intégriste au sud de la Méditerranée, où nationalisme et religion risquent de faire bon ménage. De l'autre côté, une pression intérieure, inévitablement accrue par cet environnement et qui, polarisée sur l'immigration, tourne autour de l'éternel débat sur l'identité nationale. Les immigrés sont aujourd'hui à peine plus nombreux qu'il y a quinze ans; ils représentent une part de la population plus faible que dans les années trente, et pourtant le problème a pris une ampleur sans précédent, comme si les faits s'étaient effacés devant une réalité plus forte : une angoisse collective et obsidionale. Qu'en sera-t-il lorsque les immigrés seront plus nombreux ? Perspective inévitable pour une Europe aussi ouverte à son environnement que les Etats-Unis au Mexique, mais avec une répartition des rôles, l'Allemagne servant d'aimant pour les immigrés en provenance du monde de l'Est – et les pays du nord de la Méditerranée, France, Italie, Espagne, pour les régions surpeuplées du Sud. Sous cette pression, les anxiétés, aujourd'hui disproportionnées, risquent encore de s'aggraver. Dans un univers européen en plein rêve internationaliste, avec pour perspective une dissolution des identités nationales dans un grand ensemble communautaire, sans doute ces crispations seraient-elles apparues plus aisément passagères. Il n'en sera rien dans une Europe où les réflexes nationalistes risquent à nouveau de nous cerner.

Inquiétude, de ce fait, pour demain et surtout après-demain. Des risques, inimaginables il y a un an, se multiplient. Qui oserait affirmer que, dans les cinq ans à venir, les

Hongrois ne se battront pas avec les Roumains, les Bulgares avec les Grecs et, plus vite encore, les Serbes avec les Croates? Qui, ce jour-là, maintiendra l'ordre? La brigade franco-allemande? Plaisanterie, et au nom de quelle légitimité? Qui oserait affirmer, à plus longue échéance, que les Silésiens d'origine allemande ne se lasseront pas de vivre en zone zloty, quand leurs cousins, à cinquante kilomètres, vivront en zone mark? Quelles seront les aspirations des habitants de Kaliningrad, c'est-à-dire Königsberg, coupés de la Russie par une Lituanie indépendante, fût-elle membre d'un Commonwealth russe? Comment s'établira l'équilibre des forces entre les quatre puissances nucléaires du continent : Russie – car si l'Union soviétique meurt, la Russie, l'éternelle Russie, elle, vivra –, Grande-Bretagne, France et bien sûr Allemagne? Qui peut en effet imaginer la puissance dominante de l'Europe continentale définitivement dénucléarisée? Face à un monde à nouveau incertain et plein de risques, la nation reprendra ses droits : elle redeviendra l'horizon naturel de la politique. Comment réagira-t-elle lorsque le flanc Sud entrera, lui aussi, en mouvement? Lorsque l'intégrisme se sera peut-être imposé à Alger et Tunis? Lorsque des « boat people » quitteront les rivages de l'Algérie? Lorsqu'une Afrique de plus en plus démunie verra partir des masses de jeunes désireux, à leurs risques et périls, de se glisser dans les banlieues de Barcelone, Gênes ou Nice? Ainsi interpellés par la misère du monde, comment réagirons-nous? Avec frilosité, essayant de nous cadenasser vis-à-vis du Sud et de nous faire oublier des fracas extérieurs? Avec vigueur, après avoir redéfini notre position en Europe et redonné du souffle à notre modèle d'intégration? Avec une volonté collective et de la maturité? Ou en cédant aux sirènes d'un populisme qui aura pris ses marques à l'Est et qui fera son miel de la peur de l'étranger? Questions essentielles et, à certains égards, inattendues.

Rien ne nous y prépare. Ni les mentalités façonnées par le confort douillet de Yalta qui, au prix de tendres pensées pour nos cousins opprimés de l'Est, nous offrait une sécurité en apparence éternelle. Ni les croyances toutes orientées par la vision optimiste d'une Europe en train de s'accomplir dans la paix. Ni les tabous, les silences, les faux-fuyants qui voient les politiques jouer maladroitement avec l'idée de nation et la philosophie de la citoyenneté, tout en laissant un histrion tailler sa route à coups de serpe. Quarante ans de paix, de croissance et d'un monde stratégiquement immobile, malgré les révolutions technologiques, nous ont fait perdre l'habitude de penser l'aléa, de peser les risques, en un mot de réfléchir. A notre manière, nous hibernions heureux, tandis que l'autre Europe hibernait, elle, en souffrant. Il nous faut découvrir un nouveau monde aléatoire, insaisissable et dangereux et, comme toujours lorsque le vent souffle, la question nationale réapparaît. A nous de la maîtriser, prévenus comme nous le sommes qu'elle peut rapidement nous déborder. Les pays de l'Est seront malheureusement là pour nous rappeler qu'émancipatrices lors du combat contre le communisme la nation et la religion peuvent rapidement devenir aussi des instruments d'aliénation, voire de déraison.

Nous vivons, en réalité, la fin d'un processus vieux d'un demi-siècle, qui a vu l'internationalisme devenir cet « horizon indépassable » que Sartre cherchait dans le marxisme. Rien n'était écrit, mais le phénomène est bien là : cette période se clôt. Cela signifie, en premier lieu, que, contrairement aux apparences, la victoire de l'économie de marché, et donc du libre-échange, n'entraîne pas, à terme, l'effacement des nations. Le marché est un champ de bataille et, à voir les actuels vainqueurs, Japonais, Allemands, bientôt Coréens, ce ne sont pas des entreprises apatrides qui le conquerront. L'idée a trop longtemps prévalu que capitalisme rimait avec mondialisation : elle résultait de la domination d'un modèle anglo-saxon, en effet extraverti. Mais avec le triomphe d'économies fortement charpentées par un réseau d'entreprises nationales, comme aux temps de Bismarck et de Meiji, ce précepte va s'effacer sur lequel tant d'élucubrations idéologiques se sont développées. C'était une vision d'ailleurs étrangement marxiste d'imaginer que le marché était « l'infrastructure » dominante et que le reste, habitudes culturelles, manifestations d'identité, adhérences stratégiques, ne constituait que de vagues « superstructures ». De ce point de vue la mythologie internationaliste, engendrée par le libre-échange, était devenue aussi inadéquate à sa manière que le fantôme de l'internationalisme prolétarien.

Cela signifie, ensuite, que l'équilibre de la terreur constituait, au fond, la meilleure arme « antinationale ». Quel plus fantastique instrument aurait pu borner les ambitions des puissances nucléaires qui, si elles libéraient leur « hubris », se condamnaient toutes solidairement ? Toute explosion mettait en cause l'ordre global. Or depuis dix ans, le nucléaire, cet adversaire résolu des nationalismes, ne cesse de perdre du terrain, du moins en Europe. D'abord à l'époque même de Yalta, avec l'évolution des théories militaires qui, de « représailles massives » en « riposte graduée », et de « riposte graduée » à l'idée de conflits exclusivement conventionnels, réintroduisaient la possibilité jusqu'alors interdite de guerres classiques. Ensuite, avec la fin de Yalta, qui voit le risque et l'incertitude réapparaître. Risque quant à l'évolution interne des principaux acteurs, Union soviétique aujourd'hui, Allemagne et Japon plus tard lorsqu'ils seront, à leur tour, devenus des puissances nucléaires. Incertitude sur les enjeux qui voient revenir ce mot même de « frontières » que le langage courant avait fini par oublier. Les mots ne sont jamais neutres : nous parlions d'échanges ; nous parlons désormais de frontières ; et demain, qui sait ? d'affrontements... Déjà, en dehors de l'Europe, le principe de réalité a frappé du côté du Koweït. Plus le monde sort de l'équilibre de la terreur entre les deux supergrands, plus le nucléaire leur échappe et se banalise, plus l'internationalisme s'affaiblit... C'est la peur qui nourrissait la dynamique internationale avec son cortège de bons sentiments et de rêves.

Cela signifie enfin – et Alain Touraine aura été le premier à le formuler aussi clairement – que la disparition de la question sociale rouvre la question nationale. Or la question sociale est en train de mourir deux fois. Par les effets cumulatifs d'un demi-siècle de croissance économique et d'Etat providence qui auront fabriqué, aux deux extrêmes près, exclus et hyperprivilégiés, une immense classe moyenne aux modes de vie et aux aspirations homogènes. En témoignent la quasi-disparition des conflits traditionnels et l'affaiblissement des syndicats. Mais aussi par l'effacement de l'utopie socialiste qui avait cimenté si longtemps les classes sociales. Le triomphe des corporatismes avait déjà entamé le mythe unificateur des grandes luttes sociales mais la permanence du granit communiste, identifié aux pays de l'Est, maintenait même écornée l'image d'une révolution possible et d'un prolétariat apparemment en vie. Avec la fin idéologique du communisme, la question sociale est balayée; il demeure de simples problèmes sociaux. Il n'existe plus ni utopie, ni mythologie, ni références historiques pour structurer la société. Celle-ci est désormais livrée aux corporatismes, aux groupes d'intérêt, à des collectivités éparses et d'ailleurs mobiles sans que fonctionne, comme autrefois, une figure intégratrice. La question sociale avait dominé le siècle; elle s'efface avec lui : de là le retour, tous azimuts, de son double qu'elle avait fini par faire disparaître, la question nationale.

Au bestiaire des angoisses de la bourgeoisie, petite, moyenne ou grande, l'immigré a pris la place du prolétaire et du rouge. Et la quête d'identité se joue désormais sur la nationalité et non plus sur la position sociale. Nous ne vivons pas, de ce point de vue, en Europe occidentale le même retour au passé qu'à l'Est. Là-bas, les nations resurgissent de l'Histoire avec le même imaginaire qu'il y a cinquante ans; ici, la référence nationale réapparaît parce que la société a finalement trop bien réussi à liquider les clivages de classes.

Ainsi, durcissement de la guerre économique, effacement de l'équilibre de la terreur, effondrement de la question sociale se conjuguent pour annoncer le grand retour de la nation. Sans les révolutions de l'Est celui-ci se ferait à pas comptés. Mais les premiers effets boomerang ne vont pas tarder, en provenance de Varsovie, Bucarest ou Budapest. Nous vivons les dernières phases d'une période artificielle pendant laquelle les contradictions avaient disparu au profit d'un rêve : l'alignement, en quelques mois, sur l'Europe occidentale, sa richesse et son absence de tensions. L'évolution vers le capitalisme n'est pas un simple moment difficile à vivre; c'est une ascèse sans fin. Le populisme menace, conséquence de politiques économiques échevelées qui risquent de transformer certains pays de l'Est en « sous-Amérique latine », et avec lui revient le cortège traditionnel : xénophobie, antisémitisme, intégrisme religieux, recherche de boucs émissaires, à commencer par les intellectuels – Walesa s'y essaie déjà. Quand s'ajoutent à cela des difficultés dont l'Amérique latine est, elle, dispensée : vieilles revendications territoriales, imbrications ethniques, désarroi d'une société qui, en quarante ans de communisme, n'a fait aucun travail intellectuel sur elle-même, tout est en place pour un scénario du pire dont nous ne serons pas protégés. La fin de Yalta, c'est aussi cela : la perméabilité idéologique, l'enchevêtrement des intérêts, le jeu des dominos nationaux. Cet Est en déshérence s'accrochera inévitablement à l'Allemagne comme à une bouée de sauvetage : comment celle-ci retrouverait-elle autant d'influence sans que se développe, parallèlement, un regain nationaliste, ou au moins d'identité nationale ? Ce serait une première dans l'histoire de l'humanité. Et à une Allemagne plus sûre d'elle-même répondront naturellement une Grande-Bretagne, une France, une Italie moins internationalistes qu'aujourd'hui. Entendons-nous bien : ce n'est pas l'histoire de l'avant-1914 qui reprend ses droits avec, à sa clef, un inévitable conflit. Grâce au nucléaire, celui-ci nous est, Dieu merci, interdit, mais nous allons entrer dans un monde de tensions contenues, d'affrontements localisés, d'arrière-pensées. La victoire de la démocratie n'est pas, partout, définitive et, le fût-elle, elle n'exclut pas les accidents nationaux. Avec cette carte-là, c'est tout notre imaginaire qui risque de se transformer. Depuis un demi-siècle il s'était articulé autour d'une double conviction : le dynamisme économique rapproche les pays et la construction européenne en était la projection naturelle, l'unification politique prenant naturellement le relais de l'intégration économique et l'identité stratégique celui de l'unification politique. Cette vulgate-là véhiculait, à sa manière, une vision eschatologique de l'Histoire, presque aussi irréelle que la marche vers une société sans classes sous la férule du prolétariat... Cette utopie est en voie de dissolution : cela ne signifie pas que l'intégration économique va reculer, mais que le mythe qui l'accompagne est sur le point de s'effilocher.

Cette explosion nationaliste, assortie de passion religieuse, risque de constituer la version européenne d'un intégrisme partout en pleine expansion. Car, à tout prendre, le modèle de l'Est risque d'être plus humain que la version méridionale, le jour où l'Algérie et la Tunisie connaîtront le syndrome iranien. Même si elles échappent au système théocratique, ce sera au prix de concessions qui feront rétrospectivement de ces régimes de parti unique des quasi-démocraties au regard des contraintes que l'influence religieuse imposera. Turquie, Egypte, Péninsule arabique : autant de contrées qui subissent la pression intégriste, même si elles échappent au paroxysme de type Khomeyni. Ainsi notre Vieux Continent risque-t-il d'être cerné à l'Est et au Sud par le nationalisme avec, en surplomb, des religions de plus en plus conquérantes. Durcissement déjà sensible à l'intérieur même des pays occidentaux avec ces Eglises qui retrouvent un ton et des discours qui ne leur étaient plus familiers depuis des lustres. De l'affaire Scorsese au RU 486 [1], sans compter, de son côté, les prises de position du

1. Du nom de cette pilule abortive dont l'Eglise a obtenu qu'elle ne soit pas commercialisée.

Grand Rabbin, les Eglises ont commencé à se crisper. Qu'en sera-t-il lorsqu'elles verront les pays de l'Est comme des exemples et qu'elles subiront la pression islamique? Ne fantasmons pas : ni la théocratie, ni l'intégrisme ne nous menacent, mais l'air du temps ne sera pas le même qu'aujourd'hui à Paris, Francfort ou Londres lorsque le populisme catholique régnera à Varsovie, que les réminiscences slaves auront repris le dessus à Moscou et que l'intégrisme islamique aura balayé l'héritage laïc de Bourguiba.

La loi de l'Histoire est, certes, ductile : le pire n'est jamais sûr, ni la ligne de plus grande pente. Il existe mille et un scénarios et sans doute ce qui finira par advenir n'y figure-t-il pas. On ne peut exclure une Europe démocratique et libérale de Brest à Brest-Litovsk et peut-être au-delà, où les tensions de la transition finiront par se résorber, les revendications nationales par s'étioler, avec parallèlement un Maghreb et un monde arabe dont les régimes actuels arriveront à pratiquer, comme aujourd'hui, une défense élastique face à l'intégrisme. Mais la certitude, la seule, c'est notre entrée dans un avenir incertain et aléatoire. Penser la politique dans un monde à risques réintroduit naturellement la nation comme dimension clef. Entendons-nous bien : la nation ne revient pas, après une longue éclipse, parce qu'elle constituerait l'ordre naturel des choses et qu'elle retrouve un primat artificiellement nié. Ce sursaut idéologique, à mi-distance de Maurras et de Renan, témoignerait d'une vision aussi mécaniste de l'Histoire que la croyance à l'avenir radieux du prolétariat... Mais elle redevient la référence, dès lors que le jeu international est à nouveau aléatoire et que les conflits d'intérêts, même pacifiques, prennent le pas sur une situation où la solidarité des uns s'alimentait à la crainte de l'autre, en l'occurrence le totalitarisme soviétique.

Ce retour de la nation s'accompagne, en Occident, d'une exception française. Nous avions cru vivre la fin de cette exception avec la mort du communisme. Elle réapparaît désormais à travers l'émergence de l'extrême droite. Existerait-il une fatalité française qui vouerait 15 à 25 % de l'électorat à une posture de refus, hier incarnée par le communisme, aujourd'hui par un sous-fascisme? L'adhésion aux valeurs collectives ne sera-t-elle jamais assez forte pour faire litière de tels phénomènes de marginalité? Le marxisme hier, le nationalisme xénophobe maintenant seraient-ils les habillages artificiels et fugitifs d'un même refus? Serait-ce la vieille culture autoritaire, pistée par Emmanuel Todd [1], qui s'exprimerait inlassablement? Nulle part ailleurs n'existe en Europe occidentale une extrême droite en pleine ascension. Interrogé sur le poids des Républicains dans la politique allemande, le chancelier Kohl a eu beau jeu, lors de son « Heure de vérité », de nous renvoyer en substance à l'aphorisme de la paille et de la poutre. Sortis il y a à peine quinze ans du fascisme, l'Espagne, le Portugal, la Grèce n'ont gardé aucun parti de masse à l'extrême droite et M. Fraga Iribarne, politicien modéré s'il en est à côté de Jean-Marie Le Pen, ne s'est jamais relevé de son passé de responsable de la Phalange. Quant au MSI italien, maintenu soigneusement en marge de « l'arc constitutionnel » par les grands partis, il n'est jamais sorti de sa position d'exclu, n'exerçant ni influence politique, ni poids idéologique sur la société. La Grande-Bretagne se sera limitée au conservatisme musclé et minoritaire d'Enoch Powell et les petits pays européens sont demeurés, pour leur part, protégés. Il en va de même, ailleurs, en Occident : au Canada, qui n'a jamais connu le moindre extrémisme, et même aux Etats-Unis où le Ku Klux Klan et autres mouvements racistes n'ont guère pesé sur une vie politique pourtant soumise au moindre lobby. Alors pourquoi nous?

Etrange pays qui ne serait jamais sorti de la Révolution française, avec un vieux parti blanc qui court le long de son histoire, de la Vendée à la Restauration, de la répression versaillaise au combat contre la « gueuse », jusqu'au seul

1. Emmanuel Todd, *l'Invention de l'Europe*, Editions du Seuil, 1990.

moment où il exerça le pouvoir, à Vichy, période bénie dont il garderait la nostalgie ? Peut-être, mais si le sillon historique est indéniable, pourquoi soudainement change-t-il de dimensions, à la fin des années quatre-vingt, en pleine prospérité et au moment où la crise économique s'éloigne ? Explication non recevable.

Etrange pays qui n'aurait jamais mis fin à ses manifestations historiques et que parcourrait, souterraine, la nostalgie d'une gloire passée, conquérante et militaire ? Ce serait le sens du déclin qui tarauderait la population, et le réflexe nationaliste et xénophobe traduirait le sentiment de perdition de ses pans les plus fragiles. Pourquoi ces regrets s'exprimeraient-ils, de la sorte, à un des moments les plus paisibles de l'histoire de France, sans déchirements ni tensions ? Explication non recevable.

Etrange pays où se coaguleraient sous une forme politique toutes les manifestations de refus et de marginalité. Ce qui en Angleterre suscite le hooliganisme s'incarnerait en France dans la poussée de l'extrême droite. Là-bas, la société assumerait directement le poids de ses déviances ; ici, elle les ferait porter par un discours politique. Et ce primat du politique viendrait, lui, de loin, laissant le communisme puis l'extrême droite servir de réceptacle à ce « hooliganisme idéologique ». Explication, elle, peut-être recevable.

Etrange pays susceptible de s'enflammer pour des enjeux d'identité, là où d'autres s'échauffent sur des questions plus essentiellement nationales. L'affaire du foulard incarnait tous les travers français au moment où, à Berlin, le Mur tombait. A chacun son Histoire : grande pour les uns, provinciale pour les autres... Jamais l'Angleterre ne se serait partagée sur le droit ou non pour les Pakistanais de venir en turban à l'école, ni l'Espagne sur la possibilité, pour une nonne, de fréquenter, en cornette, une université... Seul un pays où l'idéologie demeure une valeur cardinale pouvait, de la sorte, s'étriper sur la tenue de trois jeunes filles dans un collège de Creil. A défaut, désormais, de nous battre sur le partage du profit, nous le faisons sur le terrain de l'identité. Ce ne sont plus les vieilles classes qui balisent désormais la société, mais les formes d'identité : il n'est pas sûr que nous ayons gagné au change... La fatalité nous pousserait donc à l'idéologie : explication à moitié recevable.

Etrange pays, certes : mais où s'arrêtera donc cette spécificité ? Aujourd'hui les historiens de la droite, René Rémond en tête, valident l'hypothèse d'une extrême droite partie à la conquête du pouvoir, devenue, en apparence, un mouvement politique comme un autre, en quête de respectabilité, de réseaux et de complicités. Idée hallucinante qui, vue de Londres, de New York ou de Madrid, nous fait apparaître comme un peuple de fous. On nous regarde de l'étranger, toutes proportions gardées, comme les vieilles démocraties occidentales considéraient l'Allemagne des années trente, avec la commisération, l'étonnement que suscitent les dérapages de l'intelligence collective... Quant au parallèle avec le parti communiste, il bute sur le problème de la conquête du pouvoir qui lui était, comme on le sait, interdite par la logique même de la guerre froide. Il n'existe, pour freiner l'extrême droite, aucun partage du monde.

A cette déviance, en forme de menace, la question nationale sert d'alibi et de levier. Comment ne pas s'inquiéter, dès lors que la dynamique de l'Histoire peut lui redonner vie ? L'extrême droite s'est imposée dans le jeu français entre 1983 et 1985, à un moment où la construction européenne devenait enfin notre horizon, où la réconciliation franco-allemande était dépourvue d'arrière-pensées, où les équilibres internationaux paraissaient indestructibles et où ne prévalaient ni risques, ni aléas. Elle s'est, à l'époque, inventé le problème de l'immigration, alors que les flux migratoires s'accroissaient modérément, que la démographie du Sud se mesurait en millions d'enfants et pas encore de jeunes à la recherche d'emplois, que les régimes du Maghreb ne vacillaient pas sous les premiers coups de boutoir de l'intégrisme. Dans un univers aussi hostile, que de progrès accomplis en une demi-décennie ! Jamais un mouvement politique sans racines n'est allé aussi vite : oublierait-on qu'il a acquis en cinq ans le poids que le parti communiste, adossé à l'époque au mythe soviétique, a mis seize ans – de 1920 à 1936 – à conquérir ? Oublierait-on qu'en 1988 l'extrême droite pesait davantage en France que le parti nazi dans l'Allemagne de 1925 ? Oublierait-on que la politique n'est jamais linéaire et que les phénomènes collectifs s'appuient toujours sur des effets de seuil ? Oublierait-on cette « résistible ascension d'Arturo Ui », au moment où l'ordre du monde bascule, où nous vivons un point de rebroussement, où un nouveau contexte idéologique s'établit, qui pourrait être dramatiquement favorable au national-populisme ?

Sans cette anomalie politique, la France pourrait vivre plus paisiblement que d'autres le retour de la nation. Elle ne connaît ni les affres de la crise, qui comme dans les pays de l'Est conduisent au populisme, ni les difficultés, comme l'Allemagne, d'enfermer dans une frontière un *Volk* (« peuple ») dont la définition n'est pas territoriale. La perte de la primauté en Europe continentale, la poussée des pays du Sud constituent autant de problèmes délicats, mais ils pourraient être gérés en souplesse, sans cette pulsion politique qui désormais contamine la vie nationale. De là un paradoxe bien désagréable : plus éloignée du foyer des nouveaux nationalismes européens, la France risque néanmoins d'être davantage atteinte à cause de son contexte politique intérieur. Avec une extrême droite aussi évanescente qu'il y a quinze ans, nous pourrions attendre, l'âme tranquille, le sursaut des nationalismes; avec pour toile de fond une extrême droite en pleine ascension, il devient prioritaire de dompter, voire de domestiquer la question nationale : c'est affaire de survie démocratique.

Il existe mille et une versions du retour des nations : de la plus « soft » à la plus dure, en passant par les plus inattendues. Version soft : les tensions nationales à l'Est finissent par s'apaiser, tel un prix fugitif à payer pour la sortie du communisme et le modèle de démocratisation à l'espagnole prévaut; l'Allemagne réunifiée joue le rôle de régulateur économique au cœur de l'Europe sans en tirer de dividendes politiques; la construction communautaire finit par ligoter les Etats-nations et voit s'affirmer un édifice baroque mais efficace; la France redevient un acteur parmi d'autres d'un monde occidental qui va jusqu'aux confins de la vieille Russie. Version « dure » : l'Europe tangue un peu partout. A l'Est avec des irrédentismes agressifs, des régimes populistes, une économie en déshérence; dans les Balkans à l'occasion de conflits épisodiques et violents; au Centre, avec une Allemagne, sûre d'elle et dominatrice, démocratiquement impériale; à l'Ouest avec des pays : France, Italie, Espagne, secoués par l'immigration et incapables de retrouver leur équilibre. Et pour perspective de ce scénario angoissant : le risque lancinant de voir dégénérer les tensions locales. Sans compter enfin la part de l'inattendu : une traînée de poudre idéologique qui secoue l'Europe entière; un précipité politique bizarre qui allie l'écologie, le nationalisme, le populisme; une vague de fond xénophobe; ou bien, des flux migratoires irrésistibles d'Est en Ouest, un effondrement brutal de la Russie, une pulsion nationale allemande, voire française avec l'ascendant politique d'une extrême droite camouflée en conservatisme musclé.

L'incertitude est, d'une certaine façon, un retour à la normale : c'est par exception que l'Histoire a été congelée depuis 1945. Mais avec elle revient la nation, à la fois sous la pression du monde extérieur, et sous la poussée interne. Et derrière la nation se profile à nouveau l'Etat. A nous de redécouvrir l'une et de réinventer l'autre, si nous voulons dominer l'avenir et non le subir.

CHAPITRE II

Les nations se lèvent toujours plus à l'Est

Les nations donc, se lèvent ou se relèvent presque partout : dans l'Europe riche, à l'occasion du séisme paisible que représente l'unité allemande; dans l'Europe pauvre – terminologie désormais plus exacte pour désigner les ex-« pays de l'Est » – qui voit réapparaître le nationalisme, voire le populisme sous les décombres du communisme, sans même attendre le choc en retour des déceptions économiques; sur les confins de ce trou noir que constitue désormais l'Union soviétique et peut-être même en son cœur, avec la résurgence de la Russie, voire de la slavophilie avant d'entendre retentir à nouveau les appels à la Sainte Russie; plus loin vers l'Asie avec l'irrésistible ascension de l'intégrisme musulman; plus loin encore avec la résurrection de la « sphère de coprospérité », japonaise, et ce sans tabler sur l'évolution de la Chine, de l'Inde, du Pakistan et de tant d'autres, que ne parcourt pourtant pas un vif sentiment d'internationalisme...

Cette montée des nations se déroule bizarrement suivant une double ligne. D'un côté certains pays, Japon et Allemagne, préfigurent le nationalisme du vingt et unième siècle : la domination se veut économique, technologique, financière, renonçant à cet attribut suranné de la souveraineté que représentent les territoires. Ce sont des nationalismes immatériels, insaisissables, en phase avec la plus extrême modernité, ce qui n'exclut bien entendu pas la pulsion territoriale mais la rend peu probable. De l'autre côté, les nationalismes des pays pauvres retrouvent le sillon du dix-neuvième siècle, voire une filiation plus ancienne : ils tournent, fût-ce en censurant les mots, autour de l'identité, du sol, de la race. Lituanie, Croatie, Transylvanie, Ukraine, Géorgie : autant de noms qu'avaient cru rayer cinquante ans de marxisme.

Pour les uns, l'expansionnisme est économique; l'impérialisme parfois involontaire; la dynamique stratégique un sous-produit de la performance. Ainsi l'Allemagne, qui ressemble à une démocratie impériale, à l'instar des Etats-Unis de l'après-guerre. Ce sont des pays hautement démocratiques sans aspiration dominatrice délibérée. Et c'est l'effet cumulé de leur puissance et de la faiblesse des partenaires qui les conduit à un rôle mondial. Pour les autres, le retour du tribalisme, – qu'il soit ethnique, linguistique, politique – est une revanche sur l'Histoire : il ferme la parenthèse communiste et joue les dérivatifs comme aux plus beaux moments du passé. Comment ces deux nationalismes cohabiteront-ils? S'ignoreront-ils? Le nationalisme d'hier exercera-t-il une influence délétère sur le nationalisme de demain, l'incitant à son tour à régresser vers des fantasmes de territoire ou de race? Le nationalisme archaïque déteindra-t-il sur le nationalisme moderne ou sera-t-il, au contraire, influencé par lui, même si, a priori, la médiocrité économique lui interdit de jouer ce genre de partie? Seul, le temps tranchera. Mais d'ores et déjà, l'évidence s'impose : un modèle et un système de références s'installent qui ne doivent plus rien à la philosophie anglo-saxonne dont l'Occident, depuis 1945, s'était bercé. Elle supposait une internationalisation croissante des sociétés et des mentalités sous l'effet des échanges économiques, et donc l'effacement progressif des Etats-nations. Ce sont les effets naturels de la philosophie libérale et du libre-échange, et Jean Monnet les a poussés jusqu'à l'extrême, pariant que le jeu du marché et l'unification économique accoucheraient d'une Europe supranationale. A force de dominer les esprits, ce modèle-là, drapé dans sa rhétorique progressiste, historiciste, nous a fait croire des décennies durant que son avènement n'était qu'une affaire de temps. Sa domination ne résultait pourtant que d'un double phénomène conjoncturel : la toute-puissance des Etats-Unis, le garant ultime de la démocratie et du développement économique, et la peur de cet « Empire du mal » – pour parler comme Reagan – que nous imaginions indestructible et éternel... A peine le leadership américain entamé et l'enfer communiste disparu, le mythe internationaliste s'affaisse : étrange conjonction qui démontre, à elle seule, combien le premier était lié au second. Le marché ressemble autant à un champ de guerre qu'à l'instrument de pacification des esprits auquel une idéologie sympathique et naïve a voulu si longtemps l'assimiler. Comme par hasard, dans la nouvelle carte qui se met en place, avec des nations qui se lèvent toujours plus à l'Est, les Etats-Unis n'ont plus ni position ni rôle assignés. Ils étaient le centre de l'ancienne carte plus internationaliste; seraient-ils à la périphérie de la nouvelle, plus nationaliste? Certes les deux cartes ne se substituent pas l'une à l'autre d'un coup de baguette magique. La première brille, tel un astre mort, à l'image d'une Europe communautaire dont aucun des Etats membres n'ose affirmer l'irréalité. La seconde est encore dans les limbes : les Allemands refusent, sans doute avec sincérité, de se positionner de cette manière-là; les Japonais font de même, avec une spontanéité plus douteuse, et les héros des révolutions de l'Est essaient de faire prévaloir le rêve démocratique et l'ouverture internationale sur les pulsions archaïques qu'ils sont les premiers à combattre. Mais la dynamique est à l'œuvre, encore souterraine, qui substitue à un espace de plus en plus ouvert une topographie où les nations ont repris leurs droits, les unes au nom de l'hypermodernité, les autres avec des remugles passéistes. Daniel Bell, plus pessimiste, voit le vingt et unième siècle commencer sous le règne de la religion et des races, comme le vingtième a vécu sous l'emprise de l'idéologie et des classes.

Ce sont ces phénomènes-là qui vont désormais déterminer l'évolution de la France, comme l'internationalisme a fini par la modeler en quarante ans, malgré les soubresauts gaullistes et les illusions socialistes. Ils ont, à l'échelle de l'Europe, pour noms : l'essor d'une démocratie impériale, l'Allemagne ; l'apparition d'un trou noir en guise de grande puissance, la Russie ; le retour du tribalisme et de la balkanisation en Europe centrale. Avec, en ombre portée et en surplomb, un Japon qui ressemble davantage à une oligarchie impérialiste qu'à une démocratie impériale, et des Etats-Unis, malgré l'épisode irakien, sur la voie d'un retour vers leur continent et en train de devenir, eux aussi, une superpuissance régionale.

La démocratie impériale

Les Allemands seraient étonnés de ce parallèle entre l'Allemagne d'aujourd'hui et les Etats-Unis de 1945. D'un côté une puissance qui, même agrandie de l'Allemagne de l'Est, demeure un acteur européen parmi d'autres, et qui, dernier prix à payer au titre de l'expiation du passé, se voit interdite d'arme nucléaire, cet attribut contemporain de la souveraineté ; enserrée dans un réseau de traités internationaux – Communauté européenne, OTAN, Conférence sur la sécurité et la coopération en Europe, Conseil de l'Europe – qui constituent, sous couvert de dépendance mutuelle et de solidarité, autant de bandelettes destinées à entraver sa liberté de mouvement. De l'autre, le vainqueur de 1945 qui dominait le monde et dont le pouvoir avait pour seules restrictions les valeurs cardinales de la démocratie américaine, c'est-à-dire une forme plutôt noble d'autolimitation. Reste que la comparaison a sa part de vérité. Les deux pays ont d'abord en commun la démocratie la plus exemplaire qui soit. S'interroger sur l'évolution de l'Allemagne suppose d'abord de reconnaître pour aujourd'hui et pour demain son caractère hautement démocratique. Fallait-il que celui-ci soit solide pour que la République fédérale accepte pendant quarante ans, avec une telle tempérance, une situation absurde et insupportable! Les Français pourraient se demander comment ils auraient admis, pendant près d'un demi-siècle, de vivre avec une ligne de démarcation devenue infranchissable et Paris coupé en deux par des herses le long de la Seine. Ce ne sont pas nos comportements des années 1940-1944 qui nous permettraient d'augurer favorablement de notre réaction collective dans cette hypothèse...

Démocratique à l'extrême, le jeu politique allemand autour de chrétiens-démocrates, de libéraux et de sociaux-démocrates raisonnables, alors que nous, nous n'arrivons à nous libérer de la toute-puissance du Parti communiste que pour nous trouver aux prises avec le Front national : les communistes allemands étaient insignifiants au moment où notre PC était à 20 %, et les républicains de Schœnhuber retombent à 2 ou 3 % quand l'extrême droite semble, chez nous, s'envoler vers les 20 %. Démocratique à l'extrême, le fonctionnement de la société civile, articulé autour d'acteurs sociaux puissants, patronat et syndicat en tête, susceptibles d'établir entre eux de vraies relations contractuelles. Démocratique à l'extrême, le cadre juridique qui a vu les droits des citoyens préservés au moment où les attentats de la Fraction Armée Rouge exigeaient néanmoins une action policière vigoureuse. Démocratiques à l'extrême, les équilibres entre pouvoirs et contre-pouvoirs, gouvernement et Parlement, appareil politique et institution judiciaire, patrons et salariés – à travers la cogestion –, médias et système politique, lobbies et administrations, « verts » et industriels. Démocratiques à l'extrême, les valeurs de la société, la morale collective, avec une Eglise protestante dont la fonction éthique prend souvent le pas sur l'aspiration transcendantale. Au jeu de la démocratie, l'Allemagne de l'après-guerre peut donner des leçons à une France qui, vue de Stuttgart, ressemble à une étrange monarchie républicaine, avec une mythologie étatique bien surannée. La référence américaine est évidemment plus justifiée, ne serait-ce que parce que les Etats-Unis ont implanté, quand ils occupaient l'Allemagne, ce qu'ils ont de meilleur, leurs *checks and balances,* l'équilibre entre pouvoirs et contre-pouvoirs. Mais sur cette philosophie libérale les Allemands ont greffé une tradition sociale-démocrate dont Bismarck est, à certains égards, le père au même titre que Marx ou Lassalle. L'équilibre des pouvoirs plus la social-démocratie, n'est-ce pas le paradis démocratique? L'Allemagne du chancelier Kohl est, de ce point de vue, plus exemplaire que les Etats-Unis de George Bush, la Grande-Bretagne de Madame Thatcher et la France de François Mitterrand.

Démocratie exemplaire donc, mais démocratie impériale. L'imperium est aujourd'hui latent, en pleine gestation, en devenir : rien de commun au premier regard, avec l'expansionnisme américain de 1945. Mais parce que ce sont des démocrates, les Allemands ne planifient pas leur ambition. Comme les Américains de 1945, ils sont impériaux et non impérialistes. La différence n'est pas mince : une puissance impérialiste se fixe une stratégie et lui subordonne ses intérêts; une démocratie impériale vit, sans objectif délibéré, l'expansionnisme que suscite son dynamisme naturel : elle en tire profit mais verra, avec la même tempérance, son influence reculer lorsque l'heure sera venue. Les Etats-Unis n'en sont-ils pas désormais là, qui sont passés du rang de puissance tutélaire à celui d'acteur majeur : ni plus, ni moins? L'Allemagne est certes une démocratie impériale, moins achevée : à l'échelle de l'Europe, même privée de l'attribut nucléaire, elle l'est pleinement; au niveau mondial, elle tient évidemment ce rôle en économie, mais elle demeure encore un nain diplomatique. Démocratie impériale aujourd'hui, puissance impérialiste demain? Rien n'autorise ce procès d'intention, même si, démocratie exemplaire d'un côté, l'Allemagne recèle, de l'autre, des ambiguïtés qui n'interdisent pas, à très long terme, l'interrogation. Qui peut aujourd'hui l'écarter d'un revers de la main?

Nation en plusieurs états ou Etat-nation? Le retour de la nation allemande était, de longue date, une évidence, même si le proclamer est longtemps demeuré incongru [1]. Mais l'unité à la Kohl, cet « Anschluss démocratique », n'était pas inscrite dans les astres de l'histoire allemande. L'Allemagne n'a été que brièvement un Etat-nation : entre 1871 et 1945, et l'hypothèse d'une Allemagne en plusieurs Etats ne semblait pas absurde, n'était la décomposition de feu la RDA, au-delà de ce que l'on pouvait imaginer. L'unité nationale était une irrépressible aspiration; l'unité étatique a été l'effet mécanique d'une faillite. Mais cette bifurcation, si accidentelle soit-elle, sera désormais décisive. L'Allemagne est là et il nous faut vivre avec ses pesanteurs.

Première pesanteur : l'Allemagne, même unie, n'est pas un Etat-nation au sens français du terme : un sol, un Etat, une nation. C'est un peuple avec une identité étatique. En témoigne le droit du sang qui régit la citoyenneté, et non le droit du sol : est Allemand tout individu ayant deux grands-parents allemands, indépendamment de son lieu de naissance. De là des millions de citoyens polonais, soviétiques, qui ont droit à la nationalité allemande, dès qu'ils posent le pied sur le sol de la République fédérale. Ainsi risque de se développer, poussée à l'extrême, la quête de parentèles qui garantissent à des habitants de ce nouveau tiers monde que représente l'Est le droit à la citoyenneté la plus opulente d'Europe. Ce n'est pas une mince différence avec la philosophie française; notre droit du sol, qui donne la nationalité à tout enfant né sur le territoire français, enracine évidemment davantage. C'est dans ce contexte-là qu'il faut analyser le débat sur les frontières. Les palinodies du chancelier Kohl

1. Cf. du même auteur : *le Syndrome finlandais*, Editions du Seuil, 1986; *la Grande Illusion*, Grasset, 1989.

au printemps 1990 sur la reconnaissance de la ligne Oder-Neisse ne correspondaient pas uniquement à une tactique politique destinée à lui ménager les bonnes grâces de la droite nationaliste. Nul ne pouvait, à l'inverse, taxer le chancelier d'arrière-pensées annexionnistes : oublierait-on qu'un Rhénan déteste les confins prussiens ? Reste que l'Allemagne étant donc un peuple et non un Etat-nation, l'idée de frontière n'y véhicule pas la même signification que pour les Français. Pour nous, une fois reconnue, la frontière borne le territoire sacré : elle marque la nation. Pour les Allemands, c'est une réalité qui ne circonscrit pas leur identité profonde de peuple : elle est plus incertaine, plus réversible, moins essentielle. Les Allemands ont reconnu, de la façon la plus légale qui soit, la frontière Oder-Neisse ; ils n'ont pas mis fin au droit de leurs minorités de l'Est de se réclamer de la citoyenneté allemande. Face au monde de l'Est, l'Allemagne exercera désormais la même attraction que les Etats-Unis vis-à-vis du Mexique : les flux d'immigration seront massifs devant l'attrait de la prospérité, et ni Mur, ni législation désormais ne les endigueront. Mais très vite le tri se fera : les immigrés d'origine allemande redevenus immédiatement citoyens et traités, par cette grâce, en « *Übermenschen* », et les autres immigrés exilés, eux, dans un statut d'« *Untermenschen* » que préfigurait, en son temps, l'accueil de la main-d'œuvre turque. L'espace ne suffit pas à délimiter la nation allemande. L'Histoire, si elle chahute, pourra nous le rappeler.

Deuxième pesanteur : les dividendes du boom économique. La reconstruction de l'ex-RDA représente la plus massive politique keynésienne lancée depuis le plan Marshall. Pour des raisons légitimes mais allemandes, l'Allemagne va jouer le rôle qu'elle avait toujours refusé de tenir pour des raisons européennes : celui de la locomotive qui accepte plus de croissance et plus d'inflation pour tirer les autres. Elle vient, d'un coup, de se débarrasser des deux handicaps qui bornaient son développement économique : une démographie en déclin et une demande saturée. Elle ouvre un chantier de relance, investissements, consommation, dépenses publiques, d'au moins 500 milliards de marks. Ce chiffre mériterait à lui seul, soit dit en passant, d'être médité par les naïfs qui voient le marché métamorphoser en une ou deux décennies l'ensemble des pays de l'Est. 500 milliards de marks, soit 1 700 milliards de francs pour remettre à niveau 17 millions d'habitants, c'est-à-dire 100 milliards de francs par million d'habitants. Qui paiera pour les 300 millions d'habitants de l'Est? Il n'existe pas, pour eux, d'oncle fortuné installé à Bonn. Cela mis à part, les responsables allemands ont beau détester viscéralement le mot même de relance keynésienne, telle est bien la signification macroéconomique de la reconstruction de la Prusse et de la Saxe. La parité monétaire de 1 mark Ouest pour 1 mark Est a créé artificiellement une demande sans contrepartie du côté de la production à l'Est; la remise à niveau des entreprises industrielles exige un effort considérable d'investissements privés, et le rattrapage des services collectifs – téléphone, autoroutes, électricité... –, auquel s'ajoutent des équipements massifs de dépollution, pèse lourdement sur les dépenses publiques. Sur cette toile de fond, l'économie allemande, qui engrangeait des excédents importants à croissance faible, est repartie pour une nouvelle expansion miracle. Elle a de bonnes chances de croître de 3 à 4 % pendant plusieurs années. Mais cet effort ne sera pas simplement quantitatif : il ira de pair avec la résurrection des provinces de l'Est. Rien de commun avec le puits sans fond que représente pour l'Italie le Mezzogiorno, car la Prusse et la Saxe s'identifient en quelque sorte à un Mezzogiorno habité par des Turinois et des Milanais – et non des Napolitains –, c'est-à-dire par la population la plus travailleuse et la plus appliquée. Quarante ans de communisme n'auront pas suffi à effacer des siècles d'efficacité prussienne : la nature reprendra vite ses droits; à l'échelle de l'histoire longue, la RDA n'aura été qu'une brève parenthèse. Dans ce contexte, la domination économique allemande ne fait que commencer. Hier, la République fédérale écrasait l'Europe de ses excédents, l'humiliait sous son comportement modèle et faisait rimer poids économique et leadership monétaire. Le Système monétaire européen a-t-il fonctionné autrement qu'une zone mark? Les Français ne peuvent d'ailleurs que s'en féliciter : le fait de confirmer le lien en 1983 avec le mark nous aura épargné de dériver vers un modèle mi-albanais mi-brésilien et aura fait de notre pays si naturellement inflationniste un exemple de vertu, avec des coûts salariaux désormais plus faibles qu'en Allemagne et en progression plus lente. Fugitivement affaibli par la relance keynésienne et le léger surcroît d'inflation qu'elle va provoquer, le mark sera peut-être moins tutélaire mais l'Allemagne sera en revanche plus présente. Elle dominera l'espace économique européen non seulement par sa masse – au moins d'un tiers supérieure à celle de la France – mais aussi par son rythme de croissance et son dynamisme. Quand masse et vitesse vont de pair, l'effet n'est pas additif mais multiplicatif : en économie comme en physique...

Troisième pesanteur : le « national-mondialisme » des acteurs économiques. Les règles du modèle allemand n'ont pas changé depuis Bismarck. L'économie est dominée par quelques konzerns industriels et financiers unis par une oligarchie de gestionnaires, par des liens capitalistes, par les mêmes réflexes. Le marché national comme chasse gardée ; le marché européen comme marchepied ; le marché mondial comme vase d'expansion. Ce n'est pas un hasard si le système allemand ressemble davantage au modèle japonais qu'au capitalisme anglo-saxon : opaque, fermé, protégé, oligarchique, tourné vers le long terme... et prodigieusement efficace. Au-delà des apparences, les groupes allemands ne respectent pas les mêmes règles que les entreprises américaines ou anglaises : la France, chacun le sait, est à mi-distance du capitalisme démocratique anglo-saxon et du capitalisme oligarchique allemand. Lorsque Daimler-Benz devient, en quelques années, un « zaibatsu » [1] à la japonaise,

1. *Zaibatsu :* grand groupe industriel japonais dont le modèle a triomphé entre 1930 et 1945.

à travers une diversification accélérée, il joue une partie dans laquelle les groupes japonais sont désormais les seuls adversaires-partenaires : l'hommage du peintre à son modèle ne tarde d'ailleurs pas, lorsqu'il conclut un accord de partenariat avec Mitsubishi, signe envoyé au monde des « sous-hommes » par les « surhommes ». Le verrouillage du marché allemand n'est pas près de disparaître. Concubinage de la Bundespost avec Siemens, interventions du Kartelamt, comportements spontanés des entrepreneurs : autant de signes, parmi d'autres, d'un nationalisme qu'a illustré, à sa manière, la ruée vers la Prusse et la Saxe. Inutile de tenter sa chance dans les combinats est-allemands, si vous venez de Londres ou de Paris ! Agissant à la limite à travers leurs filiales ouest-allemandes, les groupes étrangers pouvaient escompter quelques miettes du festin, mais sous leur bannière nationale, ils étaient hors jeu. L'annexion des Länder de l'Est, jointe à l'élargissement à l'Europe entière de l'économie de marché, n'aura fait qu'accentuer de tels réflexes chez les responsables allemands. D'un côté, ils bénéficient d'un « *Lebensraum* » – pour employer un terme disqualifié par l'Histoire – plus vaste qui, au-delà de l'Allemagne, englobe les provinces économiques de la Mitteleuropa. Ils ont désormais un marché domestique puissant débordant l'Allemagne et ils disposent d'un ensemble de conditions de production qui correspondent, en fonction des métiers, à l'Occident le plus efficace en Allemagne de l'Ouest, à un Mezzogiorno attirant en Prusse et en Saxe, à des pays semi-développés telles la Hongrie et la Tchécoslovaquie, et à un tiers monde cultivé, en Pologne : il y a de quoi trouver usine à son pied... De l'autre côté, l'Allemagne, comme le Japon, vit le marché mondial comme un champ de bataille, à la différence des Anglo-Saxons qui combinent dans un méli-mélo naïf le marché, le libre-échange, les valeurs démocratiques et la transparence des sociétés civiles. Joueurs pacifiques lorsqu'ils s'installent à la table de la diplomatie et de la stratégie, ils deviennent des conquérants, « peuples d'élite, sûrs d'eux-mêmes et dominateurs », à la table économique : cette guerre-là, ils sont en train de la gagner, ne serait-ce que parce qu'ils sont les seuls à la mener. Ainsi vivons-nous la dissociation de l'espace économique et de l'espace stratégique [1]. Sera-t-elle durable ? Imagine-t-on à long terme des superpuissances économiques dont le seul poids stratégique se limiterait à l'importance de leur industrie ou de leurs banques ? Hypothèses qui sonneraient définitivement le glas du marxisme et du primat de l'économie...

Quatrième pesanteur : les questions d'influence et de sécurité ne se sont pas évanouies sous l'effet bénéfique des échanges et du commerce. L'Allemagne est redevenue le pivot de l'Europe. C'est à la fois son atout, son risque et son dessein. Son atout à l'évidence, car elle est à nouveau le cœur d'une Europe qui va se réorganiser en cercles concentriques autour de Berlin : l'Allemagne, la Communauté à l'Ouest, la Mitteleuropa à l'entour, une zone d'influence à l'Est, à l'instar de ce que représente le Mexique pour les Etats-Unis. Son risque, car une puissance dominante ne peut vivre sans sécurité garantie. Qui aujourd'hui donne cette assurance aux Allemands ? Les Etats-Unis ? Même si la Providence – pour autant qu'elle existât en histoire – a mis à la tête des Etats-Unis un président pour lequel l'Europe demeure l'*alma mater*, l'évolution de la société américaine, son basculement vers le Sud et vers l'Ouest, son hispanisation croissante, le retour d'un isolationnisme « new look » empêchent les Allemands de se sentir certains du parapluie nucléaire américain : ils ne disposent plus d'une assurance vie à toute épreuve. La France ? Elle n'a pas su donner sa garantie nucléaire à la République fédérale quand celle-ci avait l'Elbe pour frontière et que Brejnev accentuait ses menaces à coups de SS 20 ; elle ne paraît pas prête à déplacer les limites de son sanctuaire du Rhin jusqu'à l'Oder et la Neisse, au moment où la pression russe s'efface. Restent dès lors pour les Allemands deux voies : détenir un jour l'arme nucléaire ou conclure, sans le dire, un accord de type

1. Cf. chapitre suivant.

Rapallo avec la Russie. Comme les accords internationaux, le pacifisme de l'opinion allemande et une analyse à courte vue ferment la voie nucléaire, il ne reste que le troc implicite avec Moscou, pour autant qu'il existe un pouvoir russe suffisamment solide, pour mener une politique à long terme : un soutien économique sans faille contre un accord de bon voisinage. Serait-ce à nouveau l'exemple des relations entre les Etats-Unis et le Mexique? A un détail près : imaginons cet équilibre subtil entre des Etats-Unis démunis d'armes atomiques et un Mexique qui en regorgerait... Le dessein de l'Allemagne, c'est donc d'assumer ce rôle pivot en Europe, qui mêlera une domination économique tous azimuts, une solidarité politique occidentale et un troc sécuritaire à l'Est. Lorsque le chancelier Kohl va, au printemps 1990, décliner à Harvard sa « *Weltanschauung* », que déclare-t-il? Qu'il veut une Europe fédérale – et les commentateurs, prisonniers de leurs réflexes, croient entendre le vieux rêve d'Adenauer avec pour bornes les frontières de la Communauté. Qu'a-t-il pourtant indiqué? Que cette Europe fédérale devait s'étendre à une grande Europe à vingt ou vingt-cinq, allant de Brest à Brest-Litovsk! Que représenteraient de tels Etats-Unis d'Europe? Une Europe continentale, démocratique, dominée par l'Allemagne, liée à l'Amérique par une solidarité politique et entretenant avec la Russie des relations de bon voisinage mi-économiques, mi-stratégiques. Rien n'est d'ailleurs plus légitime : démocratie impériale, l'Allemagne ne peut avoir une autre politique. Elle mêle les exigences de la géographie, les impératifs de sécurité, l'expansionnisme économique, les solidarités traditionnelles et la dynamique de la démocratie. Une martingale en quelque sorte...

Cinquième pesanteur, à la fois incertaine mais plus décisive : l'étrange chaudron idéologique qui risque de bouillir à l'est du Rhin. Rien n'est sûr : l'Allemagne peut, pour notre plus grand bonheur, demeurer une démocratie impériale dont l'équation politique se limite à une alternance entre des centristes de droite et des centristes de gauche, paisibles, rassurants et plutôt désireux de brider la surpuissance allemande au nom du passé, des bons sentiments et du confort psychologique à être plus aimés que craints. Cette extrapolation sur dix ou vingt ans de l'Allemagne de Kohl, et dans ce contexte le glissement de l'Europe de l'Ouest communautaire à l'Europe continentale, signifie pour la France une marginalisation dont nous ressentons les prémices : inévitable et douillette, naturelle et confortable. Mais dans un monde où avec la décomposition du communisme l'aléa et le risque vont devenir notre lot quotidien, nous devons prendre en compte une autre hypothèse : elle suppose que l'écologie, le populisme et le nationalisme se coagulent dans un nouveau précipité idéologique. Les ingrédients aujourd'hui existent et ils ne sont pas sans lien entre eux. L'écologie flirte avec le populisme, comme avec le nationalisme, et ces deux derniers ne s'ignorent pas... Ce ne sont pas les années trente qui se profilent. A chaque tremblement de l'Histoire, son propre chaudron idéologique, et le terreau d'aujourd'hui n'a rien de commun avec celui de l'Allemagne de Weimar. Mais derrière la toute-puissance du rêve écologique se glissent d'étranges assonances. Assonance avec la nation : nature, âme romantique et « *Volk* » n'ont cessé de rimer dans toute l'histoire allemande. Assonance avec un populisme aigre-doux, dont les aspirations et les frustrations ne s'expriment plus dans les revendications ciblées et maîtrisées de la social-démocratie. Assonance avec une philosophie conservatrice à l'instar de tous les systèmes de pensée qui font prévaloir l'idée de nature sur celle de culture, en l'occurrence l'immobilité sur le devenir, l'ordre sur le mouvement, l'identité sur le mélange. Assonance avec des réflexes, des modes de pensée qui commencent par « la terre qui, elle, ne ment pas », continuent avec le refus de la contraception et de l'avortement contraires aux exigences de la nature et se terminent par la vision d'une société naturelle mais hiérarchisée : entre hommes et femmes, entre citoyens nationaux et étrangers. Entendons-nous : je ne crois pas que l'on ait troqué les chemises brunes d'hier pour les baskets d'aujourd'hui. Je ne suis

– Dieu merci! – pas convaincu que ces germes idéologiques, incontestables pour qui ne se laisse pas duper par le charme des « écolos », prendront racine au point de gangrener les références idéologiques et intellectuelles de l'Allemagne. Mais Oskar Lafontaine – le premier homme politique à jouer de cette musique-là – n'est pas un social-démocrate traditionnel qui, s'appuyant sur les syndicats et la classe ouvrière, essaie de déplacer marginalement les équilibres. Il mise sur les jeunes, les Verts, les angoissés de l'unification, les insatisfaits, coalition improbable qui, si elle se consolide, ne garantit pas un gouvernement stable. Le retrait des troupes étrangères et donc occidentales, sous couvert de pacifisme, une vision équidistante des Etats-Unis et de la Russie au nom des impératifs de la géographie, le culte de la nature pour toile de fond idéologique, l'appel aux sentiments poujadistes face aux immigrés en provenance de l'Est, un discours sur l'Europe de l'Atlantique à l'Oural qui refuse les alliances occidentales avec, pour prétexte, l'effacement des Etats-nations : autant de signes qui vont à rebours des positions classiques de la République fédérale. Si tout se passe bien en Europe, ce précipité idéologique n'aura guère d'importance. Mais dans une situation plus mouvante, face à une Russie agressive parce que destructurée, avec des conflits ethniques en Mitteleuropa, cette dynamique « écolo-populo-nationaliste » serait inquiétante. Version vingt et unième siècle du nationalisme, elle ne va pas de pair, comme les idées nationalistes antérieures, avec l'expansionnisme territorial et le militarisme, mais elle recèle d'autres dangers plus bizarres et plus imprévisibles. Procès d'intention, diront d'aucuns. Lorsque l'Histoire se met en marche, elle bouscule les formes idéologiques. La mort du marxisme ne signifie pas le triomphe de l'internationalisme libéral; l'affrontement dans les anciens pays de l'Est entre le rêve d'un modèle démocratique occidental et les pulsions nationalistes et ethniques les plus autoritaires risque de mal se terminer; la montée du national-populisme, slavophile et xénophobe, en Russie pourrait aboutir à un enchaînement fatal entre le communisme et le fascisme. Dans cette Europe-là, où le nationalisme des uns appelle, qu'on le veuille ou non, le nationalisme des autres, c'est du côté de l'alchimie écologique et populiste qu'il faut chercher la composante allemande du retour des nations.

L'Allemagne va régner sur l'Europe à une époque où l'influence économique, le poids culturel, les signes immatériels de la puissance se substituent aux rapports de forces traditionnels. Au mieux, elle le fera à l'égard de l'Europe comme une démocratie impériale, à la manière des Etats-Unis de 1945 qui dominaient le monde au nom de la démocratie et sous le poids naturel de leur économie : elle régnera avec de bons sentiments, sans arrière-pensées et avec une prédilection sincère pour les accords internationaux en apparence les plus égalitaires et qui, à l'instar de la Communauté européenne, se déformeront sous sa poussée spontanée. Au pis, dans une Europe chahutée par le choc en retour d'éventuelles secousses à l'Est et au Centre, elle deviendra à elle-même son principal centre d'intérêt; elle sera parcourue de courants complexes dont la nation constituera la pierre angulaire et qui la conduiront à une attitude égoïste, imprévisible, voire arrogante. Cette Allemagne-là aura réinventé le jeu de bascule modèle dix-neuvième siècle avec tous les risques qu'il implique.

Une sous Amérique latine?

Aurons-nous vécu un second 1848 allongé dans le temps : une minute de bonheur devant la subversion de la liberté, puis le désordre avec, à la clef, un nouvel ordre à son tour oppressif? La partie n'est évidemment pas jouée, mais il y a plus de sujets de crainte que d'espoir.

Que l'inquiétude d'aujourd'hui ne fasse pas oublier ce moment de grâce qu'a représenté la disparition de l'amnésie européenne ! C'est en reprenant le chemin de Prague, Budapest ou Varsovie que chacun mesure combien nous nous étions faits à la présence, à nos portes, d'un demi-continent englouti. Ce n'est pas l'étrangeté qui désormais frappe ; c'est la mitoyenneté. Nous étions hémiplégiques sans le savoir, amnésiques sans le vouloir, infirmes sans y croire. Quand, à la redécouverte de soi-même s'ajoute l'illusion démocratique, c'est un rêve éveillé que vit notre continent. Cet acquis-là est irréversible. Jamais, quels que soient les soubresauts de l'Europe centrale, elle ne retombera dans cette étrange position au-delà de l'oubli. Même si le dix-neuvième siècle réapparaît, ce sera avec ses affrontements mais aussi son cosmopolitisme et son ouverture. L'absurde a disparu mais l'incertitude est revenue.

Cela dit, ce n'est pas aujourd'hui le simple retour au passé qui se joue, comme si une parenthèse se fermait et que le monde de l'Est et du Centre resurgissait dans son état antérieur, avec ses arthritismes mais aussi son ordre et son organisation, dussent-ils beaucoup à la théorie du chaos... C'est tout autre chose : la conflagration entre le retour des nations et les traumatismes du marché, avec pour cobayes des sociétés civiles qui sortent, après quarante-cinq ans, du « congélateur » sans avoir fait sur elles-mêmes le travail de leurs congénères de l'Ouest. De là risques, inconnues et incertitudes qui dessinent une carte bien éloignée de l'image d'Epinal que démocrates-chrétiens en tout genre, fédéralistes européens naïfs et autres incorrigibles optimistes véhiculent depuis un an.

Au cœur de cette conflagration sans précédent se situe évidemment le retour du tribalisme. Tribalisme en effet et non nationalisme, car les conflits potentiels débordent les affrontements nationaux classiques pour plonger loin dans les réflexes ethniques, sans parler d'une explosion antisémite qui prendrait pour prétexte la présence de communautés juives, sauf exception, infinitésimales... La question nationale, version Balkans dix-neuvième siècle, était d'une simplicité biblique par rapport à ce qu'elle est devenue. Nous retrouvons des nations bouleversées par les injustices des traités de 1919, par les charcutages frontaliers de 1945, par les frustrations d'un demi-siècle d'oppression communiste, au moment où les sociétés fêtent la sortie du stalinisme en plongeant dans leur passé plus qu'en se projetant dans l'avenir. La Transylvanie partagée entre une main de fer roumaine et ses aspirations à retrouver la Hongrie; la Moldavie qui regarde vers la Roumanie; les Bulgares qui rejettent l'irrédentisme de leur minorité turque et rêvent, sans le proclamer, de récupérer la Thrace; les Albanais du Kosovo arc-boutés contre les Serbes; les Slovènes en mal d'émancipation face aux Serbes et aux Croates; les Serbes à nouveau dressés, eux-mêmes, contre les Croates... Autant de blessures qui se sont rouvertes. Et demain? L'irrédentisme de l'Ukraine occidentale; les aspirations des Allemands de Silésie à découvrir, à leur tour, les charmes du mark; la tentation des Polonais de se rappeler que ce Vilnious, symbole des aspirations lituaniennes, s'appelait, il y a quarante ans, Wilno. Ce seront les symptômes suivants... Et après-demain? Kaliningrad aspirera-t-elle à redevenir le Königsberg de Kant? Kiev se voudra-t-elle capitale d'une Ukraine indépendante? La Prusse occidentale sera-t-elle partagée entre une souveraineté *de jure* polonaise et une souveraineté économique allemande, en voie de s'affirmer à coups de milliards de marks? La marmite bout et chaque secousse de l'Histoire a apporté ses blessures : nous risquons de solder les comptes des découpages territoriaux de 1919 et de 1945 avec un demi-siècle d'arriérés.

Orthodoxes contre catholiques; musulmans contre orthodoxes; musulmans contre catholiques : la religion vient ajouter ses propres affrontements aux clivages nationaux. La Bulgarie ou le Kosovo sont-ils si différents de l'Arménie soviétique avec ses guerres tribales et religieuses? Et ces religions ne sortent pas apaisées de la longue nuit communiste : elles sont d'autant plus rigides et fières qu'elles ont gagné et que le rouleau compresseur des valeurs occidentales ne les a pas encore écrasées. Hier instruments d'émancipation face au communisme, la nation et la religion risquent rapidement de redevenir des facteurs d'aliénation. Les soutanes qui règnent aujourd'hui sur Varsovie sont-elles plus proches du Concile de Trente ou de Vatican II ? Ce ne sont ni l'Eglise libérale des pays occidentaux, ni l'Eglise militante de l'Amérique latine qui ont repris le pouvoir, mais une vieille Eglise conservatrice – « blanche » aurait-on dit au dix-neuvième siècle – plus proche de De Bonald et de Maistre que de Paul VI : réactionnaire, autoritaire, conservatrice avec de surcroît le sentiment du triomphe et le goût de la revanche. Un étrange mysticisme guette, qui nous promet une double rédemption par la nation et l'autel : les voies de l'Histoire seraient-elles aussi impénétrables que celles du Seigneur ? Et au cœur de cette régression, comme à l'accoutumée : le retour de l'antisémitisme. Un antisémitisme qui a renouvelé ses principes fondateurs et inventé un second péché originel, la mort du Christ ne remplissant plus, de ce point de vue, son office : l'implantation du communisme en 1947 par les juifs ! Voilà de quoi attiser durablement la haine à l'égard du peuple juif ! Un antisémitisme manifeste dans les rues, les conversations et les slogans et qui retrouve les antiennes d'autrefois : le cosmopolitisme apparent, l'abus de pouvoir, les privilèges économiques, le trafic... Rień ne manque avec une Pologne, en cette matière, toujours à la pointe du progrès. Un antisémitisme enfin cristallin, à l'état pur, puisque sans juifs ! Hormis Geremek et Michnik, la Pologne doit compter encore quelques milliers de juifs mais les réflexes de l'avant-guerre face à une communauté de plusieurs millions semblent de retour. A croire que, malgré les procès de 1947, l'antisémitisme stalinien, la campagne du général Moczar en 1968, le communisme n'aura pas, depuis la guerre, eu le monopole de l'antisémitisme ! Ce serait le pire paradoxe de cette aventure... Un antisémitisme qui, aux premières déceptions économiques, assimilera judaïsme et capitalisme, juifs et profiteurs, cosmopolitisme et fuite des capitaux... Les raisons de cette régression tribale sont évidentes : au tribunal de l'Histoire, le communisme sera coupable non seulement d'avoir opprimé les sociétés mais aussi de les avoir empêchées d'effectuer sur elles-mêmes un travail de maturation, à la différence des dictatures de droite. L'Espagne franquiste avait, elle, progressé car l'irruption graduelle du marché avait dégelé, *nolens, volens*, les mentalités, tandis qu'à l'Est un système économique qui confinait à l'absurde jouait au contraire dans le sens de la pire immobilité. Le tribalisme a pignon sur rue; il n'a pas triomphé. Le rêve démocratique, occidental, demeure aujourd'hui incarné par des intellectuels qui réhabilitent enfin l'intelligence devenue action. Mais, sans doute assez solide pour combattre les pulsions sur fond d'économie normalement saine, il risque de voler en éclats face à la déception d'une population qui confond aujourd'hui le passage à l'économie de marché avec de nouveaux « lendemains qui chantent ».

Deuxième facteur en effet de la conflagration : les ravages du marché. Jamais, aux plus beaux moments du libéralisme, le marché n'a été encensé comme à Varsovie ou à Budapest. Le rejet viscéral du communisme a suscité la plus grande irruption de l'idéologie dans la réalité économique que les économies de marché aient connue. Le marché, tout de suite; les efforts quelques années; et ensuite le nirvana occidental – tel est le rêve dont les nouvelles démocraties risquent de ne pas se remettre. Le gradualisme a fait long feu et la rhétorique du Fonds monétaire international avec sa trinité : libéralisation, dévaluation, baisse du pouvoir d'achat, a connu son triomphe le plus éclatant. Deux chemins étaient en théorie possibles : le premier de type Amérique du Sud tel que le FMI l'impose depuis quinze ans à des économies incomparablement plus structurées que celles de l'Est; le second, sur le modèle de la reconstruction après guerre des pays occidentaux avec un retour progressif à la convertibilité, l'échange – chez les plus sérieux – de la monnaie, et une régulation minimale par l'Etat. C'était la énième répétition du débat de 1945 opposant le plan Pleven et le plan Mendès. La discussion n'a guère duré et les arguments, plutôt gradualistes, avancés un temps par la Commission de Bruxelles, ont été balayés par la tornade libérale. C'est le modèle brésilien, péruvien ou colombien – au choix – qui a prévalu. Symbolique, l'arrivée à Varsovie de Jeremy Sachs, « sauveur » de l'économie chilienne. Symbolique, la libéralisation simultanée des prix, des changes et du marché de l'emploi. Symboliques, les premiers indices d'une « réussite » qui passe par l'effondrement de la production et du pouvoir d'achat. La volonté de faire l'inverse absolu du communisme a pris le pas sur toute réflexion. Qui s'est interrogé sur les conséquences d'une privatisation qui s'assimile à une grande braderie et qui verra dans quelques années les meilleurs actifs industriels et financiers dans des mains étrangères, au risque de susciter un choc en retour nationaliste en sus du nationalisme territorial ? Qui s'est demandé s'il ne fallait pas, avant de privatiser, inventer des institutions telles la Caisse des dépôts ou l'IRI italienne, qui permettent de maintenir une présence capitaliste nationale ? Qui a réfléchi aux conséquences d'une récession brutale sur un tissu économique aussi faible ? Qui a pensé que les économies de l'Est ne disposent pas, à l'instar des pays d'Amérique du Sud, d'un secteur exportateur dont le dynamisme garantit le fonctionnement cahin-caha d'un système dual, partagé entre une économie développée ouverte sur l'extérieur et une économie de subsistance ? Qui a cherché à apprécier la capacité de résistance d'une population épuisée par quarante ans de pénurie communiste ? Qui a imaginé le système fiscal à mettre en place afin de corriger, fût-ce symboliquement, les inégalités criantes qu'engendre un avènement si brutal du marché ? Questions d'Occidental repu, penserait-on à Varsovie. Quelle étrange alliance, ai-je envie de répondre, entre des intellectuels raffinés, sociaux-démocrates, et des économètres du style Fonds monétaire aussi imperméables à l'histoire et à la culture que leurs prédécesseurs communistes pouvaient l'être à la vérité des prix. Existait-il une autre voie, graduelle et maîtrisée? La question est désormais sans intérêt. Reste que, je le répète, la déception risque d'être à la mesure de l'illusion. Illusion d'un effort de quelques années qui permettrait de rattraper le peloton des pays occidentaux. Illusion d'une flexibilité qui garantirait aux entreprises, une fois le premier choc passé, de faire bonne figure sur les marchés internationaux. Illusion sur des équilibres macroéconomiques qui finiraient, après une perturbation initiale, par s'aligner sur les ratios classiques : chômage d'environ 10 %, inflation inférieure à 20 %, déficit externe limité à quelques points du produit national. Illusion sur la brièveté d'un cycle qui verrait les augmentations de pouvoir d'achat effacer rapidement les effets de la purge initiale. Illusion sur les aides internationales, dont l'inanité se mesure a contrario aux 1 700 milliards de francs dépensés au minimum par la République fédérale pour ses 17 millions de nouveaux citoyens de l'Est. Illusion en un mot sur la durée du processus et la capacité d'adaptation de la population. La première ne se compte pas en années mais en décennies et la seconde risque d'être bien dérisoire au regard des secousses à venir. Les reconstructeurs des pays de l'Est se dupent eux-mêmes sur le marché. Ils y voient un instrument dont le coût d'acquisition est élevé, mais qui, une fois en fonctionnement, assure automatiquement la prospérité. Ils ne savent pas que le capitalisme est une tension permanente et le marché une ascèse toujours recommencée.

C'est en fait une sous-Amérique latine qui se met en place à nos portes. Elle en aura les traits caractéristiques : une économie éclatée avec un secteur tourné vers l'extérieur, une bureaucratie improductive et coûteuse, des pans entiers d'activités immergées et clandestines, une agriculture de subsistance... et d'immenses inégalités entre une bourgeoisie « compradore » souvent enrichie dans l'exportation et la distribution, et des chômeurs à la limite de la famine.

Manquent évidemment quelques ingrédients du modèle : l'impressionnant dynamisme, par exemple au Brésil, du secteur exportateur – le quatrième mondial, on l'oublie trop souvent ; la plasticité de la société qui répond aux à-coups de la conjoncture en déplaçant la frontière entre l'économie immergée dans la compétition internationale et l'économie clandestine ; des comportements individuels aussi adaptés au risque et à l'aléa que les citoyens de l'Est ont pu l'être, pendant quarante ans, à la sécurité et à l'immobilité absolues ; enfin, sans tomber dans une philosophie de bazar à la Montesquieu, des réflexes à la brésilienne, fruits – qui sait ? – du soleil, et en particulier un sens du salut individuel et une débrouillardise qui permettent de s'accommoder d'une inflation à 100 % ou à 1000 %. Les Polonais, les Hongrois ou les Roumains sont-ils prêts à surnager avec autant de décontraction dans le désordre, l'inflation et l'improvisation ?

A cette aune-là, d'ailleurs, les pays « de l'Est » ne se ressemblent pas : le concept même va disparaître. Les Balkans, l'Europe centrale, l'Europe orientale : la géographie historique reprend ses droits. Au jeu des pronostics, la Tchécoslovaquie et la Hongrie semblent les mieux armées dans cette course-poursuite au développement. La Tchécoslovaquie – ou plutôt le pays tchèque, car la Slovaquie paraît plus handicapée – parce qu'elle aborde le tournant du marché sans dettes internationales, avec une inflation assez faible, une vieille culture industrielle et une allure plutôt sociale-démocrate qui devrait lui éviter des conflits trop brutaux : l'absence, depuis 1968, de la moindre réforme économique crée certes une situation juridique de départ très difficile pour la libéralisation, le pays étant organisé comme un gigantesque combinat. La Hongrie a, elle aussi, ses chances, malgré un endettement élevé et une inflation significative, car trente ans de « kadarisme » ont fini par inventer un bizarre « Canada dry » de l'économie de marché : ce n'était pas le marché mais cela en avait le goût... Les entreprises avaient un compte d'exploitation, n'ignoraient ni la notion d'amortissement, ni les frais financiers, ni l'idée de profit. Si elle échappe à la tentation nationaliste, la Hongrie est plutôt bien partie. Ces deux pays ressemblent à l'Espagne franquiste des années soixante-dix, au moment où la pression du marché a fait craquer la « croûte bureaucratique » qui bloquait le jeu de la société. Mais derrière ces deux Etats qui peuvent espérer devenir des marginaux de l'Occident, tirés vers le haut par la dynamique de la Communauté, comme le sont le Portugal ou la Grèce, le peloton s'étire. La Roumanie et la Bulgarie, pays agricoles quasiment ruinés, dont on ne voit le démarrage ni dans un élan industriel, ni dans le second souffle d'une agriculture qui n'a guère à attendre de la privatisation des terres, ni dans un essor du tourisme, comparable à celui qui est en train de faire de Prague une Florence de l'an 2000 : la perpétuation au pouvoir des bureaucraties anciennement communistes, après des élections d'allure plutôt libre, témoigne d'ailleurs de l'atonie de la société civile. La Pologne ? Elle risque de dériver vers un Pérou ou une Colombie à l'européenne, malgré le dynamisme de la société, la qualité de ses élites, l'attention du monde entier. Abordant sa révolution économique avec l'endettement ou l'inflation de la Tchécoslovaquie, la Pologne se serait tirée d'affaire peut-être mieux que les autres, en devenant une social-démocratie pauvre. Mais elle est prisonnière d'une contradiction insoluble : le rétablissement des équilibres économiques suppose un effondrement durable du pouvoir d'achat, sans doute incompatible avec la capacité de résistance de la société. Ce n'est pas à une reconstruction du type de celle de l'après-guerre que les Polonais sont conviés : à l'époque, Français, Anglais, Allemands faisaient un effort pour retrouver le niveau de développement et l'organisation économique qu'ils avaient connus. La Pologne, elle, court vers l'inconnu : elle n'a aucune référence d'économie sophistiquée et ouverte sur l'extérieur. Les Polonais rêvent de la Suède ; ils risquent de se découvrir Péruviens... Dans cette hiérarchie, la Yougoslavie ne signifiera plus rien en tant que telle. Même si elle se perpétue – ce qui est incertain – comme un Commonwealth balkanique, ses composantes seront toutes bien différentes les unes des autres : certaines, agricoles, risquent de connaître un destin polonais, telle la Croatie; d'autres, comme le Kosovo, pourraient ressembler davantage à la Roumanie... Seule la Slovénie pourrait devenir une « oasis » de type tchèque. Ainsi, à l'intérieur d'un espace aussi réduit que les Balkans, cohabiteront des ethnies, chacune de quelques millions d'habitants, aux niveaux de vie incroyablement hétérogènes. Cela n'améliorera pas le climat... Au moins, au dix-neuvième siècle, ces minorités-là vivaient-elles dans un dénuement qui égalisait les conditions... Mais trêve de naïvetés! Même les mieux lotis sur l'échelle économique, à l'Est, au Centre et dans les Balkans, demeureront à des années-lumière de l'ancienne Allemagne de l'Est, et ce n'est pas avant le siècle prochain qu'ils atteindront le niveau actuel d'un Portugal ou d'une Grèce. Quant aux autres, plus malheureux, ils risquent d'être prisonniers d'un processus à la péruvienne ou à la bolivienne qui verra se succéder des phases d'expansion inflationniste et de récession si brutales qu'à moyen terme le niveau de vie ne progressera guère, les inégalités s'accroîtront, les nouveaux riches exporteront leurs capitaux, les pauvres, de plus en plus nombreux, vivront en marge de la société. Car le marché, ce marché si adulé, fabrique aussi bien la prospérité allemande que l'incohérence colombienne. Monsieur Sachs aura fait miroiter la première aux Polonais, il est en train de leur offrir la seconde. Le retour au principe de réalité ne va pas tarder à se faire sentir...

L'Europe de l'Est ne deviendra pas une sous-Amérique latine sans tension ni déception. Les risques de dérapage sont grands : de l'essor du national-populisme à une émigration incontrôlée vers l'Ouest, sans oublier plus grave encore, de possibles affrontements. La démocratie survivra-t-elle au traumatisme économique? En théorie synonyme de l'économie de marché, n'en sera-t-elle pas paradoxalement la victime? Ce n'est pas le simple parallèle avec l'Amérique du Sud qui conduit à cette interrogation : le « golpisme » n'est pas un effet mécanique de l'inflation. Mais les germes du national-populisme sont d'ores et déjà trop visibles pour ne pas laisser craindre un embrasement, une fois dissipées les illusions sur les miracles à court terme du marché : que l'on considère l'attitude, en Pologne, d'un Walesa qui a abandonné sa stature de héros national pour, en guise de discours politique, offrir un salmigondis où voisinent l'admiration pour le maréchal Pilsudski, ce Perón polonais, les clins d'œil au catholicisme le plus réactionnaire, les allusions antisémites et une bonne vieille démagogie poujadiste faite de haine pour les nouveaux maîtres, de méfiance, de crainte d'être dupé, de défense des « petits » contre les « gros », des honnêtes gens contre les profiteurs, des nationaux contre les cosmopolites. Germes aussi les discours électoraux du Forum démocratique en Hongrie ou du Front national en Roumanie, pleins d'un nationalisme exacerbé dont nous avions, en Occident, oublié jusqu'à la rhétorique – lutter à mort pour la nation, se méfier des minorités étrangères, faire prévaloir l'identité, etc. Germes toujours les dérapages mystiques qui font de la nation polonaise la rédemptrice du monde entier; les propos belliqueux des Serbes, Slovènes ou Croates qui parlent de leurs droits ethniques sur le même ton qu'au début du siècle; les premières élucubrations « nationalo-économistes » qui proposent des solutions miracles – à l'instar des socialistes français de 1981 mais poussées à l'extrême – pour atteindre la prospérité sans les sacrifices, grâce à l'intervention bienveillante de l'Etat; le retour des partis de petits propriétaires ou de paysans qui se situent dans le fil des mouvements peu démocratiques de l'avant-guerre. Germes enfin, la recherche encore balbutiante de fautifs : les juifs, les gouvernants, les autres; les connivences entre cette vieille droite et les débris des appareils staliniens toujours sensibles aux sirènes nationalistes; l'alliance si visible du glaive et du goupillon, de la nation et de la religion qui tolèrent le jeu de la démocratie bien plus qu'elles ne le promeuvent. Rien n'est certes acquis et le pire n'est jamais sûr. Mais autant le mouvement démocratique, qui plonge loin, lui aussi, ses racines dans les cultures de la Mitteleuropa, serait armé pour réduire ces risques de dérapage si le contexte économique était stabilisé, autant il sera affaibli par le désordre, la déception et surtout l'obligation d'imposer des plans d'austérité de plus en plus difficilement supportés au nom d'une amélioration des conditions de vie, elle, de plus en plus hypothétique. Les unions nationales voleront en éclats sous les coups de boutoir de la réalité, qu'elles aient pour noms Solidarité ou Forum civique; les forces politiques s'émietteront, se déchireront sans qu'un appareil d'Etat solide, avec des fonctionnaires incontestables, puisse leur servir de béquilles. Le temps des mirages et des solutions simples risque alors de sonner : avec ses héros éponymes, les Walesa ou Eltsine; avec ses boucs émissaires, juifs au premier chef; avec ses solutions simples, la discipline comme priorité. La démocratie ne sera-t-elle donc qu'une simple transition entre le communisme et le fascisme, ou, au moins, le national-populisme?

A l'enfermement dans ce statut si pénible de sous-Amérique latine répondra – c'est, à la différence du national-populisme, une certitude – une émigration massive vers l'Ouest. L'Occident, ce sera en premier lieu, l'Allemagne, condamnée, on l'a vu, à s'ouvrir à l'Est comme les Etats-Unis au Mexique, mais l'onde de choc franchira le Rhin, ne serait-ce que parce que les Allemands feront tout leur possible pour offrir un simple transit, et non une destination finale. Ils auront déjà à accueillir les réfugiés d'origine allemande, bénéficiaires par le droit du sang de la citoyenneté; ils essaieront évidemment de refouler les autres, de les détourner, de les réexpédier. Les Polonais, les Roumains, les Bulgares qui traînent du côté de Potsdamer Platz et des gares de Berlin forment les premiers détachements d'une immense armée d'émigrés. Comment en irait-il autrement? D'un côté un pays à la prospérité arrogante et dont l'incroyable facilité à prendre en charge la Prusse et la Saxe ajoute au pouvoir de fascination et à la mythologie; de l'autre, des Européens recrus d'efforts, plutôt cultivés, familiers de la langue et de la pensée allemandes – surtout les intellectuels –, condamnés à vivre en zone zloty avec, à quelques kilomètres, la rutilante zone mark. Ce seront les élites – médecins, cadres, ingénieurs – qui partiront les premières, d'autant plus attirées par la riche Allemagne que celle-ci connaîtra les affres d'une natalité déclinante. Les pauvres suivront, certes, mais cette émigration sera plus évoluée – et donc plus difficile à refouler – que les troupes de saisonniers mexicains à la recherche de petits jobs chez les vignerons de Californie. Quarante ans de communisme nous ont faussé l'esprit, nous habituant à l'idée que les territoires peuvent se fermer les uns aux autres. Avec le retour de la démocratie, rien de tel : les migrations débordent les restrictions et les interdits légaux. La frontière est désormais ouverte et les flux suivront le rythme des déceptions à l'Est. Le temps des grandes migrations est revenu : comme toujours dans l'Histoire, elles naissent des différences de développement entre des pays à frontières ouvertes. Aux pays occidentaux, et en particulier à l'Allemagne, d'anticiper un phénomène auquel leurs sociétés civiles sont mal préparées, n'ayant ni les habitudes ni la plasticité du melting-pot américain. L'Europe peut se faire, d'ailleurs, autant à travers les mouvements de population que par des constructions politiques complexes : à la seule condition d'y réfléchir, de les accepter et de ne pas s'abriter derrière d'illusoires « lignes Maginot ».

Le trou noir

L'Europe occidentale a vécu depuis 1945 avec la conviction que l'ordre régnait à l'Est et que l'ordre pouvait même venir de l'Est... Tout y était prévisible et l'avenir n'était qu'une projection mécanique du présent. Combien sommes-nous à avoir pensé que les dictatures de droite offraient, à la fin, un billet de retour et les dictatures de gauche jamais? Les premières parce qu'elles n'arrivaient pas à tuer la société civile; les secondes parce qu'elles l'avaient éliminée. Avec l'anarchie à Moscou, ce sont nos prévisions qui volent en éclats; mais c'est surtout une manière de penser le monde, vu d'Occident, qui disparaît, et nous n'en mesurons pas les abyssales conséquences. Hier un pôle d'attraction; aujourd'hui et demain un trou noir. Bouleversement immense : il nous faut penser l'avenir de l'Europe adossée au vide... Un vide qui demeure une superpuissance nucléaire, ce qui donne davantage froid dans le dos que les imposants défilés militaires de Brejnev... Avec l'ordre régnait la menace sans les risques; avec le désordre triomphent les risques sans la menace. A l'échelle de ce que les Américains baptisent le « management de crise », le second scénario est autrement plus périlleux que le premier... En toile de fond de cette réalité avec laquelle nous allons désormais vivre des décennies se glisse, pour le surcroît, le jeu sans fin des réponses sans questions et des questions sans réponses, c'est-à-dire des certitudes floues.

Certitude : la mort du communisme. Question : la démocratie sera-t-elle le plus court chemin du communisme au fascisme, fût-ce dans une version nationale-populiste? Les délices du parlementarisme Troisième République à l'intérieur du Soviet suprême ne peuvent faire illusion. Pour la classe politique les rites et les plaisirs de la démocratie s'apprennent vite; les institutions, les réflexes, les habitudes, c'est une autre affaire et le national-populisme rôde sous une forme qui donne par comparaison l'allure de bluettes romantiques à ses alter ego des pays de l'Est.

Certitude : la misère économique. Question : va-t-on vers une économie balkanisée? Balkanisée entre une agriculture miséreuse, des services collectifs en déshérence, un vaste secteur où s'enrichissent les importateurs, les spéculateurs, les intermédiaires – une bourgeoisie coloniale de l'intérieur en un mot – et quelques lambeaux d'économie efficace à travers des concessions d'activités entières à l'Occident, sur le modèle des concessions chinoises des années vingt. Balkanisée entre des villes qui verront se multiplier des « favelas » où s'entasseront chômeurs, réfugiés fuyant les vagues nationalistes, quart-monde des campagnes à la limite de la subsistance et quelques enclaves minuscules d'efficacité occidentale. Balkanisée, enfin, entre les régions mitoyennes de l'Europe, irriguées par les miettes de la prospérité occidentale dès lors que les frontières ne sont plus étanches, les zones musulmanes entraînées dans le maelström islamique et des contrées lointaines devenues « le trou noir du trou noir ». Les meilleurs esprits se familiarisent rapidement avec les instruments intellectuels de la démocratie. Ils ne sont pas près de maîtriser les outils de la pensée économique. Leurs meilleurs économistes redécouvrent « l'économie Boublil » de 1981, du nom de ce conseiller du président de la République qui croyait déplacer les agrégats économiques en soufflant dessus ou peu s'en faut... N'entend-on pas les rares spécialistes russes – expression d'ailleurs surréaliste – expliquer qu'ils transféreront en cinq ans 100 milliards de roubles de la défense à la consommation, en transformant les usines d'armement en usines d'électroménager ou d'électronique grand public : ils ne savent pas que réorienter une usine de mille ouvriers au cœur de la Lorraine est déjà une tâche surhumaine. Leur rêve donne le vertige...

Certitude : un système économique fonctionne convenablement grâce au profit ; il peut survivre par la crainte. Question : quel est son ressort lorsqu'il ignore le premier et perd la seconde ? Il se dirige, comme aujourd'hui, vers le degré zéro de l'économie. Ce qui fonctionnait se dégrade ; ce qui marchait mal disparaît. Le communisme avait fini par reconnaître son incapacité à produire des biens de consommation ; du moins prétendait-il éduquer et soigner. 40 % des nouvelles recrues parlent mal le russe et l'écrivent encore plus mal et la mortalité infantile ne cesse d'augmenter... 10 000 candidats se présentent pour 100 jobs au McDonald's de Moscou : sans doute le seul concours qui n'exigeait pas l'appartenance au Parti. Pauvre Lénine...

Certitude : un pouvoir central faible. Question : à qui néanmoins ira-t-il? Interrogation vitale pour nous car la dernière décision qui, à la limite, dépendra de lui – elle ne relève techniquement que d'un centre –, c'est le feu nucléaire. Moscou ne gouvernera plus son immense empire, même réduit aux frontières de la Russie, comme Paris gouverne la France ou Washington les Etats-Unis. Mais cet effondrement du pouvoir central n'enlève rien à l'importance de l'enjeu. Stratégique, d'abord, car dans la partie d'échecs internationale le joueur, même faible, sera là. Symbolique ensuite car les régimes ont une ombre portée et le monde ne fonctionne pas de la même manière avec un dictateur, un tsar, un communiste ou un président potiche au Kremlin. Idéologique enfin, car l'onde de choc partie de Moscou impulsera sa marque à l'Europe entière, voire davantage, et si elle a une allure slavophile, nationaliste, intégriste, les douceurs internationalistes de l'Occident seront mises à mal. Walesa reconverti en Pilsudski de l'an 2000, c'est une déception; ce n'est pas un exemple pour le monde entier. Un Le Pen au Kremlin, ce sont les équilibres politiques européens qui sont menacés.

Certitude : l'Union soviétique est morte. Question : explosera-t-elle, ou un divorce à l'amiable lui donnera-t-il la forme d'un Commonwealth à géométrie variable? Ce serait tabler sur la capacité des mouvements irrédentistes à s'autolimiter et à céder sur les symboles – drapeau, reconnaissance internationale, diplomatie – pour éviter l'humiliation à l'ancien colonisateur. Faudrait-il que la raison les gouvernât! Car un tel Commonwealth ne peut trouver d'autre substance que symbolique, puisque la médiocrité économique de la Russie empêche de le bâtir autour de l'économie. On oublie trop souvent que l'Union soviétique est, dans l'Histoire, le premier empire à se défaire dont le centre est plus pauvre que la périphérie. Ce colonialisme-là a fonctionné soixante-dix ans, à l'inverse du colonialisme capitaliste : la pauvreté au cœur, une moindre pénurie alentour. Mais l'édification ou non d'un Commonwealth soviétique, fût-il un artifice à l'échelle de l'Histoire, n'est pas à moyen terme une question secondaire. Il gage la possibilité pour le pouvoir moscovite d'éviter l'humiliation. Or on n'humilie pas impunément un vieux pays doublé d'une superpuissance nucléaire. La République de Weimar et son agonie sont là pour nous le rappeler – et encore Berlin ne disposait-il pas du feu nucléaire.

Certitude : la Russie est de retour – si tant est qu'elle soit d'ailleurs jamais partie. Question : échappera-t-elle à ses propres mouvements irrédentistes? Le destin des tsars ne se joue ni à Vilnious, ni à Tachkent, ni à Bakou, mais à Kiev. L'Ukraine essaiera-t-elle de saisir sa première vraie chance, depuis des siècles, d'émancipation? Aujourd'hui l'Ukraine occidentale manifeste son désir d'autonomie dans un mouvement « à la polonaise » qui mêle aspiration nationale et identité catholique. De là le voyage à Rome de Gorbatchev qui, convaincu sans doute que le pape dirige les catholiques comme autrefois Lénine les bolcheviks, attendait de lui qu'il fasse taire les catholiques uniates. Et, à la difficulté du message près, Jean-Paul II ne s'y est pas refusé en acceptant d'aller à Kiev tendre une main charitable au maître d'œuvre de la perestroïka. Mais au-delà de sa partie occidentale, l'Ukraine entière bouge. Trouvera-t-elle enfin, dans les décombres du communisme, l'occasion qu'elle a si souvent cherchée sous les tsars et lors des occupations étrangères? Ce sont les signes qu'elle envoie désormais de Kiev, proclamation d'autonomie en tête. Dans ce cas, la Russie elle-même ne survivrait pas au séisme : que représente-t-elle en effet sans son grenier à blé et son lien avec l'Europe? Une Russie sans l'Ukraine ne serait plus que l'antichambre de l'Asie. Aussi est-il sûr que les maîtres de Moscou, quels qu'ils soient, se battront à mort contre le séparatisme ukrainien : il y va de leur peau.

Certitude : la Russie redevient un pays du tiers monde doublé d'une grande puissance nucléaire : elle conserve donc une stratégie mondiale. Question : si sa vision européenne est claire – ne pas se couper de l'Europe, miser sur l'Allemagne, éloigner les Etats-Unis –, son ambition asiatique est incertaine. Pourquoi Moscou n'a-t-il pas fait tomber l'équivalent du Mur pour les Japonais, en leur restituant l'île Sakhaline, voire les Kouriles ? Le coût est moins élevé qu'à l'Ouest : quelques îlots désertiques, même hérissés de radars hypermodernes, n'ont pas la valeur symbolique du Mur. Le rendement politique de l'opération aurait été encore plus grand : pour quelques arpents de terre, les Russes auraient déstabilisé la relation stratégique entre le Japon et les Etats-Unis. Le premier aurait enfin donné libre cours à son ambition de redevenir une grande puissance asiatique et à son désir, toujours nié mais si essentiel, de s'émanciper des Etats-Unis. La Sibérie y aurait gagné au passage quelques dizaines de milliards de dollars d'investissements nippons. De même le jeu russe face au monde musulman est-il incompréhensible. La Russie prend-elle le rôle d'une sentinelle pour le compte de l'Occident ? Cherche-t-elle à jouer les musulmans les uns contre les autres ? Veut-elle faire basculer à son profit quelques dominos, dont l'Iran ? La fin du messianisme communiste ne sonne pas le glas de l'impérialisme russe. Aujourd'hui acculé en Europe, il garde des cartes ailleurs qu'il n'a pas encore utilisées. Et elles peuvent faire très mal aux Etats-Unis, en particulier dans leurs relations avec un Japon dont l'autonomie risquerait d'être plus tonitruante que celle des Allemands.

Certitude : le nationalisme russe est en mouvement. Question : écrasera-t-il au passage le rêve démocratique, en prenant appui sur les frustrations économiques ? Les slavophiles tiennent le haut du pavé, pureté de la race en tête : ils ne veulent se mêler ni aux peuples colonisés par la Russie, ni aux Occidentaux, ni évidemment aux juifs... D'où un anti-colonialisme qui doit plus à l'eugénisme qu'à l'idéologie, un désir d'octroyer aux juifs le droit d'émigrer qui témoigne moins d'une générosité libérale que d'un antisémitisme en pleine action, une réticence à s'engager trop loin aux côtés de l'Occident qui plonge dans les vieilles critiques réactionnaires du capitalisme. Comparé à certains slavophiles, Soljenitsyne est un enfant de chœur. De là le risque immense que se coagulent dans une alchimie idéologique si tentante nation, religion, poujadisme à la russe, antisémitisme et goût de l'ordre. Face à cette coalition, les démocrates à l'occidentale ne pèseront guère quand ils crieront « liberté » – et que l'écho leur répondra : « chaos ».

Certitude : la révolution en cours est la première de l'Histoire à ne promettre que des sueurs et des larmes, puisqu'elle fait litière de l'eschatologie et d'un fantasme millénariste de mieux-être. Question : un ordre stable peut-il sortir d'une telle révolution à l'envers ? Vu avec les concepts des cybernéticiens, l'avenir de la Russie se résume à deux hypothèses. La première : le chaos, mais un chaos classique dont la théorie montre que d'effet en contre-effet il finit par trouver son équilibre et que le système, à sa manière, stable, peut se perpétuer sans risque ni pour lui, ni pour les autres. C'est la voie brésilienne puisque le Brésil représente la quintessence de cet état : en déséquilibre permanent mais jamais à terre. La seconde : le chaos à nouveau, mais cette fois sans ordre implicite, incapable de se réguler et qui peut dégénérer vers l'absurde et l'irrationnel. C'est ce qui s'est passé à la fin de la République de Weimar, avec plongée dans l'onirisme nazi. La comparaison ne vaut pas terme à terme, mais elle témoigne de la possibilité pour le désordre de déraper dans la folie. Chaos avec théorie du chaos ou sans ? Telle est l'alternative. Dans un cas, nous vivrons avec, à nos portes, un trou noir auquel nous nous habituerons ; dans l'autre, nous serons entraînés dans l'inconnu.

Les rapports de forces n'ont pas disparu avec la perestroïka, même si George Bush retrouve les accents pacifistes avec lesquels les présidents américains terminent les guerres : guerres chaudes pour Wilson et Roosevelt ; guerre froide pour lui. Les erreurs des deux premiers, prisonniers du fantasme unanimiste et moralisateur propre aux Etats-Unis, devraient d'ailleurs le mettre en garde. Mais ces nouveaux rapports de forces sortent de la logique du face-à-face qui a prévalu avec le condominium américano-russe pour entrer dans un univers plus complexe, multipolaire et aléatoire. C'est une situation sans précédent : quand, dans l'Histoire, une puissance sombrait dans l'anarchie, elle s'effaçait de la carte et la partie continuait sans elle. Avec la Russie – forçons-nous à l'appeler de la sorte, elle qui n'a plus rien ni d'une union, ni de soviétique – rien de tel : par le seul effet du nucléaire, sans même tabler sur ses autres forces militaires, son immensité, ses matières premières ou son passé, elle demeure présente. Etonnante position d'un « absent-présent », que sa déliquescence rend absent mais à qui la détention démiurgique du nucléaire, et donc du pouvoir de mort sur les autres, restitue une sorte de présence. Il nous faut apprendre à penser l'avenir dans ce contexte. Après un demi-siècle de non-pensée stratégique, puisque le monde était stable en son cœur grâce à l'équilibre de la terreur et agité à sa périphérie, le choc est majeur pour nos esprits. A eux de retrouver la ductilité que possédaient nos prédécesseurs au début du siècle : ils n'étaient pas plus doués mais l'aléa permanent et le risque les avaient entraînés à gérer les crises et les incertitudes. Fachoda ou Tanger étaient, il est vrai, des parties de plaisir, à côté de ce que nous réserve la présence, à la table, du vide en guise d'acteur.

Et les autres?

La pulsion nationaliste ne s'arrête pas aux frontières de l'Europe. Ce ne sont ni les vieilles convictions libre-échangistes et internationalistes à l'anglo-saxonne qui guident le Japon, ni les droits de l'Homme vus par l'Occident les pays grignotés par l'intégrisme. A ce jeu-là, les Etats-Unis font évidemment bande à part et leur repli hypothétique sur le seul continent américain, avec peut-être un pseudopode dans le Golfe, marque la fin du grand cycle internationaliste dont ils furent les chantres. De même que la France va subir le choc en retour de l'onde nationaliste qui parcourt l'Europe depuis l'Est, de même l'Europe subirat-elle le contrecoup des tensions extérieures.

Avec le Japon, nous nous rassurons en faisant semblant de croire que les impérialismes économiques sont anodins : à voir... Se suffisent-ils à eux-mêmes? Dominer autrui par ses exportations ou son épargne est-il un signe suffisamment tangible pour les ego collectifs? L'invasion par les micro-ordinateurs remplit-elle la même fonction affective que la conquête territoriale? L'autocensure qui prévaut dans les relations internationales interdit de regarder le Japon de cet œil-là : est-ce néanmoins indu? L'Allemagne est une démocratie impériale et le Japon une oligarchie impérialiste. Ce n'est pas une mince différence. Oligarchie au lieu de démocratie : les garde-fous, les *checks and balances* libéraux, les contraintes imposées par le frottement des institutions, autant de limites à l'ambition qui n'ont pas cours à Tokyo. Que les spécialistes du Japon, si désireux de nous faire croire à la diversité nippone, regardent la réalité! Japan Incorporated existe : il est gouverné par une oligarchie sur laquelle les mécanismes démocratiques classiques n'ont guère prise.

Impérialiste et non impériale : la nuance n'est pas, là non plus, secondaire. Aujourd'hui, l'Allemagne est entraînée par le dynamisme naturel de la puissance : elle n'a ni dessein affiché, ni arrière-pensées, ce qui ne préjuge pas de l'avenir. Gide ne disait-il pas d'elle : « Elle doit, l'Allemagne, à son défaut de contours sa force d'expansion prodigieuse. Elle est de la famille des ficus et comparable au banian sans tronc principal, sans définition, sans axe mais dont la moindre ramille pousse au plus vite, où que ce soit, en haut des bras, en bas des racines et vit, croît, prospère, s'élargit et devient à son tour forêt » ?... Le Japon, lui, est impérialiste, c'est-à-dire maître de son dynamisme, de ses terrains d'expansion, de sa stratégie. Une démocratie impériale domine sans le vouloir; une oligarchie impérialiste impose ce qu'elle a décidé. De là notre candeur à penser que le Japon n'aura été impérialiste que pour et par l'économie, et que c'est un Etat bonasse sans ambition. La partie géostratégique n'a pas encore commencé dans le Pacifique et la guerre froide s'y perpétue encore. Mais ce qui s'est passé en Europe s'y produira à son tour : sans la même retenue, ni la même tempérance. La Russie – nous l'avons dit – s'offrira la destruction d'un mur de Berlin peu coûteux en renonçant aux îles Sakhalines et Kouriles : elle y gagnera encore plus de subsides que les milliards de marks payés par les Allemands pour leur unification. Le Japon découvrira, ce jour-là, qu'à l'instar de l'Allemagne tournée artificiellement pendant un demi-siècle vers le seul Occident il était borgne. Borgne quant à la Russie et donc trop exclusif envers les Etats-Unis. Dès lors qu'il pensera fonder sa sécurité sur ses relations de bon voisinage, pourquoi devra-t-il accepter durablement la tutelle stratégique des Américains? Aujourd'hui le Japon achète, pan après pan, l'économie américaine, mais les Etats-Unis garantissent son existence face à une Russie qui joue encore sur ce terrain-là à l'Union soviétique d'autrefois. Et demain? De la détente naîtra l'autonomie; et, plus tard, de l'autonomie, le nationalisme stratégique. Le Japon accepte, d'ailleurs de plus en plus difficilement, d'être un nain politique parce qu'il a peur ; libéré de cette angoisse, il voudra faire valoir au minimum le poids du yen. Dans un monde d'affrontements, la République fédérale a pu être faible et le mark puissant, le Japon secondaire et le yen décisif ; dans une société sans menace, l'Allemagne s'aligne sur le mark et le Japon sur le yen. Face à ce processus, dont la clef est dans la main de Moscou, les Américains sont beaucoup plus désemparés que vis-à-vis de l'Europe : celle-ci, Allemagne en tête, ne met pas en coupe réglée leur économie, de sorte qu'une stratégie tout en finesse est possible. Le président Bush a su la mener pour accompagner les événements au lieu de les subir et à défaut, désormais pour les Etats-Unis, de les façonner. Mais si le Japon secoue demain le joug stratégique, que pourra-t-il répondre à un interlocuteur qui finance son déficit budgétaire ?

Tout se joue sur la capacité de retenue des Japonais. S'ils brident leur agressivité et recherchent en douceur le dégagement de la tutelle américaine, ils renverront sans coup férir les Etats-Unis vers le seul continent américain et deviendront les maîtres du jeu asiatique : ils auront reconstruit la « sphère de coprospérité » derrière laquelle ils manifestaient, avant guerre, leur domination. Si, au contraire, ils ne résistent pas aux délices de l'arrogance, ils peuvent, sans l'avoir voulu et à rebours de leur dessein, réveiller les Etats-Unis. Ce peut être un jour un Pearl Harbor économique, par exemple une OPA sur IBM, General Electric ou tel autre de ces groupes qui constituent le patrimoine industriel américain : la réaction sera, ce jour-là, d'une rare violence et les Etats-Unis manifesteront, sans doute comme toujours dans l'Histoire, une capacité de rebond à la mesure de la léthargie qui précédait. Or la dépendance macro-économique des Etats-Unis vis-à-vis de l'épargne japonaise s'efface, sur le plan technique, avec deux mesures fiscales : une taxe légère sur l'essence et une TVA de 3 à 4 %, qui n'appartiennent ni l'une ni l'autre à l'arsenal financier américain. Seul le jeu des lobbies a jusqu'à présent empêché le gouvernement d'aller dans ce sens. Après un tel Pearl Harbor, l'opinion basculerait et, comme en 1941, accepterait ce qu'elle avait jusqu'alors refusé. Reste évidemment la dépendance microéconomique qu'aucun réflexe protectionniste, si violent soit-il, n'arrivera à effacer : on ne reconquiert pas 100 % du marché intérieur de l'électronique grand public et 30 % du marché automobile. Mais chacun tient l'autre dans une relation exportateur-importateur, alors que financer son déficit budgétaire par l'épargne d'autrui, c'est se mettre dans sa main. Pearl Harbor peut-être aussi symbolique et non économique : cela s'identifierait à un Japon accroissant ostensiblement son effort de défense au lieu de le faire, comme aujourd'hui, en catimini et avec l'accord des Américains. Que feront les Etats-Unis si Tokyo se dote d'une vraie force militaire avec, à l'arrivée, la possibilité pour cette grande puissance technologique de devenir, à l'heure qu'elle choisit, une puissance nucléaire? Les Etats-Unis n'auront qu'à replier le drapeau, rembarquer leurs troupes, rapatrier leurs sous-marins... et chercher une alliance de revers avec la Russie qui le leur fera payer cher. Anticipation irraisonnée et mal intentionnée, prétendront les naïfs et les crédules qui croient en un ordre économique qui fonctionne en circuit fermé, sans influence sur les enjeux stratégiques. Les Japonais ont planifié – et réussi – leur conquête économique de la planète : il leur aura fallu trente ans. Imagine-t-on qu'ils vont mettre sac à terre et renoncer à cette autonomie stratégique qui constitue la transition naturelle entre la dépendance et la domination? Seule une évolution propre à la société japonaise pourrait la faire changer du tout au tout. Le socialisme? Il est trop mal en point ailleurs pour refaire surface à Tokyo. Les Verts? Ils sont aussi ambigus que leurs homologues allemands : l'attachement à la nature, et en fait à la race, ne constitue pas – doux euphémisme – le meilleur frein au nationalisme. Les femmes? Peut-être. Un mouvement féministe sera, s'il se produit au Japon et compte tenu du rôle pivot de la femme dans la société nippone, autrement plus révolutionnaire qu'en Europe. Mais on ne bâtit pas une stratégie face au Japon sur l'espoir que la femme japonaise fera, peut-être, la révolution...

Expulsés un jour du Pacifique, repoussés en partie d'Europe, les Etats-Unis risquent de se recroqueviller sur leur continent. La vieille doctrine de Monroe ne serait-elle pas la réponse d'un pays-continent dominé par une idéologie internationaliste et libérale à un environnement en proie, lui, à des pulsions nationalistes? Le retour sur le pré carré constitue, dès lors, une réaction naturelle. Est-ce l'arrière-pensée du président Bush lorsqu'il pousse à l'intégration économique avec le Canada et le Mexique, et qu'il annonce un plan drastique d'allégement des dettes pour l'Amérique latine, au point de rendre possible, pour la première fois depuis quinze ans, son redémarrage? L'Amérique du Sud offre, de ce point de vue, aux Etats-Unis, un « hinterland » dont les perspectives de croissance sont sans commune mesure avec les espoirs que l'Europe occidentale fonde sur les nouveaux venus de l'Est : il vaut mieux trouver le Brésil dans son arrière-cour économique que la Russie. Ainsi les Etats-Unis acceptent-ils, sans le dire, un partage du monde en trois zones, avec chaque fois le riche et ses pauvres : au Japon l'Asie du Sud-Est; à la Communauté européenne l'Europe de l'Est et la Russie; à eux-mêmes, Américains, l'ensemble de leur continent. Il existe certes dans cette géographie un cinquante et unième Etat de l'Union, l'Arabie Saoudite... Mais voir l'intervention américaine dans le Golfe comme le signe de leur superpuissance, c'est oublier l'impératif pétrolier et surtout l'obligation où ils sont, pour financer une opération de police de cet ordre, de « faire la manche ». A se sentir mercenaire pour le compte d'autrui, l'opinion publique risque de virer encore plus vivement vers l'isolationnisme. Quelle *diminutio capitis* par rapport à l'après-guerre! A trop dauber sur l'effondrement de l'Union soviétique, on en oublie le déclin américain, même s'il est occulté par le triomphe idéologique du capitalisme et l'affaire du Golfe. Il n'existe plus de « supergrands » : le jeu a gagné en complexité et la supériorité militaire ne garantit plus la domination stratégique, de même que l'ascendant économique ne fonde pas, à lui seul, la primauté nationale. Le monde vit avec deux superpuissances nucléaires, Etats-Unis et Russie, et trois superpuissances économiques, Etats-Unis, Allemagne et Japon. Le fait pour les Etats-Unis de jouer sur les deux tableaux mesure son ascendant relatif, mais entre le droit d'aînesse d'aujourd'hui et l'écrasante domination d'hier, quel déclin! L'univers dans lequel nous entrons n'est pas, pour les Etats-Unis, le plus naturel. Outre leur supériorité absolue, ils étaient à leur aise dans le jeu de l'après-guerre. Manichéens, il leur permettait d'incarner le bien face au mal et de satisfaire, de la sorte, leur goût de la morale. Libre-échangistes et libéraux, ils voyaient les échanges économiques modeler les sociétés et, de ce point de vue, le rêve de Jean Monnet – construire une Europe fédérale à partir de l'économie – était la perpétuation du rêve américain lui-même : fille de l'Europe, l'Amérique devenait, à son tour, la préfiguration de ce que celle-ci ambitionnait d'être. Simple et univoque, le jeu s'articulait autour de stratégies binaires telles que les Américains les aiment, et non des subtils équilibres dans lesquels les Européens se complaisent. Noué à l'enjeu européen, l'affrontement principal avec l'Union soviétique correspondait aux Etats-Unis première manière, dominés par les « Wasps » et pétris de notre culture. Libre-échange, internationalisme, effacement des Etats-nations, constructions économiques... Autant de traits qui allaient de pair avec « l'imperium américain » tel qu'il s'est manifesté pendant quarante ans : démocratique, moral, tutélaire et sûr de son bon droit. Avec le retour des nations, les Etats-Unis sont, désormais, pris à contre-pied, et même si leurs défaillances économiques ne les obligeaient pas à un effacement relatif, ils n'auraient pu ni su jouer de la même manière face à un nouveau concert des nations. Comment le pays le moins nationaliste pourrait-il dominer un monde dont les nations risquent de redevenir le ressort? Les Etats-Unis suscitent le patriotisme; ils ignorent le nationalisme. Quel meilleur témoignage de cette étrange aptitude que leur comportement à l'issue des deux derniers conflits mondiaux! S'étant battus sans haine, ils pardonnent sans difficulté : vainqueurs de la Première Guerre, les Français n'avaient d'autre obsession que d'arracher aux Allemands des réparations; triomphateurs de la Seconde Guerre, les Américains ouvraient, trois ans après, les crédits Marshall à l'Allemagne pour faciliter sa reconstruction! Face à des Etats taraudés par le démon national, les Etats-Unis seront maladroits car ils ne les comprendront pas. Allemagne, Japon, Russie, pays de l'Europe centrale : autant de partenaires obligés avec lesquels la vie deviendra compliquée, sans compter un Moyen-Orient imprévisible... La rationalité libérale aux prises avec l'irrationalité nationale : belle perspective!

Et pourtant, la chance a mis à la tête des Etats-Unis le meilleur président possible, semble-t-il, pour cet « après-après-guerre ». Il fallait les idées frustes de Ronald Reagan pour entraîner l'Union soviétique dans une course au surarmement au-dessus de ses moyens, et George Bush qui, lui, aurait calculé la dose avec intelligence n'aurait probablement pas conduit l'adversaire à une telle capitulation. Mais, à l'inverse, que de dégâts aurait faits Reagan dans un monde en gestation où tout faux pas est interdit! Malgré une administration de loin la plus européenne d'esprit depuis longtemps, les Etats-Unis sont, face aux irrédentismes nationaux comme une poule devant un couteau. Ils détestent les situations que ni la raison ni l'argent ne peuvent résoudre : en témoigne l'affaire du Koweït, au-delà du premier sursaut de fierté collective. Dans ce pays gouverné par l'opinion publique, la disparition du manichéisme, la complexité, l'inconnu pousseront vers un isolationnisme qui constitue déjà sa pente naturelle. Avant même la fin de l'après-guerre, les Etats-Unis avaient commencé à s'abandonner à cette tentation. Un découplage nucléaire de fait avec l'Europe depuis les années soixante-dix qui ne garantissait plus aux Alliés l'engagement automatique des fusées basées sur le territoire américain; le traumatisme né de la guerre du Vietnam et la remise en cause de l'interventionnisme lointain; le basculement des Etats-Unis de l'Est vers le Sud et l'Ouest avec l'affaiblissement parallèle des élites pro-européennes de la Nouvelle-Angleterre; les liens grandissants avec le monde du Pacifique et la perméabilité de la frontière avec le Mexique; le poids croissant des Noirs, des Hispaniques, des jeunes pour lesquels l'Europe ne symbolise plus leurs racines; l'introversion née du sentiment collectif du déclin économique... Tout poussait déjà les Etats-Unis à s'éloigner du théâtre européen, à une époque où la pression soviétique ne cessait pourtant de se renforcer. Un monde en apparence plus apaisé entre en résonance avec le pacifisme naturel des Américains; un monde en réalité plus nationaliste entre en conflit avec la mentalité spontanément internationaliste des Etats-Unis. Hier démocratie impériale – mais ce rôle est désormais dévolu à un autre; demain spectateur engagé. Par rapport à cette tendance lourde, l'affaire irakienne semble une exception plus qu'un précédent : si l'Inde annexait le Pakistan, les Etats-Unis interviendraient-ils?

La ronde des nationalismes peut se poursuivre sans fin. Du côté de la Chine, qui se drape dans son isolement; de l'Inde et du Pakistan, qui sont d'ailleurs toujours sur le point de se battre; de la poudrière de l'Asie Mineure, où un nationalisme idéologique succède au tribalisme; de l'Afrique, où chaque remise en question du statu quo institutionnel ou territorial débouche sur des affrontements ethniques... Mais ces nationalismes-là occupent la une des quotidiens européens; ils ne pèsent pas directement sur l'avenir de l'Europe. L'intégrisme musulman, lui, nous engage et risque de constituer le plus fort soutien aux pires des nationalismes européens, en particulier en France. Ce n'est plus le khomeynisme iranien, surtout dans sa version thermidorienne depuis la mort du « Guide », qui est devenu un instrument direct d'influence, même s'il alimente nos fantasmes et nos craintes, à l'instar du péril jaune il y a vingt ans : le terrorisme est certes toujours présent, qui nous rappelle sa capacité de chantage. Mais la partie ne se décide pas pour nous à Téhéran, ni même à Bagdad : elle se joue à Alger, Rabat, Tunis. Que les pays du Maghreb soient emportés par l'intégrisme et le fondamentalisme, et la société française sera profondément déstabilisée : à court terme, un gouvernement de type iranien à Alger représente, pour nous, un événement autrement plus essentiel que la chute du mur de Berlin. Des dizaines de milliers de réfugiés, voire davantage, qui demanderaient à bon droit l'asile politique; une communauté maghrébine en France qui a échappé, jusqu'à présent, au travail de sape des mollahs mais qui serait, dans cette hypothèse, subvertie par la lame de fond islamique; et surtout l'affolement d'une société française, dont Le Pen agitera à satiété les mauvais démons [1] : le paysage n'est pas, dans cette hypothèse, réjouissant.

Jouer à se faire peur n'est pas une démarche saine; mais il faut envisager par hygiène le pire pour prendre ses précautions. Les sociétés s'adaptent spontanément au mieux, dès lors qu'elles se sont préparées au pire, un peu à l'instar des entreprises qui font leurs prévisions sur des hypothèses de récession afin d'engranger davantage de profit si la croissance revient. Le pessimisme n'est pas un état; c'est une hygiène pour l'action. Le pire pour nous s'appelle : des mollahs à Alger; une Allemagne trop sûre d'elle qui se veut centre de l'Europe plutôt que membre dominant de la Communauté; une Pologne aux mains d'un Pilsudski, fût-il rebaptisé Walesa, modèle d'une Europe de l'Est et du Centre agitée par le populisme et le nationalisme; des affrontements endémiques dans les Balkans ou dans l'Europe danubienne; une Russie anarchique, dirigée par un démagogue imprévisible, travaillée par la sécession ukrainienne, sans compter les irrédentismes musulmans... L'apocalypse! Dieu merci, toutes ces secousses n'adviendront pas en même temps. Mais une à une, elles sont toutes possibles et pour certaines pro-

1. Cf. chapitre V.

bables. L'Histoire n'est pas un tirage au sort, avec tant de boules blanches et tant de boules noires. Elle met en jeu une dynamique et nombre de ces phénomènes calamiteux risquent de s'engendrer les uns les autres. De ce point de vue, ce qui se passera à Moscou sera décisif : c'est là qu'un seul événement peut provoquer tous les autres – à l'exception de l'intégrisme maghrébin – par une réaction en chaîne. Si le bouleversement ne vient pas de ce côté, l'avenir sera plus complexe et plus serein : effets, contre-effets, incertitudes et risques... Tel sera notre lot. A un extrême du spectre des possibles, l'embrasement de tous les nationalismes, à l'autre extrême, une meule de l'Histoire qui tourne lentement à partir d'une Europe désormais partagée en trois cartes, économique, politique, stratégique, qui ne se superposent plus. Mais le levain national est là qui, à la jointure de ces cartes, multiplie les risques. Car la leçon, nous le savons désormais, est claire : l'après-guerre signifiait une menace et guère de risques; l'après-après-guerre suppose, lui, les risques sans la menace.

CHAPITRE III

Les trois cartes

Jamais le monde, et l'Europe en particulier, n'avait été aussi simple que du temps de Yalta. Jamais économie, politique, stratégie ne s'étaient confondues à ce point. D'un côté le marché, la démocratie, le pacte de l'Atlantique; de l'autre, le Plan, le totalitarisme et la pression militaire. Le rêve de Jean Monnet constituait l'avers d'une réalité dont le cauchemar stalinien était le revers : ce n'était ni une trouvaille de génie, ni une percée conceptuelle, mais un réflexe de défense. L'idée d'une Europe fédérale était l'enfant naturel de la guerre froide; elle est morte avec elle. L'Histoire ne repasse pas les plats et peut-être nous mordrons-nous un jour les doigts de ne pas avoir accéléré le tempo, quand tout était possible : l'unification allemande, sous la férule du chancelier Kohl, nous a montré a posteriori qu'à certains moments le terrain est meuble et qu'accélérer suffit pour infléchir le cours des événements. L'Europe avait cru, elle, s'édifier à un train de sénateur, convaincue, comme les Soviétiques avaient fini par nous en persuader, que l'ordre de Yalta était éternel et que nous pouvions donner du temps au temps. Le rôle de la France n'aura pas été mince dans cet échec et sa perte d'influence dans la nouvelle Europe en est aujourd'hui la sanction : un pays paie, en général, ses péchés. Les Français pouvaient bâtir une Europe fédérale il y a vingt ans avec une Allemagne naine, en mal de reconnaissance. Le général de Gaulle ne l'a pas voulu : il voyait l'Europe de 1960 comme elle sera en 1991 : ce n'était pas une prémonition, mais une erreur d'accommodation visuelle... Puis, ce que de Gaulle aurait pu faire d'autorité, Valéry Giscard d'Estaing et François Mitterrand au cours de son premier septennat pouvaient encore le tenter dans la concertation : par peur de mettre en jeu la force de frappe et de toucher aux tables de la loi gaullistes, ils s'y sont refusés, et ont continué à suivre la voie de l'économisme. Système monétaire européen pour l'un, Grand Marché pour l'autre : ils ont cru que le processus se déroulerait dans un monde figé et que de l'achèvement de la construction économique naîtrait une unification politique, puis de celle-ci une communauté stratégique. Trop tard! L'économie est un levier quand l'Histoire est immobile; lorsque celle-ci se remet en mouvement, la politique reprend ses droits. Ainsi de l'Union économique et monétaire, instrument ambitieux dans un univers stable, accessoire lorsque les événements s'accélèrent... Le temps aura manqué pour que la dynamique lancée par François Mitterrand et Jacques Delors produise ses effets : la perestroïka sera allée plus vite. Ce n'est pas ce péché-là que la France expie. Depuis 1985, elle brûlait les étapes. Ce sont les occasions perdues : en 1960 quand de Gaulle aurait pu dicter sa loi; en 1980 lorsque Giscard aurait pu s'appuyer sur le changement d'état d'esprit du chancelier Schmidt, devenu le plus pro-européen de tous, après s'être lassé d'être le plus atlantiste; en 1983, dans la foulée de son discours au Bundestag, si François Mitterrand avait essayé de transformer ce geste de solidarité en actes plus durables... L'Europe de Jean Monnet, un super-Etat à l'ouest du Rideau de fer, est morte à Berlin le 9 novembre 1989.

Une parenthèse s'est en effet fermée ce jour-là, qui avait vu – phénomène rarissime – se superposer les cartes économique, politique, stratégique de l'Europe. Aujourd'hui, elles se dissocient à nouveau. En témoigne le flou des concepts du moment. Les Etats-Unis d'Europe? Lesquels? Dans les frontières des Douze ou, comme l'a dit à Harvard le chancelier

Kohl, à vingt ou vingt-cinq? La confédération de François Mitterrand? De Brest à Brest-Litovsk? La Communauté économique européenne? En voie d'approfondissement à douze ou ouverte progressivement aux autres pays européens d'économie de marché, y compris ceux qui viennent à peine de s'y rallier? La Conférence sur la sécurité et la coopération en Europe? Avec quel objet, dès lors que les droits de l'homme, objectif initial d'Helsinki, sont peu ou prou assurés? L'OTAN dont tout le monde se réjouit à juste titre que l'Allemagne unie en fasse partie? Qu'est-ce qu'une organisation autrefois de défense, qui se mue en communauté essentiellement politique? Un signe d'adhésion aux mêmes valeurs libérales? Le résidu d'une alliance passée? Un gage de solidarité ultime? Un symbole sans signification pratique? Dans cette Europe-là, quels liens établir avec l'adversaire d'hier, la Russie, devenu le partenaire d'aujourd'hui et peut-être l'aléa de demain? Ce maelström ne traduit pas le désarroi des esprits face à la nouvelle donne européenne : l'intelligence des rapports de forces a toujours constitué la chose la mieux partagée en Europe. Elle résulte de la distribution de ces trois cartes en train aujourd'hui de se dissocier : une carte économique structurée par une grande zone de libre-échange à l'ouest du continent; une carte politique en voie d'émiettement avec des Etats qui mènent des jeux complexes, dont la construction européenne classique est un simple volet; une carte stratégique artificielle, aussi longtemps que l'Allemagne n'aura pas défini clairement les moyens de sa sécurité. Pour la France, jusqu'alors puissance dominante du continent, et désormais puissance régionale importante, cette révolution – la dissociation des trois cartes – est à l'origine de dilemmes sans fin. Ne nous leurrons pas; cette nouvelle Europe est, à long terme, pleine de dangers et de risques, car les Etats-nations, qui n'ont – n'en déplaise aux esprits naïfs – pas disparu avec le progrès technologique et l'imbrication des économies, sont aux prises avec des solidarités et des enjeux multiples, différents suivant chacune des cartes. Il leur faut désormais penser et maîtriser la complexité, avec d'un côté le penchant de l'économie à l'internationalisation, et de l'autre le retour de l'idée de nation. L'Europe de l'an 2000 ne sera pas une partie de campagne...

Un aimant économique à l'Ouest

Le Grand Marché existe : presque dans les faits; déjà dans les esprits; chaque jour dans les stratégies des acteurs économiques. Le Grand Marché, ce n'est certes pas l'Europe économique unie, avec une seule monnaie, un seul budget, des entreprises qui auraient perdu leur « dossard d'origine » au profit du label européen. C'est une grande zone de libre-échange, donc de croissance et de productivité, où les produits circulent naturellement, les cash-flows presque librement et où les entreprises répartissent leurs usines sur des critères de pure rationalité... Un espace donc moins homogène que les Etats-Unis, mais presque autant que le Canada... Nous y sommes presque. C'est évidemment une réalité positive, mais c'est aussi, contrairement aux idées dominantes, un espace flou.

Réalité positive, car cette zone de libre-échange est évidemment un gage de croissance économique. Le Grand Marché – et donc Jacques Delors, son père – aura eu un mérite irremplaçable : remettre l'idée de croissance dans la tête des responsables économiques. Compte tenu du poids décisif des anticipations dans la décision d'investir, le mythe se mue presque naturellement en substance. Ce fut le cas : peu importent les calculs des économètres pour fixer à 1 ou 1,5 % l'impact automatique du Grand Marché, il aura été décisif sur les esprits d'abord, sur les comportements ensuite, sur les agrégats à l'arrivée. De l'europessimisme à l'euro-optimisme, les mythes n'auront pas manqué mais le fait est là. L'autre vertu du Grand Marché aura été de barrer la route aux illusions qui balaient, de temps à autre, tel ou tel pays dont autrefois la France : illusion de croire que l'on peut alléger les contraintes de la concurrence internationale; illusion d'imaginer un modèle de développement alternatif; illusion du temps gagné sur les restructurations, les licenciements, les ajustements; illusion, en un mot, que l'on peut impunément ruser avec le marché. L'Europe de 1993, c'est en fait moins la construction européenne qu'une cure psychanalytique pour faire des acteurs européens – entreprises, syndicats, politiques, fonctionnaires – des adultes face aux réalités! Et ce traitement-là vaut à la fois un point de croissance en plus et surtout la certitude de ne plus répondre à contretemps, comme au moment des chocs pétroliers, aux reflux qui finissent toujours, en économie, par se produire.

Réalité positive car ce marché est mieux à même que les espaces fragmentés d'autrefois de tirer profit des effets économiques induits par l'unité allemande. Celle-ci représente – répétons une fois de plus cette évidence que l'atmosphère libérale ambiante rejette – la plus importante politique de relance keynésienne depuis le New Deal de Roosevelt. Les Allemands de l'Ouest ne sont pas près d'arrêter d'injecter de l'argent en Prusse et en Saxe : avec l'échange forcé, au taux de un pour un, de juillet 1990; avec les crédits distribués à tout va pour payer les salaires, limiter les licenciements et réduire artificiellement le chômage; avec l'extension du Welfare State aux citoyens de l'Est; avec les investissements dans les infrastructures, dans l'industrie, dans les services, dans l'administration... Le redressement de la Prusse et de la Saxe entraînera une double dépense : un premier coût d'investissements et de subsides directs et un deuxième coût, encore plus inchiffrable, et qui correspond aux mesures nécessaires pour amortir le choc. C'est au prix de milliards de marks que le calme social est maintenu à l'Est et que les flux migratoires vers l'Ouest sont réduits au minimum. Cela signifie, pour l'Allemagne entière, davantage de dépenses budgétaires, de création monétaire et donc de croissance et d'inflation. Les autres Européens en bénéficieront par le jeu naturel des échanges à l'intérieur de la Communauté et, s'ils résistent à la tentation de la facilité, par l'amélioration de leur compétitivité vis-à-vis de leurs concurrents allemands. De là la perspective d'une Europe avec une croissance supérieure durablement de 1 % à ce qu'elle aurait été, Grand Marché inclus, mais chute du Mur exclue... Cette Europe, qui paraissait condamnée à la stagnation, redevient une des meilleures zones de croissance du monde : belle revanche après les sombres années quatre-vingt et preuve, s'il en est, que l'alchimie entre une volonté – le Grand Marché – et une chance – le keynésianisme inhérent à l'unité allemande – peut faire des merveilles...

Réalité positive, car le Grand Marché exerce son attraction bien au-delà du territoire théorique qui lui est imparti. Le mythe de 1993 n'aura pas suffi à édifier une Europe fédérale mais il aura contribué à détruire le communisme : il s'est identifié à la liberté, à la prospérité et aux mérites conjugués de la consommation et de la démocratie. Peut-être aura-t-il joué à l'est du Rideau de fer, pour la société, le rôle qu'il a rempli à l'Ouest, dans la tête des acteurs économiques... Toute l'Europe économique est désormais attirée par cet espace ouvert comme par un aimant. Les pays capitalistes et neutres, Suisse, Autriche, Suède, qui ne pouvaient y adhérer sont désormais libres de le faire. Leur statut entrait en conflit avec l'enracinement atlantique de la CEE ; c'est désormais une contradiction dépassée. Vient ensuite le cortège des ex-pays de l'Est les plus développés, Hongrie, Tchécoslovaquie en tête. La Communauté se gardera de faire de tous ces postulants des Etats membres, mais elle inventera des formes d'associations plus ou moins poussées qui, sous réserve de périodes d'adaptation, de modalités de transition, les accrocheront, aux symboles près, au Grand Marché. Ainsi cette vaste zone de libre-échange offrira-t-elle tous les stades du développement, depuis le quadrilatère de la richesse formé par Londres, Paris, Milan, Francfort jusqu'aux régions d'agriculture de subsistance sur les confins orientaux de la Pologne. C'est de l'ouest du continent que viendront les capitaux, les décisions économiques, les percées technologiques et, *last but not least*, l'exemple contagieux de la réussite...

Mais quelles seront les limites de ce nouveau Grand Marché ? Aura-t-il des frontières ? Ou sera-t-il plutôt un univers flou, ouvert à tous les vents? Frontières, cela signifierait d'abord frontière douanière. C'est d'ailleurs une des conditions pour faire d'une zone de libre-échange une entité homogène : l'Allemagne bismarckienne nous le rappelle. Or la Communauté continuera d'être plus ouverte à ses concurrents qu'eux-mêmes ne le sont à son égard. Vis-à-vis du Japon, à l'évidence, mais aussi des Etats-Unis dont le discours libre-échangiste camoufle des pratiques protectionnistes auprès desquelles les attitudes communautaires sont des enfantillages. Echappe certes à cette règle le monde agricole, pour lequel la CEE a édifié une vraie protection à l'abri de laquelle il a accompli, sans traumatismes excessifs, sa « révolution verte ». Mais, pour le reste, les accords de contingentement ou, ce qui est plus élégant, « d'autolimitation » par les importateurs japonais sont rarissimes : et la négociation sur le quota automobile nippon témoigne de la difficulté de la démarche, dès lors qu'un pays, la Grande-Bretagne, a accepté de devenir une grande usine de montage pour constructeurs japonais. En réalité, l'absence de droits de douane aux frontières de la Communauté atteste l'inévitable divergence d'intérêts entre l'Allemagne, puissance économique mondiale, et ses partenaires, au mieux puissances économiques régionales. La première a plus à perdre, en cas de protections communautaires, des mesures de rétorsion sur les marchés mondiaux qu'elle n'a à gagner sur le marché européen; pour les autres, qui ne courent pas dans la même catégorie, ce serait l'inverse. La différence de nature entre l'Allemagne avant son unification et la France se mesure, relativement au marché mondial, par deux chiffres : 400 milliards de francs d'excédent commercial pour la première; 40 milliards de francs de déficit pour la seconde. Entendons-nous bien : il ne s'agit pas de céder à un absurde réflexe hérité du passé, mais de constater que l'Europe n'a pu s'offrir, à l'instar des Etats-Unis, les barrières semi-poreuses derrière lesquelles le Grand Marché apporte ses effets bénéfiques aux acteurs économiques locaux, plus qu'aux investisseurs venus de pays qui engrangent les avantages du libéralisme d'autrui, sans leur offrir la réciproque, Japon en tête...

Une frontière économique, ce pourrait être une frontière budgétaire à l'intérieur de laquelle s'inscrirait le jeu des subsides : c'était ainsi que fonctionnait initialement la Communauté avec ses aides régionales, son fonds social et surtout ses mécanismes de prélèvement et de compensation agricoles. En réalité, la Communauté est légitimement conduite à apporter son concours aux régions périphériques de la zone de libre-échange : aux pays méditerranéens, depuis longtemps à dose homéopathique; aux pays de l'Est et du Centre, à travers mille et un mécanismes, en particulier la Banque pour l'Europe de l'Est, dont les Etats membres de la CEE détiennent la majorité; et, sous des formes plus aléatoires, à la Russie et aux anciens membres de l'Union soviétique en voie d'émancipation. Rien de plus naturel : la Communauté assume sa vocation de poumon budgétaire d'un espace flou dont elle constitue la matrice originelle, mais cette adaptation à l'Europe actuelle l'éloigne du rêve de départ : un marché, un budget, une monnaie.

Une frontière économique, ce serait surtout une frontière monétaire : de là le cheminement vers la monnaie unique, lancé avec audace comme seul instrument d'intégration politique, à l'époque où l'Histoire faisait du surplace. Le projet était aléatoire avant 1989, au moment où la CEE butait encore sur le Rideau de fer; il est désormais improbable. Il existe en effet, entre le Système monétaire européen tel qu'il fonctionne depuis quinze ans et l'Union économique et monétaire, une différence de nature dont la signification politique est tue. Dans le premier, lorsqu'un pays est en situation difficile et dévalue, il paie, seul, le prix des ajustements : rigueur, déflation, surcroît de chômage. La France est bien placée pour le savoir, qui a subi à plusieurs reprises cette purge, jusqu'à devenir désormais l'élève modèle de la classe. A aucun de ces plans d'assainissement la République fédérale n'a apporté son concours, si ce n'est qu'elle a consenti, pour des raisons cosmétiques, à habiller parfois la dévaluation du franc en réévaluation du mark. Avec l'Union économique et monétaire poussée jusqu'à son point ultime, une monnaie unique, les ajustements se font, tous les jours, aux frais partagés des forts et des faibles. A travers une politique de taux d'intérêt plus laxiste que ne le voudraient les meilleurs, mais plus rigoureuse que ne le souhaitent les cancres. A travers des transferts budgétaires massifs du centre vers la périphérie, afin de compenser les effets, en termes de pouvoir d'achat, de l'unification. A travers, en réalité, un déplacement de richesse des zones prospères vers les régions défavorisées. Ce mécanisme, bien connu de la théorie économique, vient de connaître un test de laboratoire « grandeur nature » avec l'union monétaire des deux Allemagnes. La différence entre le centre et la périphérie était certes poussée à son paroxysme, compte tenu des deux systèmes économiques en présence, mais, à l'inverse, l'écart de puissance entre la RFA et la RDA limitait aussi l'effet perturbateur des transferts. Quel est le résultat du test ? Une ponction sur le niveau de vie des habitants de l'Ouest, avec une pression sur les taux d'intérêt et les équilibres budgétaires supérieure à ce qu'imaginaient au départ les meilleurs experts. La réalité est toujours moins fluide que ne le veulent les modèles théoriques et les frottements et ajustements divers n'en sont que plus coûteux... L'Allemagne a payé une fois pour la petite RDA, au nom de légitimes intérêts nationaux. Peut-on lui demander de payer une seconde fois pour le Mezzogiorno, l'Andalousie, le Pays de Galles ou l'Ecosse ?

Fadaise... De là l'idée d'une union économique et monétaire à plusieurs vitesses avec, dans le premier cercle, celui de la monnaie unique, les pays les plus développés et les plus sains macro-économiquement : Allemagne, France, Benelux. Quel gouvernement français acceptera d'entrer dans une union économique où le mark serait naturellement roi ? Quel rôle pour la Banque centrale européenne, sauf à être le prête-nom de la Bundesbank? La seule union monétaire qui soit politiquement tolérable – en l'occurrence avec aussi la livre, la lire, la peseta – est économiquement inacceptable pour les Allemands, car trop coûteuse pour eux. Ni l'inventivité des technocrates, ni la bonne volonté affichée des politiques ne viendront à bout de cette contradiction. Les pas franchis aujourd'hui vers l'Union économique et monétaire sont bienvenus, car ils renforcent l'actuel Système monétaire européen : ils n'ouvrent pas la route à une monnaie unique dont la minute de vérité n'a pas encore sonné. D'où le paradoxe que nous vivrons la prochaine décennie sans monnaie unique, mais avec un SME plus fort et plus harmonieux. D'abord parce que la relation entre le mark et le franc sera plus aisée que par le passé; le premier affaibli, pendant quelques années, par les coûts de l'unité, le second ragaillardi par les habitudes de vertu que nous a données l'appartenance à la zone mark, au point de nous rendre plus sages que le modèle en matière d'inflation et de salaires. Ensuite, parce que la réalité du Grand Marché dessine, pour tous, un seul mode de gestion macro-économique dont le mot clef est modération : modération des salaires, modération des dépenses publiques, modération fiscale, modération inflationniste... Madame Thatcher vient de payer peut-être pour ne pas avoir compris assez tôt que le SME constitue le seul moyen de mettre dos au mur une opinion publique rétive à l'austérité : celle-ci n'est plus un choix; c'est une contrainte. Enfin, parce que ce système monétaire, de mieux en mieux huilé, correspond autant à un espace de libre-échange qu'une monnaie unique à un espace intégré : il offre les souplesses et les flexibilités qu'exige un grand marché aux limites floues.

En réalité, la vraie frontière de cet immense espace de libre-échange et de productivité ne se trouve ni dans des mécanismes, ni dans des règles, mais dans des comportements et des valeurs. Aussi ne s'arrête-t-elle pas aux limites de tel ou tel Etat : elle incorporera, de la sorte, la part exportatrice et ouverte de l'économie polonaise, et ncn ses secteurs d'autosubsistance, de la même manière qu'un Brésil est immergé dans le marché international et que l'autre Brésil en est exclu. Elle ira, aussi, jusqu'à faire siens les quelques pans d'activités de marché qui finiront par naître en Russie : immenses « concessions » sur le modèle chinois des années 1900, à la mesure d'un pays infini... Nous devons nous habituer à sortir du cadre conceptuel que trente ans de construction européenne à la Jean Monnet avaient fabriqué : l'espace de marché auquel s'identifie la Communauté ne s'arrête pas à des frontières physiques, comme à l'époque où le Rideau de fer le fermait. Il est plus vaste, plus indéfini, plus immatériel, comportant à la fois des économies entières à l'Ouest, des pans sectoriels à l'Est et quelques lambeaux en Russie. Il se définit par un mode de fonctionnement : le marché; un système de valeurs : la consommation, fût-elle tempérée par la préoccupation écologique; des règles du jeu : une relative convertibilité des monnaies et la recherche de la productivité; un modèle macro-économique : la gestion à la Poincaré, avec une protection maximale pour les profits des entreprises. Par rapport à ce cadre-là, toutes les variantes sont possibles en fonction de l'état de développement des uns et des autres, ou de l'accent tantôt libéral, tantôt social-démocrate qu'ils veulent choisir. Ainsi charpentée, limpide dans son système de valeurs, mais floue dans ses limites, la zone de libre-échange, centrée à l'Ouest, ne joue plus le rôle politique et stratégique que le Grand Marché tenait dans la démarche communautaire de l'après-guerre. Elle se suffit à elle-même, modèle les attitudes, les aspirations, les modes de vie mais ne constitue pas un levier politique. Avec cette toile de fond, mille et un avenirs sont possibles, alors qu'avec la

Communauté d'hier, limitée par le Rideau de fer, bâtie contre le communisme, fondée sur la solidarité atlantique, le futur était balisé. Ainsi, avec la fin du communisme, l'économie n'engendre-t-elle plus le politique, y compris à l'Ouest : belle revanche de l'Histoire sur l'idéologie.

Une carte politique émiettée

L'image de l'ordre antérieur se superpose dans beaucoup d'esprits aux réalités présentes accompagnée, de surcroît, d'une vision irénique qui mêle accélération de la construction européenne, désordres limités à l'Est et liberté partout... Nous en serons bien loin. Hier, l'ordre régnait sans liberté à l'Est; demain, soit le désordre triomphera avec la liberté, soit pis, nous aurons le désordre et à nouveau l'absence de liberté dans certains pays de l'Est. Ce n'est pas inévitable. Mille scénarios sont possibles, mais ils partent tous d'une même réalité : une carte politique émiettée, et c'est dans ce cadre-là qu'il faudra faire face à des secousses – non dans le contexte illusoire d'un ordre supranational à l'échelle de l'Europe entière, comme si ce qui n'a pas été possible à six, neuf ou douze avec, chevillée au corps, la peur du communisme, le serait à trente-cinq dans un univers sans menace!

Des secousses, nous en connaîtrons dans les vingt ans qui viennent! Le risque s'identifie d'abord avec des affrontements territoriaux, des conflits ethniques, des guerres tribales. Qui peut assurer avec sérieux que les Bulgares ne lorgneront pas vers la Thrace, que les Hongrois ne fomenteront pas des soulèvements en Transylvanie, que les Moldaves ne demanderont pas leur rattachement à la Roumanie, que les Slovaques ne s'agiteront pas, que le chaudron ne s'échauffera pas dans les Balkans entre Serbes, Croates, Slovènes ou orthodoxes et musulmans, que Vilnious ne s'appellera pas à nouveau Wilno dans la mémoire des Polonais, que l'Ukraine ne voudra pas rejoindre le concert des nations européennes...? Les frontières au centre de l'Europe ne ressemblent ni aux Pyrénées, ni au Rhin : ni la géographie ni l'histoire ne les ont faites, mais le hasard ou l'injustice. Si tous ces pays devaient baigner dans une prospérité à l'allemande ou à la française, la société de consommation finirait peut-être par effacer les tensions. Mais dans le désert idéologique qui suit la mort du communisme et sur fond de frustration économique, avec le retour au galop du nationalisme et du populisme, la résurrection des irrédentismes et l'absurdité géographique ou historique de certaines frontières, l'accident menace. Il ne se produira pas partout au même moment, mais les situations de crise, elles, se perpétueront : le Liban avant la guerre civile comme modèle... L'unité allemande aura permis de réaffirmer juridiquement la frontière Oder-Neisse. Mais rien n'est venu légitimer les frontières des traités de Versailles et de Trianon ou le charcutage des territoires centre-européens par Staline. Seuls prévalent les faits accomplis, alors même qu'a disparu l'ordre qui les a permis. Quelle légitimité opposer aux Hongrois de Transylvanie, sauf à en appeler à leur raison, en leur faisant valoir que leurs aspirations créeraient le désordre? Le bon sens, comme cataplasme sur les blessures de l'Histoire : incertaine méthode...

Ces tensions accéléreront encore les inévitables mouvements d'immigration d'Est en Ouest. L'Allemagne n'a pas encore compris qu'elle va se trouver par rapport à l'Est dans la situation des Etats-Unis face au Mexique : une frontière ouverte et la pression irrésistible qui pousse les gens des pays pauvres vers les pays riches, sans compter la peur des conflits ou des pogroms nationalistes. Ce ne sont pas les seules minorités allemandes qui risquent d'être attirées par le Vaterland – elles-mêmes le seront d'ailleurs moins par nationalisme que sous l'aimant du mark, avec, en leur faveur, un accès naturel à la citoyenneté au nom du droit du sang. Ce sont des centaines de milliers, voire des millions de réfugiés, qui fuiront la zone zloty, la zone forint... pour rejoindre la zone mark : Polonais, Roumains, Hongrois, Bulgares, Lituaniens, Ukrainiens... Sans le moindre droit à la nationalité allemande, ils se glisseront en Allemagne, comme les Mexicains ou les autres Hispaniques aux Etats-Unis. L'Allemagne ne sera pas la seule terre d'accueil pour ces « chicanos européens », mais elle sera la porte d'entrée en Occident, point de passage et plaque tournante de cette immigration attirée par l'opulence. Nous avions perdu l'habitude, avec le Rideau de fer, des flux migratoires à l'intérieur de l'Europe, à l'exception de quelques dissidents accueillis comme des héros; nous la retrouverons et ce ne sera pas un phénomène indolore. Autant l'Allemagne est ouverte aux Allemands ou ex-Allemands, autant elle est rétive aux immigrations étrangères, ne cherchant en rien à les intégrer à la communauté nationale. En témoigne la politique menée à l'égard des immigrés turcs : contrats à durée déterminée; refus du regroupement familial; expulsions massives à la moindre secousse économique. Il ne sera pas aisé de traiter les immigrés de la Mitteleuropa comme les Turcs, même si l'opinion publique, fatiguée de ses efforts pour les régions de Prusse et de Saxe, devient hostile aux nouveaux arrivants de l'Est.

Face à ces flux naturels et inévitables, la première réaction des Allemands sera d'accélérer le départ des immigrés du Sud, Turcs ou Maghrébins. De là, sur plusieurs années, un grand mouvement d'éviction des immigrés du Sud au profit des arrivants de l'Est d'origine allemande en priorité, des autres ensuite. Ce sera une modification essentielle des circuits de l'immigration en Europe : l'Allemagne ne prenant plus, sous la pression des arrivants de l'Est, sa quote-part de migrants du Sud, ceux-ci se reporteront en nombre plus élevé vers les pays du Sud de l'Europe, France mais aussi Italie et Espagne. Jusqu'alors terres d'émigration, ces deux Etats deviendront à leur tour des territoires d'immigration :

le phénomène est d'ores et déjà en route. Ce sera pour eux un choc : ils n'ont ni la législation ad hoc sur la citoyenneté et la naturalisation – puisqu'elle était destinée, jusqu'à présent, moins à l'accueil de nombreux citoyens qu'à la préservation du lien avec les émigrés –, ni les mécanismes sociaux adéquats, ni les habitudes scolaires d'insertion, ni plus généralement la mentalité et l'esprit pour intégrer les communautés étrangères. Le gouvernement italien en est aujourd'hui à envisager d'envoyer l'armée sur les frontières pour arrêter physiquement l'immigration clandestine! Il a beaucoup à apprendre. La France, vieille terre d'immigration, peut avoir un rôle majeur à jouer à l'égard de l'Italie, de l'Espagne, du Portugal qui vont faire face à des difficultés semblables aux siennes, sans disposer des mêmes instruments, ni de la même pratique. Dès lors que l'Europe fait bloc avec sa moitié sous-développée à l'Est, elle se met à ressembler, en bien et en mal, aux Etats-Unis face à l'Amérique latine : pour l'immigration d'abord, mais aussi par mille autres aspects. A la différence des Etats-Unis qui, incapables de réguler l'immigration sur leur frontière méridionale, la contrôlent sur les côtes Pacifique ou Atlantique, l'Europe de l'Ouest verra les flux en provenance de l'Est se télescoper avec des arrivées massives du Maghreb ou d'Afrique qu'elle aura, nonobstant les discours des hommes politiques, le plus grand mal à contrôler.

De ces deux secousses, conflits locaux, migrations à l'intérieur de l'Europe, la première occupe d'ores et déjà le non-dit et les arrière-pensées des gouvernants : les signes du nationalisme deviennent visibles, même pour les aveugles politiques; la seconde semble encore ignorée, tant un demi-siècle de Rideau de fer nous a fait perdre le sentiment physique de l'Europe, de sa petitesse et de ses facilités de circulation. Tous les gouvernements européens s'interrogent, sans l'avouer, sur les moyens de maintenir l'ordre en Europe, en cas de conflits locaux : les Italiens, surtout lorsqu'ils sont de Venise, craignent un petit Liban, à 300 kilomètres de chez eux, du côté des Balkans... et ils ne sont pas les seuls à s'inquiéter. Lorsqu'il parle de Confédération européenne, François Mitterrand envisage-t-il autre chose qu'une SDN ou une ONU efficaces à l'échelle de l'Europe? En cas d'explosion ethnique, qui aura le pouvoir d'intervenir? Au nom de quelle légitimité? En vertu de quel droit d'ingérence? En cas de conflit entre deux Etats, passe encore, les voisins se mêlent toujours, dans ces situations-là, des affaires des autres. Mais si l'affrontement advient à l'intérieur d'un Etat, fût-il devenu une pure apparence, une peau de serpent oubliée après la mue, telle la Yougoslavie, qui ira s'immiscer dans un choc entre Slovènes et Croates? D'autant que ces conflits risquent de ne pas prendre la forme classique, armée contre armée, mais de mélanger attentats, milices semi-privées, enlèvements, batailles épisodiques. Vivrons-nous des situations de type libanais? Certes sur un mode mineur, puisqu'on peut au moins espérer des puissances européennes qu'elles se dispenseront de jouer, à l'instar des Irakiens, des Syriens ou des Iraniens au Liban, les parrains des protagonistes! Les instruments juridiques ou militaires n'existent pas aujourd'hui d'un concert des nations musclé où les grandes puissances européennes se retrouveraient pour essayer de maintenir l'ordre : ce n'est pas demain que la Conférence sur la sécurité et la coopération en Europe, seule ONU européenne, jouera ce rôle. Seuls, quelques accidents mal réglés pourront entraîner l'établissement de règles du jeu dont la validité serait aujourd'hui contestée. Par les pays concernés qui accuseraient les autres de procès d'intention. Par les « petits » qui y verraient une ambition impérialiste des grands Européens. Par l'opinion publique de ces mêmes « grands », qui, prisonnière de l'optimisme ambiant, détesterait la simple pensée de tels drames. Par les puissances non européennes, Etats-Unis en tête, qui n'accepteraient pas d'être mises aussi ostensiblement sur la touche. A l'intérieur de cette Europe politique émiettée, le maintien de l'ordre est redevenu un enjeu décisif, mais il demeure aujourd'hui inavouable. Sauf à se fixer au départ la règle que préconise le chancelier Schmidt : la non-ingérence dans les conflits locaux – la non-ingérence, vieille et triste musique –, sous peine d'engrenages qui, à son avis, nous ramèneraient très vite au dix-neuvième siècle. Mais cette position est une pétition de principe : les Occidentaux se lavent les mains, aux émotions près, du Liban, parce que l'Europe ne constitue pas la base arrière du champ de bataille; les Européens ne pourraient ignorer une explosion à 1 000 kilomètres de Berlin, de Paris ou de Milan. Comment une Europe sans unité politique traitera-t-elle les conflits locaux qui, à l'intérieur de notre petit espace culturellement homogène, ressembleront à de micro-guerres civiles, surtout si elles prennent l'allure de règlements de comptes tribaux? Vaste question... Mes enfants connaîtront non pas la guerre, mais les petites guerres en Europe, ai-je écrit le lendemain de la chute du Mur. Quelle volée de bois vert avait suscitée ce propos! Je persiste, signe, et j'ai même l'outrecuidance de penser que la réprobation serait aujourd'hui moins unanime. Même les démocrates-chrétiens, catégorie générique qui regroupe tous les optimistes par réflexe, conviction ou lâcheté, finiront par comprendre que si l'Histoire n'est pas toujours tragique, elle peut l'être, dès lors qu'elle redevient complexe.

Unies face aux exigences du maintien de l'ordre, les grandes puissances du continent le seront de moins en moins sur le reste. Ou plutôt elles seront prisonnières d'un double mouvement : d'un côté, une imbrication économique croissante qui les dessaisit, toutes, de certaines de leurs responsabilités; de l'autre, des intérêts spécifiques qu'elles ne sont plus prêtes à sacrifier sur l'autel d'une unité politique de l'Europe telle qu'on pouvait l'imaginer quand il s'agissait de faire face à l'ogre soviétique. Ainsi du couple franco-allemand. Le rêve d'une Europe unie suppose une intimité grandissante entre la France et l'Allemagne, et ce sont ses progrès, dans les années quatre-vingt, qui ont ranimé la flamme du rêve fédéraliste. Avant même la chute du Mur, les germes d'un malentendu existaient entre une France monogame et une Allemagne polygame. Aujourd'hui, même si les arrière-pensées conduisent à taire le problème, celui-ci existe. La réconciliation franco-allemande est irréversible, l'amitié réelle, la cordialité naturelle, mais la symbiose, telle que nous l'avons connue, a disparu. Monogame, la France l'est parce qu'elle a jusqu'à présent une seule politique européenne, la même depuis vingt ans : la construction de l'Europe communautaire à partir de relations privilégiées avec l'Allemagne. Elle a soumis tous ses autres intérêts en Europe à cet objectif-là. Rien n'était plus naturel, aussi longtemps que ce processus était plausible et que, rentière de Yalta avec une autorité majorée par la *diminutio capitis* allemande, la France trouvait dans cette démarche l'instrument pour prolonger, à bon compte, son influence sur le continent.

Polygame, l'Allemagne l'est pour une raison évidente : la géographie l'y oblige. Elle mène, nous le savons, trois politiques européennes depuis des lustres, mais pendant les années fastes de la construction communautaire, l'une d'elles occultait les autres. Aujourd'hui à nouveau unifiée au cœur de la nouvelle Europe, elle les joue différemment et, comme dans un concerto, il suffit de déplacer quelques dièses et quelques bémols pour bouleverser l'ensemble. La première de ces politiques européennes, la plus constante depuis l'après-guerre, est celle qui a rendu la France monogame : le renforcement du couple franco-allemand, pivot d'une construction européenne dont les Allemands se sont voulus depuis des décennies les chantres. La deuxième a trouvé avec la réunification son point d'orgue : c'était le repositionnement de la République fédérale au cœur de l'Europe, à travers ses retrouvailles avec l'Allemagne de l'Est mais aussi dans l'influence récupérée sur la Mitteleuropa. Cet axe-là n'est pas apparu en 1989 ; il est au cœur de l'Ostpolitik entamée par Brandt, poursuivie par ses successeurs sociaux-démocrates ou chrétiens-démocrates et incarnée jusqu'à la perfection par M. Genscher. L'unité allemande marque le triomphe de cette politique ; elle n'en sonne pas le glas.

Economie, culture, histoire : l'Allemagne redevient le point de référence des pays mitoyens. Symbole trop souvent oublié : Kafka n'écrivait pas à Prague en tchèque, mais en allemand. L'ombre portée de l'Allemagne va, au centre de l'Europe, très au-delà de sa préoccupation à l'égard des minorités allemandes; elle couvre la zone que se partageaient autrefois à deux la Prusse et l'Autriche. La troisième politique européenne se situe évidemment à l'Est : l'accord Gorbatchev-Kohl ne ressemble pas à Rapallo, c'est-à-dire à un renversement d'alliance : il est dans le droit fil, lui aussi, de l'Ostpolitik, c'est-à-dire du bon sens. Pour l'Allemagne, une bonne relation avec la Russie est vitale; pour sa sécurité, surtout dans un cadre où elle a payé son unité d'un relatif désarmement; pour son économie, qui trouve là un champ d'expansion à sa mesure, même si sur le modèle des relations avec le tiers monde elle doit, elle-même, financer les achats qu'on fait chez elle; pour son dynamisme culturel qui a toujours emprunté autant à l'Est qu'à l'Ouest. Berlin, capitale, se situe à l'Est de la nouvelle Allemagne, mais au centre géographique de l'Europe : évidence dont les conséquences se mesureront au fil des années. En fonction du moment, l'Allemagne peut modifier la hiérarchie entre ces trois politiques : l'axe communautaire a longtemps eu la primeur; puis ce fut en 1990 l'axe allemand et pour partie l'axe russe. Cet ordre est circonstanciel; il peut changer. Placée comme elle l'est, l'Allemagne doit jouer sur trois tables, tandis que la France a posé sa mise sur une seule : voilà le germe du malentendu franco-allemand ! Il est, de ce point de vue, plus important que le changement du rapport de forces entre les deux pays, même si celui-ci aggrave le malaise. Couple franco-allemand : tout était dit dans l'ordre des mots, le même en français et en allemand. Malgré sa primauté économique, la République fédérale abandonnait le leadership politique et stratégique à la France, d'autant plus que face à la menace soviétique, celle-ci disposait de ce symbole suprême : une dissuasion nucléaire indépendante. Dans une Europe où les risques se substituent à une menace – même si l'enthousiasme pour le désarmement table, lui, à tort, sur l'absence simultanée de la menace et des risques –, la force de frappe vaut évidemment moins au grand marché des atouts stratégiques. Hier, elle pesait, à sa manière, autant que le mark; celui-ci reprend l'avantage dès lors que l'économie va plus influencer pour l'instant les rapports de forces que le militaire. La dissolution du mariage entre la France et l'Allemagne, au profit d'une solide amitié, ferme automatiquement la porte à une Europe politiquement intégrée. Sans couple franco-allemand, la carte politique de l'Europe est condamnée à l'émiettement, même si les relations entre les quelques puissances dominantes du continent demeurent excellentes.

Autre témoignage de cet émiettement : le développement de solidarités intra-européennes entre pays mitoyens. Qui aurait imaginé, il y a dix ans, que nous vivrions la fin du siècle avec le fantasme de l'empire austro-hongrois et qu'en l'an 2000 les observateurs éclairés regretteraient François-Joseph? Ce ne sont pas d'étranges réminiscences monarchiques qui se font jour de la sorte, mais le désarroi face à l'absence d'un ordre régulateur ou symbolique. François-Joseph ne nous obsède pas par lui-même; cette résurrection inopinée témoigne néanmoins d'un manque. Sommes-nous si peu armés intellectuellement pour penser l'ordre européen que la disparition de Yalta nous fasse regretter l'empire austro-hongrois? Face à cette Europe en gestation, ce besoin d'ordre – une fois oublié le fantôme de l'empereur de Vienne – va s'exprimer dans des liens plus ou moins structurés entre nations voisines. Entre l'Allemagne et les pays de la Mitteleuropa, nous le savons. Entre l'Autriche et la Hongrie qui renouent spontanément leurs relations et pourraient bien leur redonner, un jour, un cadre politique; le Danube, disparu de notre imaginaire, y est revenu à marche forcée – Claudio Magris l'avait pressenti, avant tout autre [1]. Entre ces deux pays, la Yougoslavie et l'Italie, à en croire M. De Michelis,

1. Cf. le beau livre de Claudio Magris, *Danube*, L'Arpenteur, 1988.

ministre italien – ou plutôt vénitien – des Affaires étrangères, qui cherche à mettre sur pied une structure réunissant ces quatre Etats, ne serait-ce que pour aider la Yougoslavie à survivre, sur le plan international. Entre la Suède et les pays baltes, qui redécouvrent les chemins du passé. Entre la France et, espérons-le, un jour, l'Italie, l'Espagne et le Portugal.

Quand, oubliant notre morgue de fausse grande puissance, comprendrons-nous, nous Français, que notre Mitteleuropa s'appelle l'Europe du Sud ? Qu'à tout prendre, elle vaut bien l'autre : 150 millions d'habitants, un rythme de croissance élevé, un niveau de développement sans commune mesure avec celui de la Hongrie ou de la Tchécoslovaquie, une flexibilité sociologique qui constitue le meilleur atout possible dans les économies postindustrielles ? Comprendrons-nous en effet que l'Italie, jusqu'alors meilleur élève de la classe communautaire, commence à en mesurer les limites et que, reprise par sa germanophobie d'antan – au point que Giulio Andreotti a été plus rétif que François Mitterrand devant la perspective de l'unité allemande –, elle cherche un terrain supplémentaire d'action en Europe centrale alors que nous devons lui offrir le projet d'une Europe du Sud qui sera autrement crédible ? Percevrons-nous combien l'Espagne, après avoir fait un effort immense pour rejoindre le cœur de l'Europe, ne peut se laisser rejeter à la périphérie ? La France redevient pour elle un point de passage obligé, et le philogermanisme des socialistes espagnols, lié au souvenir de l'aide que leur a apportée le SPD pendant leur période de clandestinité, butera sur l'indifférence de l'Allemagne vis-à-vis de l'Espagne. Saurons-nous aussi jouer du fait que, seul pays authentiquement francophile en Europe, le Portugal rêve d'une Europe du Sud qui l'aidera à diluer l'influence du grand frère espagnol ?

Les terrains ne manquent pas pour cimenter cette Europe du Sud : culturel car la latinité n'est pas morte ; économique puisque à des degrés divers, ces pays pratiquent le même raccourci pour passer d'une société agricole à une société postindustrielle; psychologique car les réflexes, les modes de pensée sont mitoyens; politique car la France et l'Espagne se nourrissent des mêmes chimères, francophonie pour l'une, *hispanidad* pour l'autre; stratégique dès lors que les aléas du monde méditerranéen les concernent tous et qu'ils seront victimes des mêmes risques de déstabilisation; militaire afin d'optimiser les moyens d'une politique de sécurité en Méditerranée. Il s'y ajoute enfin l'impératif d'une action unanime face aux flux migratoires en provenance du Sud. Aussi longtemps que l'Espagne et l'Italie constituaient de simples pays de transit pour les immigrés en route vers la France, elles pouvaient jouer les Ponce Pilate face aux préoccupations françaises. Condamnées à devenir, à leur tour, terres d'accueil, elles découvriront l'urgence d'une politique intégrée. Comment imaginer, avec des frontières aussi poreuses, des attitudes contradictoires entre les uns et les autres sur l'origine, le contrôle, les droits des immigrés du Sud? Le passage des frontières se chargerait, dans les faits, de transformer l'un en réceptacle des immigrés que l'autre aura refusés, et vice versa... Prisonnière de son rôle dans le jeu Est-Ouest, victime de ses préjugés d'autrefois qui la conduisent encore à sous-estimer le poids de l'Espagne et de l'Italie, obsédée par les réminiscences d'un axe Paris-Londres ou Paris-Moscou, dès que l'Allemagne revient dans son champ de vision, la France n'a pas encore compris que l'Europe du Sud était sa Mitteleuropa. Les faits, espérons-le, seront plus têtus. Et de tous les ensembles infra-européens celui-ci peut être, au même titre que la Mitteleuropa sous influence allemande, l'un des plus prometteurs, avec à la clef un naturel leadership politique pour la France.

Mais la renaissance des liens intra-européens ne se limite pas à ces ensembles en gestation. Ainsi, à l'intérieur de la Communauté européenne, de la solidarité croissante des « petits pays » qui se sont aperçus du formidable pouvoir de nuisance dont ils pouvaient ensemble disposer. Ainsi de la Pologne qui, tout en protestant de son indéfectible amitié pour l'Allemagne, tarabustera la France jusqu'au moment où elle signera avec elle un nouveau traité : la mondialisation des échanges n'aura pas tué le vieux principe des alliances de revers, même si dans cette Europe courtoise elles demeurent des arrière-pensées et non des actes publics. Ainsi encore de cette Pologne qui, après avoir été la première à combattre la présence militaire russe soviétique chez elle, a été la dernière des anciens pays de l'Est à s'en affranchir : principe d'équilibre oblige! Ainsi même de la Grande-Bretagne qui oublie ses désaccords idéologiques avec la France pour renouer avec elle des liens privilégiés et qui voit l'entrée de la livre sterling dans le Système monétaire européen comme un moyen de contester le mark-roi. Tous ces rapprochements, tous ces mouvements sont encore en pointillé : le jeu n'a retrouvé sa sophistication que depuis un an. Mais ils obéissent à un double mobile : multiplier des liens qui, telles des bandelettes, essaieront de brider les mouvements des pays instables surtout en Europe centrale et contribueront, de la sorte, au maintien de l'ordre; rééquilibrer l'influence d'une Allemagne qui, si pacifique soit-elle, paraît excessive à tous : les Etats-Unis ont été longtemps une démocratie impériale dont personne ne se méfiait; l'Allemagne, qu'on le veuille ou non, est à peine devenue à son tour une démocratie impériale que chacun s'en inquiète.

Le temps appartient à nouveau aux politiques complexes et sophistiquées et c'est, pour les hommes d'Etat contemporains, un sacré défi! Non qu'ils soient moins intelligents que leurs prédécesseurs, mais ceux-ci géraient chaque jour des crises et des aléas; l'incertitude était leur pain quotidien et ils étaient toujours stratégiquement sur la brèche. Leurs successeurs ont hérité d'un monde immobile, congelé par l'adversaire communiste : les Anglais se sont réfugiés dans l'alibi de la relation privilégiée avec les Etats-Unis; les Français se sont mis à l'abri de leur consensus sur les vertus et les mirages d'une force de frappe indépendante; les Allemands étaient prisonniers de leur logorrhée pro-européenne; les Italiens faisaient oublier la faiblesse de leur Etat-nation par une exemplaire aspiration supranationale. Trêve de discours surannés! Le mouvement est de retour; la capacité de saisir l'instant, un impératif; l'imagination, un levier; la volonté, surtout, un instrument. Avec Yalta se jouait, sur un tempo lent, une lassante partie d'échecs; sans Yalta, le poker est à nouveau roi! C'est peut-être le moins conceptuel des hommes d'Etat européens, le chancelier Kohl, qui l'a le mieux saisi. L'intuition, quand la table bouge, prend le pas sur l'intelligence. Il a vu l'occasion favorable; il a compris que le terrain était meuble; il a foncé, bousculé, scandalisé, fait, s'il le fallait, amende honorable; et, en six mois, il a réussi dans la paix ce que Bismarck a mis vingt ans à faire avec le sabre : l'impossible unité allemande! Aux autres de prendre exemple sur lui, même si l'Histoire ne leur offre pas une telle chance! L'action de préférence à la réaction; l'anticipation à défaut de l'analyse; l'intuition de l'instant plutôt que le sens du temps; la complexité enfin à la place des idées simples! Voilà le viatique des responsables européens en cette fin de siècle! Les qualités désormais exigées des chefs décrivent, en creux, le terrain sur lequel ils vont exercer leur talent : une Europe politique émiettée d'un côté; un espace économique homogène de l'autre; la nation comme contrainte ici; l'internationalisation comme exigence là; le retour des vieux enjeux d'une part; l'anticipation des nouveaux terrains d'affrontement de l'autre. Et encore la dissociation de l'Europe ne se limite-t-elle pas à la superposition d'une carte économique aimantée à l'Ouest et d'une carte politique en morceaux. Il s'y ajoute une carte stratégique encore incertaine et opaque.

Une carte stratégique floue

Depuis longtemps le désordre stratégique n'a été aussi grand en Europe. Désordre des enjeux; désordre de la pensée; désordre des acteurs. Afin de le camoufler, l'hypocrisie règne.

Hypocrisie dans le refus de voir l'ambiguïté que constitue la perspective d'une puissance économiquement dominante et militairement désarmée. L'Allemagne a payé, sans sourciller, son unité de son désarmement – non-accès au nucléaire, renonciation aux armes chimiques, limitation des forces conventionnelles à 370 000 hommes. C'était le prix du passé, mais aussi l'aspiration d'une opinion publique dont le pacifisme constitue, depuis des années, un ressort important. Et ce n'est qu'un début : non seulement l'Allemagne sera faiblement armée, mais le territoire allemand va devenir une zone de basses pressions militaires. Avec le retrait des troupes américaines qui, sans être symétrique du retrait soviétique, finira par l'accompagner. Avec la disparition des contingents anglais et français, à moins qu'ils ne deviennent, ce qui paraît peu probable, l'embryon d'une force militaire européenne. Avec la disparition des armes nucléaires à courte portée basées sur le sol allemand et dont le gouvernement de Berlin, las de voir son pays devenir une poubelle atomique, finira par obtenir de ses alliés la destruction. Avec une mentalité collective influencée par vingt ans de pensée écologique qui croit à la paix éternelle par la renonciation aux armes. Aujourd'hui, un consensus tacite minimise l'enjeu : les étapes ultérieures de la démilitarisation du territoire allemand sont omises par les uns et par les autres et tous s'accordent sur une nouvelle ritournelle démocrate-chrétienne fondée sur la conviction que, dans un monde dominé par l'économie et par la technologie, la sécurité ne serait plus militaire puisque l'esprit d'agressivité aurait à jamais disparu. Ainsi a-t-on entendu le chancelier Kohl revenu de Moscou, l'unité allemande dans ses bagages, affirmer, sans rire, que l'Allemagne n'était pas une grande puissance et vu les observateurs, prisonniers de leurs fantasmes naïfs, prendre au sérieux cette déclaration! Hypocrisie certes, mais aussi quelle naïveté dans cette bizarre pétition de principe! Celle-ci ne sera pas éternelle. L'Europe découvrira un jour que toute puissance, surtout la plus grande, doit disposer d'une assurance vie et ne peut fonder sa sécurité sur l'affirmation que le monde a changé et qu'il est désormais aux mains des bons!

Hypocrisie, l'agitation entretenue par les Etats-Unis sur le thème d'une alliance atlantique, à l'origine militaire, qui deviendrait politique sans changer de nature et qui accueille d'ores et déjà, comme membre observateur, son ennemi d'hier, l'Union soviétique, sans remettre en cause ses fondements! Que sera l'OTAN avec une telle toile de fond politique et des forces américaines en Europe réduites au minimum des deux tiers? Un système de valeurs communes? Le marché comme fondement économique? La démocratie comme référence politique? Une communauté de valeurs ne suffit pas à fonder une communauté de destin stratégique : il a fallu la menace de la barbarie nazie ou du totalitarisme communiste pour que la première débouchât – et encore après quelles péripéties! – sur la seconde. Ce sont les troupes américaines en Europe, vouées au triste rôle d'otages nucléaires, qui garantissent cette solidarité vitale, non de vagues discours sur Dieu, l'Occident ou la démocratie! Sans présence armée en Europe, les Etats-Unis ne sont militairement responsables que de leur propre sécurité, non de celle de leurs alliés européens. D'ailleurs, depuis la chute du Mur, Washington commence à mesurer les difficultés, pour les Etats-Unis, à demeurer une puissance active en Europe, quand l'atmosphère locale est à la bonne entente et à la paix.

Paradoxe de la situation, les Etats-Unis n'ont eu d'autre possibilité que de jouer les suiveurs de la République fédérale dans la marche à la réunification, et l'élaboration des textes régissant la fin de l'après-guerre. Ces premières péripéties témoignent de ce que deviendra l'OTAN : un lieu de rencontres dont le seul objet sera de permettre au gouvernement américain de ne pas se sentir hors du coup! Difficile à avouer pour l'ancien leader de l'Occident! Cela exigera quelques circonlocutions.

Hypocrisie, l'attitude de la France qui agit comme si les conditions de sa sécurité ne s'étaient pas transformées, et qui s'en tient à la même doctrine de défense qu'en 1965 quand il lui fallait pratiquer la dissuasion du faible au fort à l'égard de l'Union soviétique et engranger le maximum d'autonomie stratégique, tout en demeurant à l'abri du parapluie nucléaire américain! Unie derrière cette ligne Maginot conceptuelle que représente le consensus sur la défense, la France fait le mort. Elle refuse d'admettre que le nucléaire est, pour l'instant, en train de perdre de son importance – ce qui ne préjuge pas de son rôle dans une Europe peut-être déstabilisée dans dix ou vingt ans – et de reconnaître, de ce fait, qu'elle ne peut continuer à jouer les héros nietzschéens dans les relations internationales, prête comme hier au sacrifice suprême. Le nucléaire répondait à une menace; il est émasculé face aux risques. Hypocrisie française aussi, la réticence devant la réaffirmation symbolique du lien atlantique, alors qu'au fond d'eux-mêmes les gouvernants n'ont à Paris qu'une crainte : un retrait massif et tonitruant des Etats-Unis. C'est au contraire à la France, bien plus qu'à la Grande-Bretagne disqualifiée pour cette tâche, par ses relations privilégiées avec Washington, de tout faire pour essayer de retenir les Etats-Unis : elle le sait. Pourquoi dit-elle le contraire? Hypocrisie encore, la dérobade devant l'idée de proposer à l'Allemagne une politique commune de défense, par peur d'entendre un refus, alors qu'au moins les priorités allemandes seraient claires, entre ses liens à l'Ouest du continent et ses intérêts à l'Est. Hypocrisie, ce discours bougon qui approuve l'unité allemande du bout des lèvres : avec assez de réticence pour blesser les Allemands et pas assez d'objections pour les obliger à négocier. Hypocrisie, le discours qui veut faire croire aux Français et aux naïfs du monde entier que rien n'a changé et que nous jouons le même rôle qu'il y a deux ans.

Hypocrisie plus essentielle encore de l'Allemagne, qui a encaissé le bonheur de la réunification, au prix de concessions stratégiques – en l'occurrence son relatif désarmement – dont les Allemands les plus lucides savent bien qu'elles correspondent à une situation provisoire. Sans doute, une partie importante de l'opinion allemande croit-elle qu'un pays peut désormais se passer de sécurité : pacifisme, éthique protestante, remords historiques, individualisme propre aux sociétés contemporaines, autant d'explications d'une attitude sympathique et sincère. Les dirigeants allemands n'affirment-ils pas, tous, leur conviction que le monde est devenu économique et pacifique, que le vieux débat en termes de territoires ou de sécurité n'a plus cours et que l'Allemagne, désormais comblée par son unité retrouvée, n'aura d'autres aspirations que sa prospérité et, à travers elle, celle de l'Europe ? Existe-t-il derrière ces propos une duplicité entre le discours modeste qu'exigent les circonstances et la certitude que les vrais problèmes se traitent au moment opportun et qu'il suffit de laisser du temps au temps ? Nul ne le sait, mais le précédent de l'unité doit inciter à la circonspection. Les mêmes responsables, allant au-delà du vieux principe des Français vis-à-vis de l'Alsace-Lorraine entre 1870 et 1914 : y penser toujours, n'en parler jamais, n'ont-ils pas expliqué, des années durant, que les Allemands n'aspiraient pas à la réunification, que la divergence des mentalités et des systèmes économiques la rendait impossible et que leur ambition se bornait à la liberté de communiquer et de voyager entre les deux Etats comme autrefois entre les principautés de la Confédération germanique ? Le croyaient-ils ? Peut-être. L'ont-ils fait croire? A coup sûr : combien de spécialistes de l'Allemagne, notre estimable Alfred Grosser en tête, n'ont-ils pas partagé ce diagnostic en forme de certitude, y compris pendant les semaines qui ont suivi la chute du Mur? Dissimulation, auto-intoxication, refus des dynamiques historiques, naïveté...? Une alchimie complexe a conditionné une mentalité allemande plus portée sur l'immédiat que sur la rationalisation, à la française, de l'Histoire. Mais le précédent vaut-il d'être médité? En va-t-il du problème de la sécurité, dans l'esprit des Allemands, comme de la réunification, hier?

Indépendamment même de la perception subjective que l'Allemagne a aujourd'hui de sa propre sécurité, la question existe : elle est essentielle et, aussi longtemps qu'elle demeurera ouverte, la carte stratégique de l'Europe sera floue, et donc, à long terme, inquiétante. L'Histoire ne serait-elle qu'un éternel recommencement, avec, au cœur de l'Europe, l'insoluble problème de la sécurité de l'Allemagne? A cette vision peu moderne, archaïque, conventionnelle, les meilleurs esprits répondent que l'enjeu mondial se limite à la technologie, à la puissance monétaire. Qui les possède domine et a assuré de ce seul mouvement sa sécurité. Peut-être, si le monde se réduisait au seul modèle anglo-saxon autour de la sainte trinité – capitalisme, démocratie, paix. Mais cet univers irénique n'existe pas : si le marché a triomphé, la société de consommation à l'occidentale demeure, pour la plupart, un mirage. Et qui peut affirmer en conscience qu'une grande puissance économique s'interdira à jamais de devenir une puissance politique et stratégique? Qui, sur cet axiome-là, est prêt à désarmer, éliminer le nucléaire et déplacer 2 à 3 % du produit national des dépenses militaires vers l'investissement civil? Aucun chef d'Etat responsable : tous louvoient entre la pulsion pacifiste des opinions publiques et la volonté de disposer d'une assurance vie, avec un appareil militaire crédible. Les Allemands seraient-ils une exception à cette loi commune? Certes non. La sécurité allemande retrouvera, un jour, ses droits, et plus cette réalité légitime aura été refoulée dans le non-dit et l'inconscient des relations internationales, plus le réveil sera brutal, c'est-à-dire irrationnel et nationaliste. Ouvrir le débat aujourd'hui, c'est éviter aux Allemands d'abord, mais aussi à nous autres Européens de toutes nationalités, un risque demain. Il n'existe, pour rassurer l'Allemagne que quatre voies, et l'Europe s'engage dans la plus aléatoire.

Première voie qui serait la simple prolongation de l'après-guerre : une garantie américaine inconditionnelle. Celle-ci s'était d'ores et déjà évaporée avant la fin de la guerre froide. Comment l'imaginer réelle, c'est-à-dire automatique, avec une OTAN transformée en club de réflexion sur les valeurs démocratiques, des troupes en Europe limitées à quelques régiments, une présence nucléaire dérisoire, et une mentalité américaine d'autant moins intéressée au devenir de l'Europe qu'elle aura le sentiment, à bon droit, d'avoir rempli son rôle quand l'Allemagne était menacée? Pour l'avenir, aucun Allemand ne peut se sentir protégé par les Etats-Unis, comme il a pu autrefois l'être.

Deuxième voie : l'Allemagne assure, seule, sa sécurité et elle s'en donne les moyens, conventionnels et surtout nucléaires. Je pense, pour ma part, que ce serait la meilleure solution. C'est dire la confiance que le germanophobe que d'aucuns voient en moi éprouve pour l'exemplaire démocratie allemande! Mais cette approche bute sur une double réalité : d'un côté le pacifisme écologique des Allemands et leur haine du nucléaire, de l'autre le refus viscéral, de la part des alliés de l'Allemagne, de la voir détenir l'arme atomique, preuve s'il en était besoin que les professions de foi germanophile trouvent vite leur limite... Reste, chacun doit le savoir, que l'adhésion d'un pays technologiquement avancé au traité de non-prolifération nucléaire a une portée plus symbolique qu'effective : il a dans sa besace tous les ingrédients – technologie, plutonium, lanceurs – du nucléaire : c'est une affaire d'une à deux années. Le vrai gage de la renonciation de l'Allemagne au nucléaire, ce n'est pas sa signature, mais l'état de son opinion publique. Avec une armée conventionnelle dont le nombre de soldats est plafonné, l'Allemagne ne trouvera pas non plus de ce côté-là les assurances qui, un jour, lui feront défaut. Dommage! Il aurait mieux valu établir, dans un moment aussi propice, les règles du jeu qui auraient permis aux Allemands de garantir eux-mêmes leur sécurité que de prendre le risque de les voir, un jour, le faire parce qu'ils se sentiront menacés, donc dans des circonstances où leur opinion publique aura viré de bord. Cette hypothèse-là est évidemment, aujourd'hui, hors de toute probabilité : qui peut assurer qu'il en ira de même dans dix ou vingt ans?

Troisième voie : une défense européenne autour du couple franco-allemand, qui pourrait retrouver là de la vigueur. Aux Français d'apporter leur garantie nucléaire à l'Allemagne, aux Allemands de prendre en charge une intégration des forces conventionnelles des deux pays, ce qui aurait pu donner aux forces françaises stationnées en Allemagne une vocation positive faute de laquelle leur retrait était inévitable, sans gloire et sans intérêt. Cette voie-là supposerait qu'au moment même où elle se sent mal à l'aise à l'égard de l'Allemagne la France fasse le geste qu'elle s'était refusée à accomplir quand tout allait bien : l'extension de sa zone de défense nucléaire jusqu'à la frontière orientale de la République fédérale. Ainsi devrait-elle proclamer sur l'Oder et la Neisse ce qu'elle a pendant vingt ans refusé de faire sur l'Elbe... L'acte n'en serait que plus fondamental. Au moins, face à une telle proposition française, l'Allemagne devrait, ce jour-là, faire la démonstration de ses vraies intentions : accepter, ce serait manifester la priorité de ses attaches à l'Ouest sur tous ses autres liens; refuser équivaudrait à un aveu, le désir de jouer une politique d'équilibre au centre de l'Europe, incarnation suprême de l'influence politique. L'humeur n'est malheureusement pas à Paris à ce genre de geste en forme de défi : à trop croire que seule prévaut une gestion notariale face à une Europe mouvante et insaisissable, la dernière occasion sera perdue. Au lieu de s'échiner à attendre de l'Allemagne qu'elle ne nous oublie pas, rappelons-nous à elle par une proposition qui bouleverserait la donne! Quand l'Histoire bouge, la politique des petits pas n'est qu'une succession de pas de clerc. Il faut jouer gros et abandonner les échecs pour le poker... ou le poker menteur qui oblige l'autre à se dévoiler.

Quatrième voie, naturelle pour une puissance désarmée, une politique tous azimuts de bon voisinage. A l'Ouest, elle va de soi; à l'Est, elle exige un renforcement quotidien du lien avec la Russie. Les éléments du marché sont connus, ils ont déjà servi à obtenir de M. Gorbatchev son feu vert définitif à l'unité allemande : le soutien technologique, économique et financier de l'un, la garantie de sécurité de l'autre. C'est un échange à rendement inconnu, très favorable en 1990 à l'Allemagne qui a obtenu, pour une poignée de marks, la pleine souveraineté – mais à long terme? Ce peut être, un jour, une opération à rendement décroissant : une implication économique de plus en plus lourde afin de préserver la bonne volonté d'une Russie en proie à l'anarchie. Quand votre sécurité dépend de ce qui se passe au fond d'un trou noir et que vous devez verser chaque année une rançon, vous n'êtes sûr de rien. D'où une obligation quotidienne : surveiller votre partenaire et satisfaire ses moindres désirs. Sans aucun risque pour sa sécurité à l'Ouest, l'Allemagne devra consacrer toute son attention à son flanc Est et à la Russie. Nous lui ferons grief de s'occuper davantage de ses relations à l'Est que de ses amis à l'Ouest, alors que ce sera la conséquence de la situation où nous l'aurons placée, en ne lui offrant pas un système européen de défense. En réalité, il existe deux lectures de la politique de bon voisinage à laquelle semble condamnée l'Allemagne vis-à-vis de l'Est. L'une retrouve la vieille philosophie bismarckienne de l'équilibre : le jeu de bascule maximiserait les intérêts allemands, tels que l'Histoire et la géographie les établissent. L'autre correspond à une situation subie plus que choisie : désarmée, l'Allemagne est obligée, chaque jour, d'acheter sa tranquillité à l'Est, face à une Russie dont l'anarchie et le chaos rendent plus plausibles une attitude de menace ou, pis, un comportement erratique. Mais dans les deux cas l'Allemagne occupe le centre de l'Europe; elle en est devenue la charnière et le principal facteur d'ordre, avec pour toile de fond une Europe fluide, complexe et instable.

Aussi longtemps que la sécurité de l'Allemagne ne sera assurée ni par les Etats-Unis, ni par la France, ni par elle-même, une carte stratégique se profile, qui nous rappelle le dix-neuvième siècle. La menace nucléaire devrait en principe – Dieu merci – limiter les enjeux à une partie de go où s'échangent influences, positions de puissance et leadership. Ce serait un « dix-neuvième siècle froid », comme il y a eu une « guerre froide ». Encore faudrait-il que, de désarmement en désarmement, l'arme nucléaire ne se réduise pas à un instrument de tout ou rien, d'apocalypse absolue qui suffirait à la disqualifier, de sorte que l'Europe serait, *de facto,* revenue à l'âge des armes conventionnelles. Dans cette hypothèse-là, à très longue échéance, le flou de la carte stratégique deviendrait angoissant : seul le nucléaire élimine les risques de guerre; ni la sagesse des nations, ni leur intérêt bien compris n'y pourvoient avec la même efficacité... Et ce d'autant plus qu'à la périphérie de l'Europe les éventualités sont grandes, nous le savons, de conflits interethniques ou d'affrontements locaux : il ne faudrait pas que, libérées de l'angoisse nucléaire, les grandes puissances du continent soient tentées de s'avancer sur ces terrains minés. Tout, aujourd'hui, fleure bon la sérénité, la sympathie et l'unanimisme. En sera-t-il de même dans vingt ans? La démilitarisation de l'Allemagne et l'instabilité de la Russie sont l'avers et le revers du même risque : mettre fin à la première serait plus efficace que de rêver d'un miracle à Moscou. L'Europe vit avec un non-dit – la question de la sécurité allemande – et un trou noir – l'avenir de la Russie. Ce ne sont pas les meilleures conditions d'un harmonieux concert des nations...

Le dilemme français

Dans cette Europe où se dissocient les trois cartes économique, politique, stratégique, le dilemme français est manifeste. Il s'est identifié, dans l'un et l'autre domaine, à un même phénomène : la perte de la rente que nous tirions de Yalta. Rente à l'échelle de l'Europe communautaire dont la construction se faisait toujours, peu ou prou, sous influence française. Rente de la guerre froide qui créait un débat entre les deux seules puissances nucléaires du continent, l'Union soviétique et la France. Rente dans le monde atlantique où les habitudes prises depuis l'époque gaulliste avaient donné à la France une position à part, interlocuteur plus difficile, plus primesautier mais, en cas de crise, d'autant plus essentiel pour les Etats-Unis. Rente économique qui, grâce à la désunion de l'Allemagne, nous permettait de demeurer à distance honorable de la République fédérale. Rente psychologique enfin, pour un pays qui a si longtemps pris plaisir à jouer au vainqueur du dernier conflit, jusqu'au jour où le trait tiré sur l'après-guerre met fin à cette satisfaction de l'ego collectif.

De sa rente, la France avait tiré une politique étrangère prestigieuse et immobile. Sous le général de Gaulle, ce presbyte devant l'Histoire qui, à force d'anticiper de trente ans l'Europe de l'an 2000, n'a pas su voir celle de 1960. Sous ses successeurs, qui ont troqué progressivement une immobilité pour une autre. Avec le Général, il s'agissait de jouer à la grande puissance, à l'abri du parapluie nucléaire américain et dans le refus de toute supranationalité, résumée dans un aphorisme culinaire : « Les nations sont des œufs durs et on ne fait pas d'omelette avec des œufs durs. » Pompidou, Giscard et Mitterrand ont progressivement cru, eux, à l'omelette, de sorte qu'ils ont ajouté le rêve d'une Europe fédérale animée par la France au comportement d'indépendance qu'autorisait, vis-à-vis de nos alliés, l'atout nucléaire. Et, pendant des décennies, vogue ainsi la galère! L'imagination était superflue, de même que la réflexion. Tout avait été dit, gravé dans le marbre du consensus national et déclaré éternel. Trop peu coutumiers de l'unanimité, les Français ne se sont jamais interrogés sur le fait que consensus rime toujours avec immobilité et, lorsque les événements se précipitent, avec légèreté et aveuglement. Nous en payons aujourd'hui le prix. Une génération prisonnière de la même doctrine stratégique depuis trente ans est incapable de flexibilité. Le nucléaire aura eu sur les esprits le même effet que la ligne Maginot : les neurones de la pensée stratégique se sont nécrosés. Aussi est-ce avec un viatique suranné que nous abordons l'Europe nouvelle. Le nucléaire s'efface et le rêve fédéraliste s'éloigne. Que nous reste-t-il? Il nous faut réapprendre à penser la complexité. Complexité d'une Europe qui voit les rapports de forces économiques, politiques et stratégiques se différencier. Complexité d'une partie pleine de risques et dépourvue de menace. Complexité d'un jeu dominé par des arrière-pensées inavouables : imaginons une seconde une psychanalyse des chefs d'Etat occidentaux pour connaître leurs fantasmes sur l'Allemagne; Madame Thatcher, moins habile que d'autres dans le refoulé, l'a esquissée... Complexité dans le maniement, vis-à-vis des Allemands, de l'affection et de la circonspection. Et, le moment venu, complexité des réactions face à des crises, des secousses et l'anarchie russe. Du temps de Yalta, la vie était simple : rien ne se passait jamais et à la moindre poussée de fièvre – Berlin, Cuba, Afghanistan ou Pershing – il suffisait d'être courageux. Il s'agit désormais d'être plus subtil que courageux, plus vif qu'immobile, plus intelligent que conservateur.

Seule l'Allemagne peut mener, nous l'avons vu, une politique internationale limpide, articulée aujourd'hui autour d'un principe cardinal – assurer sa sécurité par des relations de bon voisinage –, jusqu'au jour où elle voudra peut-être capitaliser les atouts d'une économie dominante au profit d'une stratégie plus explicite de puissance. Mais cette ligne de conduite hypersimple de la puissance principale de l'Europe suppose, en réponse, une forte dose de complexité et de sophistication chez les autres, et en particulier chez les grands perdants de la fin de l'après-guerre, Américains et Français. Les premiers s'y emploient en s'intéressant davantage à leur pré carré américain et au Golfe et en essayant, pour ce qui concerne l'Europe, de s'y assurer le plus grand poids politique possible avec le minimum de troupes : en l'occurrence la quadrature du cercle! Les seconds manquent encore de souplesse stratégique : engoncés dans leur assurance vie nucléaire, et prisonniers, sur l'Europe, de leur langue de bois communautaire, ils n'ont pas encore commencé à faire, comme ils le devraient, flèche de tout bois. Il nous faut désormais passer, comme les Allemands, de la monogamie à la polygamie en matière de relations internationales et nous livrer, de surcroît, à un aggiornamento sérieux de notre doctrine de défense.

Polygamie, cela signifie pour la France de vivre avec plusieurs liens privilégiés. Avec l'Allemagne, au premier chef, à l'intérieur du cadre communautaire : le rêve supranational est désormais hors de portée, soit parce que l'Allemagne n'en voudra plus, soit, même si ses intentions demeurent bonnes, parce que les structures d'une Europe intégrée se déformeraient à l'excès sous son poids. Mais puisque qui n'avance pas recule, et que la Communauté demeure un gage de prospérité et un instrument d'enracinement à l'ouest de l'Allemagne, nous devons multiplier les initiatives et les propositions pour renforcer l'Europe communautaire : tant mieux lorsqu'elles seront acceptées! Au moins, lorsqu'elles ne le seront pas, la charge de la preuve sera-t-elle faite sur les arrière-pensées des uns et des autres.

Avec l'Europe du Sud, ensuite, qui est, répétons-le, notre Mitteleuropa. Prenons exemple sur les Allemands dans leur zone d'influence au centre de l'Europe : ils ne lésinent ni sur les investissements, ni sur les instruments pour diffuser leur langue, ni sur les témoignages de solidarité culturelle, ni sur les gestes, les symboles, la présence quotidienne. A nous d'en faire autant à l'endroit de l'Espagne, de l'Italie, du Portugal en y ajoutant un peu de cette inventivité politique qui a représenté, si longtemps, notre meilleur produit d'exportation en Europe! Politique commune de l'immigration, ce qui aurait l'avantage supplémentaire de faire sortir le débat du contexte franco-français. Politique commune de sécurité en Méditerranée avec, par exemple, une coordination, voire une intégration, des marines des quatre pays. Politique concertée face au Maghreb, à travers un Conseil de la Méditerranée. Politique harmonisée vis-à-vis de Bruxelles, où s'affronteront de plus en plus directement les intérêts du « bloc allemand » et ceux du bloc méditerranéen. Et enfin, pour couronner le tout, un traité d'amitié entre les quatre pays, comparable au Traité franco-allemand, avec à la clef un agenda de rencontres quadripartites et autres symboles du même genre. La réapparition des traités, cela signifierait, prétendront d'aucuns, le retour de la diplomatie du dix-neuvième siècle. Et pourquoi l'Allemagne serait-elle seule à conclure des traités? Avec la France depuis belle lurette, avec tous ses partenaires de l'Ostpolitik en 1970, auxquels elle a proposé, depuis les événements de 1989, une utile mise à jour. Un accord germano-russe va de soi; pourquoi un acte entre Français, Italiens, Espagnols et Portugais serait-il absurde ou ridicule? Sortons du conformisme et de la routine, faisons comme l'exceptionnel M. Genscher, bougeons, essayons, remuons! Par peur de se heurter à des refus ou des dérobades, la France reste l'arme au pied. A ne vouloir effectuer que des gestes sûrs, on ne fait rien. Ne reprochons pas au chancelier Kohl son génie pour bousculer les situations; imitons-le et, de ce point de vue, l'Europe du Sud constitue le meilleur terrain de manœuvre : les risques sont faibles et les gains plausibles.

Dans nos relations avec les Etats-Unis, il nous appartient de sortir là aussi de nos habitudes d'allié fidèle sur l'essentiel et boudeur sur l'accessoire. Le retrait américain d'Europe constitue la ligne de plus grande pente et, par la dénucléarisation probable de son territoire, l'Allemagne y contribue, même si le discours pro-OTAN de ses élites camoufle cet état de fait sous une fausse réaffirmation de solidarité. Ralentir ce mouvement inexorable, le freiner, l'empêcher sont des impératifs absolus. Le geste le plus significatif, de la part de la France, serait d'accueillir une partie des troupes américaines – peut-être 50 000 à 70 000 hommes – que le gouvernement de Washington serait prêt à laisser en Europe, une fois l'Allemagne évacuée dans quelques années. La vulgate gaulliste s'y oppose : c'est absurde et secondaire. Plus essentiel, le principe même de notre dissuasion l'empêche : elle ne peut accepter l'idée qu'existent, sur le territoire français, des « otages nucléaires » américains, puisque ce serait admettre que le « sanctuaire national » soit transgressé, alors même que la réaction du faible par rapport au fort est de l'empêcher par la menace d'une vitrification mutuelle ! Mais cette voie-là fermée, il en reste bien d'autres : une concertation militaire, une meilleure intégration des espaces de surveillance aérienne et surtout la mise en place d'un réseau d'équipements, de dépôts, voire de bases afin de rendre possible, et donc plausible, une intervention américaine en Europe. Au-delà de la dimension militaire, la relation franco-américaine gagnerait à ce que nous abandonnions cette habitude qui est la nôtre de tout faire pour expulser les Américains des enceintes où se discutent les questions européennes. La fermeté face aux agressions de Washington sur la politique agricole commune ne devrait pas empêcher de traiter les Etats-Unis comme une puissance européenne : à la CSCE et dans tous les cénacles auxquels le nouveau concert des nations va donner naissance. Les considérer en effet comme un acteur européen, c'est le seul moyen de les aider, peut-être, à le demeurer. Or nous savons bien que si le discours officiel français suggère le contraire, les arrière-pensées, elles, vont dans ce sens. Faire coller sa diplomatie à ses arrière-pensées n'est peut-être pas un signe de médiocrité intellectuelle...

Reste l'Angleterre. Dès la chute du Mur, les Anglais se sont mis à penser français et les Français anglais. Vieille chanson et vieux classique de l'équilibre européen! L'Allemagne bouge et les diplomates chaussent les bottes de Delcassé! Réflexe à la fois absurde et légitime. Absurde sur le plan économique, puisque la Grande-Bretagne ne sera jamais un complice dans le jeu communautaire : au-delà des rigidités personnelles de Madame Thatcher, la pensée britannique sur l'Europe, qu'elle soit travailliste ou conservatrice « wet », demeurera réticente et en arrière de la main : au mieux elle suivra; jamais elle ne précédera. Absurde sous l'angle d'un symbole politique : un axe Londres-Paris trop éclatant est un signal de méfiance adressé à Berlin, sans véritable avantage, alors que les Allemands ne peuvent se formaliser que nous pratiquions une marche vers le sud de l'Europe, à l'instar de leur « *Drang nach Osten* ». Légitime, en revanche, dans le domaine stratégique : les deux puissances nucléaires à l'ouest du continent ont tout à gagner à harmoniser leurs doctrines, à partager les coûts de développement de certains matériels et à lancer de la sorte le message à l'ensemble des Européens qu'ils ont mis en commun l'assurance vie que représente l'arme atomique. Cette politique-là est en cours : la logique et la diplomatie font pour une fois bon ménage.

Et l'Est, dira-t-on? Que répondre à une Pologne qui remâche l'Histoire et cherche, du côté de Paris, une alliance de revers? Qu'offrir aux pays d'Europe centrale, demeurés francophiles sous le communisme et que l'avènement du capitalisme va rendre anglophiles? Que dire aux Lituaniens, aux Estoniens, aux Ukrainiens qui attendent de nous quelques signes d'amitié que nous leur refusons, comme si cette réserve avait le moindre poids sur la révolution en cours à Moscou? Que faire enfin à l'égard de la Russie, embarquée dans son aventure affective avec l'Allemagne avec autant d'enthousiasme qu'elle manifestait autrefois de réserve à l'endroit de l'unité allemande? Parler, sourire, aider, être amical : c'est beaucoup et c'est peu. Cette action-là va de soi; elle ne pèsera guère sur le cours des choses. Autant en engranger les dividendes sans être dupes de ses limites! Ce n'est pas l'entre-deux-guerres qui recommence : ces liens privilégiés répondaient – avec le succès que l'on connaît – à une menace militaire allemande. L'Allemagne n'est plus faite – Dieu merci – de ce bois-là. Elle va dominer la Mitteleuropa de son influence économique et accessoirement culturelle : sur cette carte-là, les accords de revers n'ont guère de sens. Il n'existe ni encerclement, ni contre-encerclement monétaire ou linguistique!

Cette redistribution des cartes françaises, cette politique complexe, cette manière nouvelle de jouer sur plusieurs tableaux à la fois supposent évidemment une solide mise à jour de notre doctrine de défense, inchangée ou presque depuis trente ans. La disparition du Rideau de fer bouscule évidemment les données, mais l'effacement du nucléaire qui l'accompagne constitue peut-être, pour la France, une mutation encore plus importante et plus difficile. Pendant la guerre froide, la force de frappe a été un merveilleux joker : elle nous plaçait, face à la menace, dans le camp des puissances qui ont droit de vie et de mort sur la terre entière. Et nos chefs d'Etat se sont complu, depuis une génération, dans cette dramaturgie. Quel merveilleux sentiment, pour un monarque républicain, que de se sentir un démiurge de l'Histoire! La comédie est désormais terminée : l'arme nucléaire redevient une assurance vie mais perd de son influence. Elle appartenait au quotidien d'un monde qui connaissait une menace et aucun risque; elle s'éloigne dans une Europe – nous l'avons dit et redit, mais c'est son principe cardinal –

qui découvre les risques sans la menace. Situation délicate : nous disposons, pour nous-mêmes, d'une assurance vie ; nous pouvons la faire partager à autrui, mais nous devons aussi savoir que les autres sous-estiment, délibérément ou inconsciemment, les dangers et qu'ils peuvent refuser cette assurance, en dévaloriser l'importance et lui faire perdre son poids politique par leur seule indifférence. L'angoisse un jour les étreindra et changera la donne, mais, pacifistes de cœur, apaisés par raison, ils risquent aujourd'hui de voir en nous des matamores qui manient un gourdin nucléaire passé de mode. Reste que nous devons à la fois préserver l'instrument, seule assurance vie à terme d'une génération, l'épurer de ses composantes inadaptées au nouveau théâtre européen, restructurer les armées dans un contexte de contraction budgétaire, et jouer le tout dans l'optique d'une défense européenne quitte, si nos propositions d'intégration sont repoussées, à nous replier sur notre pré carré. Vaste programme, après trente ans d'immobilité !

Souscrire la police d'assurance vie, c'est évidemment concentrer les dépenses militaires sur le nucléaire afin de suivre la course sans fin que la technologie impose. Faut-il, outre les sous-marins, moderniser les fusées du plateau d'Albion ? Conserver une composante aérienne ? Développer un missile mobile ? Impossible à un observateur de se prononcer. Sans doute s'agit-il de choix secondaires et techniques, malgré les arguties stratégiques qu'élaborent les trois armées aux seules fins de donner un fondement théorique à leur revendication de disposer chacune de leur arme nucléaire, symbole suprême de la dignité militaire ! Ce qui est sûr, c'est que s'échapper de cette logique bureaucratique supposerait qu'on enlève à chaque arme sa composante nucléaire afin de créer « un corps d'armée nucléaire » qui ne serait ni de terre, ni de mer, ni de l'air. Autant mettre en place une structure qui rende plus aisés les choix, à un moment où les corporatismes militaires risquent de dilapider un budget que l'air du temps restreindra chaque jour davantage.

Nous débarrasser de celles des armes nucléaires qui sont devenues politiquement inadaptées est un impératif qui dépasse de beaucoup les affrontements en vase clos de la caste militaire. La vieille théorie de « l'ultime avertissement » a, une nouvelle fois, frappé, qui a entraîné la mise en construction de missiles Hadès, c'est-à-dire d'armes nucléaires tactiques, donc à courte portée. Avec pour cible les Länder de l'Est, voire la Pologne amie ! C'est aggraver, à l'évidence, le malentendu franco-allemand et dresser les opinions publiques contre nous. Déjà contestables du temps de la guerre froide, les armes à courte portée sont désormais hors de l'épure. A nous de les jouer dans les négociations et de faire payer aux Allemands en concessions de tous ordres leur destruction, mais ne nous leurrons pas : ce sont des objets avec une forte valeur de transaction diplomatique ; ce ne sont plus des armes, surtout si la France veut offrir à l'Allemagne une solidarité stratégique.

La défense n'échappera pas à une restructuration telle que les entreprises ont pu la connaître aux pires moments de la crise. Avec des ressources limitées, une pression de l'opinion publique en faveur de la diminution du budget de la défense, un moindre poids des lobbies militaires dans une atmosphère pacifiste, les discours courageux à la Chevènement – 3,8 %, ce n'est pas cher pour une assurance vie –, ne tiendront pas longtemps devant les exigences de la politique quotidienne. C'est dans sa capacité à se restructurer que l'armée trouvera ses meilleures ressources. Elle a, pour la décennie à venir, trois missions essentielles : préserver l'ultime sécurité qu'offre l'arme nucléaire stratégique ; disposer de forces d'intervention mobiles, y compris maritimes, pour répondre à des coups durs, en particulier en Méditerranée ; conserver le minimum de forces conventionnelles pour asseoir une éventuelle intégration européenne, si elle est possible. Mais en contrepartie, que d'économies à réaliser ! A quoi servent, dans une telle optique, les multiples garnisons de l'armée de terre en France, sauf à s'inquiéter d'une éventuelle attaque à travers les Alpes ou les Pyrénées? Quelle est la fonction réelle de la conscription si ce n'est de jouer le rôle de « chantiers nationaux » qui, sous couvert de service militaire, occupent des chômeurs potentiels? Avec 370 000 hommes, l'Allemagne, privée du nucléaire, est mal défendue; avec le même nombre de soldats, à l'abri de la force de frappe, la France gâche son argent. L'armée de terre doit être restructurée comme la sidérurgie : trop d'unités de production – les garnisons; trop de main-d'œuvre – les effectifs; trop de dépenses inutiles. La minute de vérité approche et les premières réductions d'effectifs ne sont qu'un avant-goût de la purge à venir.

Par temps paisibles, l'instrument de défense n'est qu'un atout au service d'une politique. Vue de Paris, celle-ci est évidente : le diagnostic sur les risques en Europe ne doit pas conduire à l'immobilité; le pessimisme, dans le domaine stratégique, est une hygiène pour l'action. Nous devons proposer à nos partenaires européens, c'est-à-dire essentiellement à l'Allemagne, une intégration des forces militaires : peu importe si elle a lieu dans le cadre de la Communauté européenne, de l'Union de l'Europe occidentale, voire de l'OTAN. Au diable les vieilles susceptibilités! Cela signifie l'imbrication des armées conventionnelles, la création de corps d'armée multinationaux, la mise en place d'un commandement unique. Il en résulte, même si on ne le proclame pas, que la garantie nucléaire française couvre la zone où sont mises en place ces forces communautaires, dont l'Allemagne. Quel meilleur usage des troupes françaises en République fédérale que d'en faire l'embryon de cette armée européenne! C'est le seul moyen, pour la France, d'essayer de faire prévaloir la fidélité occidentale de son voisin sur ses intérêts à l'Est. Si l'Allemagne refuse nos avances, la preuve aura été faite que sa politique de bascule au centre de l'Europe n'est pas liée à la nécessité pour elle d'assurer sa sécurité par des relations de bon voisinage, mais constitue un choix stratégique, fruit de l'Histoire, qui doit lui permettre, sous couvert d'équilibre, de dominer, et, sous prétexte de sécurité, de tenir tous les fils du jeu européen. Trop longtemps, par peur de jouer gros, la France a laissé passer les occasions : aujourd'hui, nous les regrettons. Ne recommençons pas les mêmes erreurs : essayons de maximiser l'atout que nous donne encore notre indépendance stratégique, même dans un monde qui voit se dévaloriser le nucléaire. Ne nous replions pas sur notre pré carré avant d'avoir essayé parce que nous sommes trop convaincus du refus allemand. Il sera toujours possible de le faire. Si les Allemands se dérobent, il sera temps d'aviser et de mettre notre puissance stratégique au service de politiques infra-européennes, en particulier en direction de l'Europe du Sud.

L'alternative est simple pour les Français : prendre acte de la perte de notre rente, nous recroqueviller, prédire au monde l'apocalypse et attendre dans l'introspection et l'immobilité; cette voie, peu glorieuse, serait lourde de conséquences pour les équilibres de la société française, au moment où ils sont autant menacés de l'intérieur que de l'extérieur. Intégrer vite la nouvelle donne, chasser les remugles, penser le complexe – c'est à la portée de nos aptitudes rationalistes –, jouer sur plusieurs tableaux à la fois, remuer, innover, essayer, renvoyer sur autrui la charge de la preuve, se disposer à en tirer les conséquences. L'hibernation intellectuelle à laquelle s'est si longtemps identifié le consensus national en matière de défense ne nous y a pas préparés. Larguons les amarres conceptuelles.

***

Avec la complexité et le risque sonne le glas du cycle internationaliste de l'après-guerre. Celui-ci va, certes, se perpétuer dans l'économie, mais il ne scandera plus du même mouvement les réalités politiques et stratégiques. Qu'on le veuille ou non, c'est la rentrée en piste des Etats-nations. Elle va du même mouvement s'imposer sur la scène intérieure et les sociétés civiles qui avaient, depuis près d'un demi-siècle, refoulé les pulsions nationales vont se trouver aux prises avec elles. Avec la mort des idéologies reviennent les vieilles références, nation, religion, ethnie. Rationnellement, l'Etat-nation est devenu trop petit pour les grands problèmes et trop grand pour les petits problèmes. Psychologiquement, il retrouve sa fonction protectrice face à la montée des angoisses et des inquiétudes. Aujourd'hui elles se limitent à la vie en société et se cristallisent dans le fantasme sur l'immigration; demain elles trouveront une nouvelle jeunesse dans une interprétation des enjeux politiques et stratégiques qui risque d'être aussi excessivement pessimiste qu'elle est, pour l'instant, absurdement optimiste. Prenons garde que les deux phénomènes, l'angoisse sur le plan intérieur et l'inquiétude au niveau international, n'entrent en résonance! Mesurons la première en imposant une pédagogie du réel; maîtrisons la seconde en apprenant à penser la complexité; réinventons surtout notre approche même de l'Etat-nation pour qu'il ne s'impose pas à nous sous ses oripeaux. Ce n'est pas une tâche évidente. Nos sociétés vont vers des contradictions croissantes. Entre l'internationalisme de l'économie et des valeurs et le nationalisme, voire le tribalisme. Entre l'individualisme hédoniste et le retour, de-ci de-là, des identités ethniques. Entre la morale en jeans et en baskets et la réaffirmation de la religion. Entre une philosophie de l'environnement ouverte sur le monde et une tentation écologique de repli sur le terroir d'origine. Il nous faut comprendre le nouveau contexte international et maîtriser notre fantasme intérieur, tel qu'il s'exprime en particulier sur l'immigration. La pression des réalités internationales s'avérera de plus en plus lourde; n'ignorons pas la pression interne – la mesurer c'est déjà la traiter. Evitons, en un mot, qu'à une crainte irrationnelle de l'Allemagne ne s'ajoute la peur fantasmagorique de l'immigration. Mesurer la complexité, accepter les arrière-pensées, innover doivent répondre à ce double défi.

CHAPITRE IV

Le malaise français

La France se sent mal en tant que nation parce qu'elle n'a pas eu le temps de se trouver en tant que société. Lorsque la société civile est riche, complexe, parcourue de courants et contre-courants, lorsqu'elle constitue pour elle-même sa seule fin et qu'elle a évacué la politique dans une fonction subalterne et banalement utilitaire, il ne reste guère de place pour la préoccupation nationale. Les Etats-Unis en témoignent, qui ont éprouvé tant de difficutés en 1917 et 1941 à faire accepter à leur opinion publique le principe d'une guerre : le patriotisme n'est pas, pour eux, synonyme de nationalisme. C'est pourquoi ils vivent sans difficulté le déclin de leur puissance par absence de nationalisme, alors que par patriotisme, ils ne tolèrent pas la moindre critique sur leur modèle de société. Etat-nation, la France était en transition vers le modèle américain : sa société civile sort, depuis vingt ans, des limbes. Mais cette mutation est loin d'être achevée et nous risquons d'être saisis par le charivari suscité par la nouvelle Europe, après avoir quitté la rive de l'Etat-nation et sans avoir atteint celle d'une société sophistiquée. Vue sous cette angle, la réapparition de l'extrême droite manifeste davantage le désarroi de la société française qu'il n'exprime une pulsion nationale. Bonald, Maistre, Maurras et toutes les nostalgies idéologiques de Vichy n'ont pas été ressuscités par l'urgence et la nécessité : ils servent de boîte à outils intellectuels à un mouvement qui n'exprime pas une ambition nationale mais capitalise sur les frustrations. Dans ce contexte, le risque est grand de voir demain d'éventuelles angoisses liées à l'évolution de l'Europe et à l'effacement de la France se conjuguer avec le malaise intérieur. Ce serait au Politique de faire, dans de telles circonstances, sa réapparition : quand l'Histoire est au réfrigérateur, le primat va naturellement à l'économie; quand elle se remet en mouvement, il retourne au Politique. Mais cette attente du Politique risque de buter sur la politique, elle, en pleine déliquescence : sa médiocrité disqualifie toute réflexion idéologique et globale, alors que ce serait aujourd'hui un besoin vital. Dans ce désert de la pensée, ne s'imposent que des idées régressives, les unes antipathiques autour du national-populisme, les autres sympathiques mais néanmoins réactionnaires autour de l'écologie. La fin des idéologies ne marque malheureusement pas notre adhésion au modèle américain; elle témoigne du malaise français, autant qu'elle l'aggrave. Malaise dans nos attitudes, malaise dans nos comportements, malaise dans nos idées. A nous de le surmonter, avant que la nouvelle carte de l'Europe ne sécrète de nouvelles anxiétés. Tout, aujourd'hui, baigne dans le meilleur des mondes possibles : les Français sont devenus si européens qu'ils se réjouissent de l'unification allemande, si confiants dans la démocratie qu'ils ne voient dans les soulèvements à l'Est que leur dimension libérale et lumineuse, si attachés à la Communauté européenne qu'ils la croient capable de réinventer, à elle seule, un nouvel ordre efficace et pacifique dans lequel les pays anciennement communistes trouveront leur place. Puissent ces illusions ne pas se déchirer trop vite, et subsister aussi longtemps que la France ne sera pas sortie de son passage à vide psychologique!

Une société civile à mi-chemin

La société française a franchi une partie du chemin qui conduit au modèle américain. Les symptômes sont évidents.

L'affaissement de l'Etat, d'abord. Agent économique, il n'a cessé depuis quinze ans de voir son rôle se réduire et l'extension, en 1981, des nationalisations n'y a rien changé. Il ne régit ni la vie microéconomique, ni les flux financiers, ni la stratégie des grandes entreprises, même publiques, ni la fixation des salaires, ni la politique monétaire qui lui est imposée de l'extérieur, ni les modalités des prélèvements fiscaux enserrés, désormais, dans la nasse des contraintes européennes. Il n'exerce plus – symptôme parmi les symptômes – la même fascination sur les élites : l'intérêt général a perdu de son lustre et ses moines-soldats se font plus rares, convaincus qu'il est aussi intéressant d'exporter que de réglementer, de produire que de légiférer. Il éprouve de plus en plus de difficultés à régenter la vie sociale, à dominer les médias, à se présenter comme le seul vecteur d'une ambition culturelle, à fixer codes, règles et même morale. Il subit désormais le joug de l'opinion et de la société.

Le renforcement de la vie contractuelle, en second lieu : entre des acteurs sociaux plus sûrs d'eux, le contrat devient la règle, le droit le régulateur et la justice son instrument. S'il fallait indiquer les deux principaux événements de la décennie quatre-vingt, ce seraient, à l'évidence, le tournant de 1983 qui, accrochant définitivement le franc au mark, a signifié notre entrée – sans remords, ni arrière-pensée – en économie de marché, et le renforcement du rôle du Conseil constitutionnel qui s'identifie en l'occurrence à une vraie révolution pour ce vieux pays jacobin : la reconnaissance de principes de droit supérieurs à la loi!

Le poids, ensuite, sans cesse croissant de l'opinion publique : cela n'est pas contradictoire avec des acteurs sociaux, eux, en régression. Comme aux Etats-Unis, l'opinion est devenue l'*ultima ratio*. Mais à défaut de la voir s'exprimer dans le choc des lobbies et les pressions d'organisations structurées, la France a réinventé, en matière de société, l'équivalent de la démocratie directe en politique : le magistère des sondages. La démocratie directe sert, en effet, d'alternative, dans le domaine institutionnel, au système représentatif; les sondages font de même, dans la vie en société, par rapport à la représentation dévolue à des acteurs sociaux puissants. Et les Français sont devenus les rois des sondages : ils donnent la température de la vie politique au point que les responsables réagissent à deux points de plus ou de moins de leur cote de popularité, avec la même urgence que face à un tremblement de terre; ils fixent l'alpha et l'oméga de l'action gouvernementale; ils donnent, à en croire les gouvernants, les bornes du possible et de l'impossible. Les Français étaient, paraît-il, contre l'abolition de la peine de mort. Comment le savait-on? A la longueur des cortèges? A la multiplicité des articles? A l'importance des pétitions? Nenni : ce sont les sondages qui établissaient ce postulat. L'impôt sur les successions est le plus impopulaire des prélèvements, principe cardinal pour tous les ministres des Finances. Comment l'ont-ils appris? Par la fuite des capitaux en 1968, il y a presque une génération, et... par les sondages aujourd'hui. Il existe désormais, par sondages interposés, une dictature de l'opinion. Mais ne la confondons pas avec le dynamisme de la société : jamais celle-ci ne s'est manifestée avec autant de force qu'en 1984 dans la défense de l'école libre. Les sondages n'avaient pas fait apparaître le sentiment collectif dans son ampleur réelle : c'était une préoccupation parmi d'autres. Derrière ce culte qui fait des spécialistes ès sondages les nouveaux gourous des sciences sociales – « Que pense la France, monsieur Jérôme Jaffré? » – se manifestent toutes les ambiguïtés de la société civile française : assez forte pour peser, pas assez forte pour le faire par le poids naturel des acteurs sociaux. Les sondages seraient-ils à la monarchie républicaine ce que les plébiscites étaient à l'Empire : le symbole et l'illusion de la souveraineté? Souveraineté de l'opinion aujourd'hui, souveraineté populaire autrefois.

Autres manifestations de cette société à mi-chemin : la substitution aux vieux conflits de classes de conflits multiples, émiettés, qui portent sur l'écologie, le logement, les bébés-éprouvette ou l'euthanasie; la multiplication des adhésions à des causes contradictoires, le cas échéant, les unes avec les autres; l'éclatement des centres d'intérêt d'un même individu, comme salarié, consommateur, contribuable, épargnant; la montée de lobbies consuméristes, y compris contre les sacro-saints services publics – la défense de l'école privée relevait davantage de la pluralité de choix du consommateur que d'une fidélité religieuse; l'affirmation de communautés ethniques et religieuses, aussi désireuses de marquer leur identité qu'une génération auparavant de s'assimiler... Des témoignages de ce type, il en existe des dizaines, qui manifestent tous une forme d'américanisation de notre vie collective.

Mais, à l'inverse, cette société demeure sous d'autres aspects très immature : ainsi d'acteurs sociaux de plus en plus faibles, qui résistaient paradoxalement mieux à l'époque du Tout-Etat arrogant et resplendissant. Les syndicats français n'ont jamais été « flambards », avec, d'après leurs propres chiffres, 20 % de travailleurs syndiqués au moment de leur apogée. Ils sont tombés à 7 ou 8 %, seuls de leur espèce en Europe. Après dix ans de thatchérisme, les trade-unions restent incomparablement plus puissants que les syndicats français au terme d'une décennie de mitterrandisme. Que dire du DGB allemand, du LO suédois, de l'UGT espagnole ou de l'ensemble des syndicats italiens? Ils demeurent, tous, au centre de la vie sociale. Les syndicats français en sont eux, sortis, à l'exception des quelques sections corporatistes qui peuvent, de temps à autre, prendre en otages les usagers. Les salaires se fixent en dehors d'eux; les plans de restructuration leur échappent; les cercles de qualité et autres structures de concertation donnent lieu à un face-à-face entre la hiérarchie et la base; la machine contractuelle, en un mot, est grippée. Si l'énorme appareil de gestion de l'Etat-providence n'offrait pas aux syndicats une place obligée, ils se déliteraient complètement. C'est presque déjà le cas : des militants de moins en moins nombreux pour lesquels la réussite syndicale n'est plus, comme hier, une forme de promotion sociale; des compagnons de route de plus en plus rares, dix ans à peine après ce moment prodigieux qui a vu Edmond Maire entouré de la plus belle cohorte d'intellectuels français – il avait ses Geremek, mais il était, lui, à la différence de Walesa, digne d'eux; des ressources financières exsangues, sans l'aumône de l'Etat et des grandes entreprises les plus raisonnables, inquiètes de perdre leurs interlocuteurs naturels; une réputation entre la médiocrité et l'insignifiance. De leurs pires adversaires de classe, les syndicats ne suscitent plus la moindre haine : à peine la pitié. De leurs amis, ils tirent un illusoire réconfort : rien de plus. La fatalité n'est certes pas à l'origine de ce déclin. La disparition des branches industrielles les plus anciennes, la tertiarisation de l'économie, la montée de l'individualisme, la peur du chômage y ont joué plus que leur rôle, mais les syndicats n'ont jamais su s'adapter : ni par l'union, ni par la volonté de devenir un acteur social global, prenant en charge les revendications bien au-delà du seul champ salarial; ni par l'ouverture de nouvelles pistes de réflexion. Or sans syndicats forts, une société civile est invalide : elle table sur l'anomie et l'individualisme.

Ce qui vaut pour les syndicats, vaut aussi pour les autres acteurs sociaux. Le patronat? Il est aussi faible que les patrons sont puissants; aussi déconsidéré qu'ils sont admirés; aussi gris-muraille qu'ils sont « médiatiques ». Mais la gloire des Calvet ou Riboud ne tiendra pas lieu de structures professionnelles susceptibles d'encadrer les petits, les moyens, les dynamiques, les inquiets, les inventifs, les poujadistes, les progressistes, les réactionnaires... car, c'est cela un acteur social. L'Eglise ? La foi se répand mais l'institution s'affaisse : Dieu devient, lui aussi, une affaire d'individus et non de collectivités. L'armée? Elle se voit promise au destin de la sidérurgie et aux chocs des restructurations, ce qui ne la conduit guère à privilégier sa fonction sociale. L'école? Ils sont bien loin, les hussards noirs de la République qui apportaient une morale autant qu'un savoir. Les lobbies en tout genre? Ils sont tous sur la défensive et, s'agitant de manière irrationnelle, les ordres professionnels vont accélérer une mort sociale d'ores et déjà programmée. Les entreprises? Elles sont à nouveau prospères, mais la violence de la crise et des adaptations leur a fait perdre leur côté « grande famille » : le paternalisme s'efface devant le management à l'américaine, et avec lui ce tissu de liens qui faisaient d'entreprises, pourtant gérées à la dure, des espaces sociaux où étaient possibles fidélité, relations personnelles et une forme de convivialité. Etre syndicaliste chez Michelin n'était pas une sinécure mais l'esprit Bibendum existait et le salarié de Michelin ressentait son appartenance à une communauté. Si le modèle paternaliste avait cédé le pas au système social-démocrate, cela aurait été un progrès. Qu'il disparaisse au profit du vide – vide syndical, vide des relations sociales – n'est pas un symptôme réconfortant.

Et dans ce florilège d'institutions en déshérence, que dire de celles dont la fonction devrait être d'exprimer la société dans son ensemble : les partis politiques? Par comparaison, les syndicats sont puissants, le patronat imposant, l'Eglise en croissance, les lobbies en expansion... Des effectifs dignes des groupuscules dans d'autres pays – quelques dizaines de milliers de membres bien éloignés des chiffres officiels d'autrefois; des ressources financières qui, à défaut de provenir des cotisants, obligent à un concubinage malsain et obscur avec le monde économique; des débats davantage tournés vers les luttes de pouvoir internes que vers les enjeux collectifs; une incapacité à produire des idées, voire à absorber celles que sécrète la société; une vision du monde toujours en retard sur la réalité. Le diagnostic n'est pas réjouissant. Impossible de se consoler par des comparaisons avec l'étranger. Le parti communiste français ne fait plus le poids face à son homologue italien, qui occupe toujours un quart de son espace politique national, draine soutiens et compagnons de route et incarne souvent la morale. Les groupuscules démocrates-chrétiens français sont des nains face à leur alter ego allemand, puissant parti de masse avec plusieurs millions de membres, une capacité de mobilisation impressionnante, un réseau d'organisations qui gravitent autour de lui. Le RPR pourrait, de la même façon, avoir les yeux de Chimène pour les tories anglais : le conservatisme populaire est en France un concept; il est, en Grande-Bretagne, une réalité. Effectifs imposants; quadrillage du pays par une organisation de bénévoles; présence sur le terrain : un vrai parti politique en un mot... Quant aux socialistes, ils pourraient aller chercher leurs modèles au choix du côté du SPD allemand, du Labour britannique ou du PSOE espagnol, tous partis de masse, tous puissants, tous insérés dans la société, tous appuyés par un syndicat représentatif. Une société avec des acteurs sociaux faibles est invalide; avec des partis politiques misérables, plus encore!

Sans doute cette décomposition des appareils politiques est-elle un des effets délétères d'un système institutionnel écrasant. La monarchie républicaine n'a pas que des vertus. Là aussi, comme dans le domaine de la défense, le consensus inhibe la réflexion. Solidité, stabilité gouvernementale, souplesse en cas de cohabitation, légitimité du chef de l'Etat : autant de traits dont la France, encore marquée par la faiblesse des républiques précédentes, se félicite chaque jour. Mesure-t-elle en contrepartie les risques? Pouvoir absolu tempéré uniquement par la sagesse de son détenteur – sera-t-il toujours aussi mesuré que les quatre premiers présidents de la Cinquième République?; disparition du Parlement comme lieu d'expression du débat politique; faiblesse des contre-pouvoirs – avec en particulier une justice devenue une administration parmi d'autres; monolithisme de l'exécutif dès que le président et l'Assemblée nationale sont de la même couleur; détournement du jeu politique de l'affrontement d'idées vers le débat de personnes, dès lors que la vie publique est écrasée par l'échéance de l'élection présidentielle; transformation des partis en écuries de candidats. Derrière ces phénomènes, une même série de réalités : coupure avec les citoyens appelés tous les cinq et sept ans à donner un blanc-seing; divorce avec la société; affaiblissement des acteurs sociaux. Dans les démocraties classiques, ceux-ci sont d'autant plus forts qu'ils peuvent embrayer sur le système politique, l'influencer, multiplier liens et réseaux de traverse : le lobbying et la démocratie parlementaire sont, on l'oublie trop souvent, indissociables. Le mode d'expression des revendications est, en France, bien différent : il ressemble encore à la supplique ou au placet déposés dans les mains du monarque bienveillant. Et celui-ci finit par se prendre au jeu et par se considérer non comme le régulateur suprême de l'appareil politique, ce qu'il est, mais comme le régulateur de la société, ce qu'il ne devrait pas être! Ainsi donne-t-il une inflexion à la politique salariale, tranche-t-il un conflit d'environnement, fixe-t-il les règles de l'éthique médicale bien plus qu'il ne procède aux arbitrages budgétaires. Etrange système où le Président et le gouvernement se partagent les tâches : le premier régit la société; le second administre la politique. Comme si la société avait besoin de tuteur... C'est pourtant un état de fait unanimement accepté : la mission du chef de l'Etat s'est, au fil des ans, déplacée du champ de la politique vers celui de la société, comme s'il n'y avait pas, entre les deux, une discontinuité majeure.

Qu'on le veuille ou non, principes républicains en bandoulière, la France a réinventé la monarchie. Non la monarchie parlementaire, avec un roi aussi symbolique que diaphane, mais la bonne vieille monarchie, instance d'arbitrage et d'ordre pour la société entière. Le roi est certes élu; son pouvoir est tempéré, de temps à autre, par oppositions et obstacles, mais le principe philosophique demeure : il existe au-dessus de la société une instance suprême. Arrêtons les discussions techniques sur les mérites respectifs du présidentialisme à la française et du présidentialisme à l'américaine. Ils sont, conceptuellement, aux antipodes l'un de l'autre. Le président américain constitue le rouage clef d'une grande machinerie politico-administrative; il est aux prises avec le Congrès, le pouvoir judiciaire et les grandes agences publiques, dans un jeu complexe de *checks and balances*. Bien loin de lui l'idée qu'il incarne et met en tutelle la société : ce serait aller à rebours de ce modèle qui voit une société complexe repousser le politique dans un rôle exclusivement fonctionnel. Qu'a-t-il de commun avec son homologue français dont le rôle perpétue une tradition où la politique surplombe et croit dominer la société? Point ultime de cette évolution, les meilleurs analystes, aux prises avec le malaise français, en appellent au chef de l'Etat pour qu'il y mette fin par un discours, un message, des symboles ou que sais-je encore? Absurde et dangereux. Absurde parce que cela mesure combien tous les esprits finissent par être prisonniers de cette philosophie du pouvoir. Dangereux car c'est tabler sur un affaiblissement supplémentaire de la société. C'est à celle-ci de surmonter ses langueurs : ce n'est pas au pouvoir, tel un médecin démiurgique, de la guérir par quelques piqûres verbales ou autres placebos. Notre système constitutionnel a sans doute renforcé la France dans le jeu international; il l'a affaiblie comme société. La solution n'est pas aisée : l'élection du Président au suffrage universel est irréversible, même si elle constitue le vice originel du système. La transformation constitutionnelle qui nous rapprocherait des Etats-Unis est politiquement hors de portée. Ne restent donc que des voies subreptices : le renforcement du Conseil constitutionnel au point d'en faire, un jour, la clef de voûte d'un pouvoir judiciaire autonome; l'élection du Parlement à la proportionnelle, afin d'interdire, dans la pratique, que le Président ne dispose d'une Assemblée à ses ordres. De la sorte, le gouvernement retrouverait une relative autonomie, fût-ce au prix d'une plus grande faiblesse... Il faut briser l'axe Président-Parlement-gouvernement, source du nouvel absolutisme français, mais cela est une autre histoire...

Un pouvoir politique absolu, une société infantilisée. Ne manquait – pour retrouver les vieilles classifications à la Montesquieu – qu'une aristocratie. Elle nous revient dans une version fin de siècle. Ce ne sont plus les quartiers de noblesse qui la fondent, mais l'appartenance à un « establishment » réduit en nombre, centré sur lui-même et qui réunit dans quelques centaines de personnes la quintessence du pouvoir politique, administratif, financier, industriel, médiatique et intellectuel. Quel pays fait mieux, en matière de concentration des responsabilités, une fois morte la nomenklatura soviétique? Dans les Etats fédéraux, Etats-Unis ou Allemagne, le pouvoir est émietté et les responsables multiples; en Grande-Bretagne, vieux pays de classes au sens marxiste du terme, les élites ne communiquent pas et ne s'interpénètrent guère : la vieille aristocratie, les grands universitaires, les hommes d'affaires continuent de s'ignorer. En France, tout le monde connaît tout le monde. Un club, le Siècle, suffit à rassembler, avec trois cents ou quatre cents membres, l'essentiel de l'establishment; des rites sociaux permettent à cette étroite minorité de se retrouver : le village et les loges de Roland-Garros entre autres, qui affichent, devant des millions de téléspectateurs, cette nouvelle aristocratie. Le phénomène n'est pas nouveau; il est devenu ostentatoire. Dans l'après-guerre, une élite issue de la haute fonction publique gouvernait la France à la place d'un pouvoir politique défaillant : elle était invisible et discrète; avant 1981, le monopole politique au profit de la droite avait exclu de cette nouvelle aristocratie la plupart des opposants :

l'alternance électorale promettait un renouvellement des élites, ou au moins une régénérescence. Avec le Parti socialiste devenu, à l'instar du Parti radical de l'entre-deux-guerres, le nouveau parti de l'ordre, sous couvert de mouvement, cette perspective de renouvellement sociologique s'est éloignée. Les gouvernants d'aujourd'hui ont rejoint ceux d'hier au cœur d'une nomenklatura où d'ailleurs les politiques font pâle figure aux côtés des héros de la société civile. Le cercle est désormais fermé : d'un côté, les détenteurs de la puissance; de l'autre la population. Cette asphyxie sociologique se paiera un jour : les peuples ne tolèrent guère des aristocraties imperméables à la société et endogames. Serions-nous à la veille d'un 1789? Un pouvoir en surplomb de la société, une aristocratie coupée du réel : les symptômes seraient-ils là? Non, s'il s'agit d'imaginer une subversion par la rue et par l'émeute. Oui, à regarder les traces que cette situation laisse dans la psychologie collective : le côté « tous pareils, tous les mêmes, tous pourris », si caractéristique du ragoût populiste que mitonnent les apprentis sorciers. L'antiparlementarisme n'est qu'une modalité, parmi d'autres, de cette attitude : il se manifeste de plus belle, comme dans l'entre-deux-guerres, amnistie et maladresses aidant. Les prémices d'un antisémitisme sociologique apparaissent, eux aussi : Le Pen s'en prend au poids des juifs dans les médias, devenus dans la mythologie collective l'équivalent fantasmagorique des banques, il y a cinquante ans : le symbole du pouvoir clandestin. Et pendant ce temps, *le Monde* laisse des sondeurs poser la question : « Les juifs ont-ils trop de pouvoir dans les médias? » Etrange question. Etrange publication : les tabous ont bel et bien disparu et un tiers des Français répond, à en croire le sondage, par l'affirmative! L' « établissement », cette francisation de l' « *establishment* » – une autre invention sémantique de Le Pen – fera des ravages. L'appropriation du pouvoir par une caste, quelle que soit son origine – le mérite, la politique, l'argent – n'est acceptée par la société qu'à la condition d'être ouverte et transparente. C'est de moins en moins le cas. Méfions-nous des jacqueries! Des acteurs sociaux faibles, un pouvoir politique qui s'arroge trop de droits sur la société, une aristocratie isolée : voilà les traits d'une société civile invalide! Ils vont évidemment de pair avec un désert idéologique.

Le désert idéologique

Nos meilleurs auteurs se réjouissent de la fin de l'exception française [1] : après deux siècles d'affrontement, la Révolution française est terminée et à la guerre civile idéologique succède un consensus sur l'essentiel, à l'instar des autres démocraties occidentales. Erreur, chers amis! Le consensus tourne à la confusion, alors qu'à l'étranger, il borne le champ de débats souvent intenses entre la gauche et la droite. Et, plus grave encore, voici qu'à la place d'un communisme en pleine déliquescence d'autres idéologies de refus entrent en piste : l'écologie, comme partout, et, malheureusement, une résurrection du populisme qui n'a d'équivalent nulle part ailleurs.

Politique étrangère, défense nationale, institutions : les principes gaullistes sont devenus des tabous et personne n'est assez iconoclaste pour les remettre en cause. Ni les héritiers du gaullisme, prisonniers de leurs antécédents; ni la droite libérale qui s'est glissée, du temps de Valéry Giscard d'Estaing, dans les chaussons du pompidolisme; ni surtout la gauche qui a découvert, depuis dix ans, dans ce catéchisme, la garantie d'un confort douillet. Ajoutez à ce viatique la construction européenne, et échappe au débat tout ce qui touche à la place de la France dans le monde et à son système politique. L'économie pourrait-elle au moins servir de ligne de clivage? Vue de Paris, elle ne remplit guère ce rôle;

1. F. Furet, J. Julliard, P. Rosanvallon, *la République du centre*, Calmann-Lévy, 1989.

jaugée depuis New York ou Singapour, encore moins! Messieurs Balladur et Bérégovoy sont les héritiers interchangeables de Poincaré. Hormis la dissension sur les nationalisations, privatisations et autres « ni-ni », plus violente dans les apparences que dans la pratique – les uns, s'ils étaient au pouvoir, ne pourraient pas privatiser autant qu'ils le disent; les autres multiplient les acrobaties pour injecter du capital privé sous couvert de respect du dogme présidentiel –, la gauche et la droite jouent la même partition monétariste : des taux d'intérêt élevés au service d'un franc fort; un contrôle strict des rémunérations; un déficit budgétaire aussi limité que possible. Par rapport à ces vrais paramètres de la politique économique, que pèsent 2 à 3 % de plus ou de moins sur la tranche marginale d'impôt sur le revenu? 1 ou 2 points sur la TVA ou sur l'imposition des plus-values? Comment faire, dès lors, le partage entre gauche et droite? La politique d'immigration? Les mots diffèrent plus que les actes, et la pratique de Pierre Joxe n'est pas si éloignée, à l'habillage près, de celle de Charles Pasqua. L'attitude à l'égard de l'école privée? Le consensus règne là aussi depuis 1984. La politique sociale et le Welfare State? La droite n'a pas l'outrecuidance de Madame Thatcher pour oser s'y attaquer et la gauche pratique, sans le dire, une gestion serrée et à l'occasion régressive : elle a certes instauré le Revenu minimum d'insertion pour répondre à la situation critique des chômeurs de longue durée, mais elle n'avait pas hésité en 1982 à les priver de subsides.

La politique traditionnelle a perdu ses repères; la gestion a pris le pas sur l'idéologie; la droite et la gauche sont réduites à l'état de fidélités, voire de nostalgies. Ce flou ne marque pas la fin de l'exception française; il la traduit sous une nouvelle forme. Nulle part, le consensus n'est aussi envahissant. En Grande-Bretagne, tories et travaillistes ne partagent pas la même vision de la société; en Allemagne, chrétiens-démocrates et sociaux-démocrates, surtout sous la férule d'Oskar Lafontaine, se sont séparés sur la question de l'unité; aux Etats-Unis, démocrates et républicains ont multiplié leurs divergences, depuis que Reagan a ramené à droite les seconds. Seule l'Italie est peut-être aussi consensuelle, mais la comparaison est en soi un aveu : le consensus, au-delà d'un certain niveau, est l'alibi de toutes les solidarités de pouvoir. Dans une démocratie évoluée, gauche et droite partagent des valeurs en commun, mais à l'intérieur de ce cadre éthique, elles divergent sur la politique intérieure comme sur la politique extérieure. En France, elles pratiquent, au-delà des mots, la même politique sans reconnaître qu'elles ont le même système de références. De là un brouillage supplémentaire des signes : les responsables des deux bords font semblant de s'excommunier comme autrefois et, lorsqu'ils sont au pouvoir, ils semblent interchangeables : ce mélange d'artifice et d'hypocrisie n'est pas fait pour améliorer l'image de la classe politique...

De ce côté-là, l'idéologie est bel et bien morte : les discours politiques ne sont que de simples habillages verbaux d'une même pratique gouvernementale. La disparition du communisme a évidemment accéléré cette évolution. Le libéralisme s'était constitué en corps de doctrine pour résister au marxisme; il se délite comme idéologie et redevient un simple art de gouverner, dès que son opposant de toujours disparaît. Certes de nouveaux clivages vont se faire jour, qui déborderont les classifications traditionnelles. Ainsi les réactions face à la nouvelle Europe risquent-elles de provoquer, toutes proportions gardées, un phénomène de type CED – c'est-à-dire, comme en 1954, un affrontement qui voit chaque famille politique se diviser. D'un côté les Européens à tous crins, supranationaux et partisans de l'intégration, pour lesquels l'unité allemande et les événements de l'Est constituent soit de simples épiphénomènes, soit une aubaine pour l'Europe modèle Jean Monnet. De l'autre, les « nationalistes » convaincus que le poids de la nouvelle Allemagne compromet le rêve européen, qu'aléas et difficultés nous attendent et qu'à la fin des fins chacun doit, dans un monde difficile, compter sur ses seules forces. Il est aisé de repérer les chefs de file de chaque camp chez les socialistes, les gaullistes, les libéraux. Si l'essentiel se joue sur l'attitude par rapport à l'Europe, Chevènement est plus proche de Balladur que de Jacques Delors. Ce clivage-là sera de plus en plus sensible lorsque les premières secousses se manifesteront mais, comme en 1954, il sera à la fois vital et accessoire. Vital car il engage la vision que les uns et les autres ont de l'avenir. Accessoire, puisqu'il ne suffira pas pour transcender les barrières de partis ou d'habitudes. Autre clivage en gestation : l'attitude face à l'extrême droite. Tout paraît limpide. Les démocrates dans un camp, les partisans de l'ordre autoritaire dans l'autre. Et le critère du comportement démocratique serait le vote de deuxième tour en présence d'un candidat Front national. Mais les arrière-pensées troublent le jeu. Qui est le plus coupable, du député de droite qui fait des risettes à son concurrent d'extrême droite ou d'un pouvoir de gauche qui aura instauré la proportionnelle quand elle permettait au Front national de grignoter les positions de la droite classique et qui maintiendra le scrutin majoritaire, parce que le parti de Le Pen, devenu incontournable, tiendra mieux son rôle de trouble-fête avec ce type de vote? La gauche, quoi qu'elle en dise, a trop utilisé l'épouvantail du fascisme à son plus grand profit pour jouer les vierges effarouchées. Les gaullistes étaient, de leur temps, aussi ambigus, qui tiraient à vue sur les communistes, au moment où ils tablaient sur leur puissance pour bloquer à jamais la gauche dans l'opposition. Seuls, ceux qui ont vraiment « préféré perdre une élection que perdre leur âme » peuvent donner des leçons à autrui : ils ne sont guère légion. Et, de toute façon, l'Europe ou l'attitude face à l'extrême droite ne constituent pas des références idéologiques capables à elles seules de se substituer à tous les systèmes de pensée qui viennent de mourir.

Les seules idéologies en gestation sont ailleurs, dans l'écologie et dans le populisme. Comme toutes les pensées de refus, elles flirtent de temps à autre ensemble. Il existe d'ailleurs des précédents : le communisme et le fascisme ont longtemps joué à cache-cache ; leurs racines se sont croisées ; leurs adhérents parfois également. Les écologistes sont outrés de tels rapprochements, mais ceux-ci sont inévitables dès lors que l'écologie prend le pas sur l'environnement. Le changement sémantique est essentiel; il marque une inflexion majeure du mouvement vert. La protection de l'environnement est inhérente à une société industrielle développée, comme l'a été, en son temps, le contre-pouvoir consommateur. C'est une aspiration légitime de la société face aux forces qui la dominent : pouvoir politique et technocratie qui dessinent le cadre urbain, entreprises qui polluent. Que les pollueurs paient ou soient interdits d'exercice, rien de plus légitime ! Que les maires ne puissent accorder des permis de construire déraisonnables et « bétonner » à tout va, rien de plus naturel ! Que le gouvernement consacre des crédits aux recherches sur l'effet de serre ou la protection de la couche d'ozone, rien de plus juste ! Les Verts l'ont imposé et la contrainte qu'ils exercent de ce point de vue est salubre. Une société dominée par la logique du profit et la dynamique technique a besoin de contre-pouvoirs : les syndicats dans les usines, les consommateurs dans les magasins, les Verts dans la ville. Mais le pouvoir consommateur ne s'est pas mué en système de pensée, il s'est borné à remplir une fonction de contestation. Lorsque les partisans de l'environnement deviennent écologistes, ils changent eux de registre, ils adhèrent à une vision du monde. Celle-ci se veut anticapitaliste et à ce titre elle bénéficie d'une rente, depuis que le communisme est mort et que le socialisme s'est mué en social-démocratie molle. Face à la logique de l'entreprise ne se manifestent désormais que les Verts. Aussi cristallisent-ils tous les refus, tous les rejets qui s'exprimaient autrefois dans la lutte des classes. Il faut être naïf pour croire que démuni d'ennemis, le capitalisme suscite une adhésion unanime. Que d'hostilités, légitimes d'ailleurs, au fond de maints esprits !

Mais le passage de l'environnement à l'écologie, c'est aussi la substitution de la nature à la culture comme fondement de la société. Avec, en contrepartie, l'indifférence aux hommes. A-t-on souvent entendu les Verts s'intéresser aux chômeurs de longue durée et aux exclus avec les mêmes élans du cœur qu'aux arbres injustement abattus? Les a-t-on vus se préoccuper des injustices de la société industrielle? Les a-t-on remarqués aux premiers rangs de la solidarité avec le tiers monde? Combattre pour la forêt amazonienne : oui; pour les Indiens : jusqu'à présent jamais. A rêver de social-démocratie pour les arbres, on en oublie la social-démocratie des hommes. Préserver la nature comme facteur de production : louable ambition; oublier les hommes : choix idéologique inconscient. A faire de la nature l'*ultima ratio*, on abandonne, sans le vouloir, l'idée même de progrès. Ce n'est pas un hasard si point, d'ores et déjà, chez certains écologistes, le refus de la contraception : elle va à l'encontre de l'ordre naturel et, par un étrange détour de la pensée, les écologistes en baskets font cause commune avec les prélats en soutane les plus rétrogrades de la Curie romaine. Ce n'est pas non plus un hasard si la philosophie écologiste rejette l'idée même de société, de ses mutations parallèles à celles de l'appareil industriel, de sa capacité à susciter le mieux-être. Ce n'est pas enfin un hasard si l'écologie allemande plonge ses racines dans d'étranges paysages idéologiques. Waechter est en effet un amateur plutôt rêveur par comparaison avec ses alter ego allemands. La nature, là-bas, redevient ce qu'elle fut hier, le réceptacle de l'âme allemande, des valeurs authentiques du peuple et donc, qu'on le veuille ou non, un creuset nationaliste. Nul eugénisme ne transparaît certes dans les discours des Verts et rien ne les horripile davantage que de leur signaler qu'en février 1933 la première mesure antisémite du gouvernement nazi fut d'interdire l'entrée des forêts domaniales aux juifs : pureté de la race obligeait... Mais quoi qu'en disent les écolos, ce n'est pas un procès d'intention que de rappeler qu'au débouché de la nature se profile l'idée de race. Une écologie d'inspiration internationaliste aurait peut-être pu apparaître, la nature constituant le bien le plus apatride qui soit. Il n'en est rien. C'est une écologie de terroir qui règne, tournée vers le village, les racines, la terre.

« La terre, elle, qui ne ment pas » : encore une réminiscence à faire bondir les Verts ! Braves, plutôt sympathiques, ils ne veulent pas comprendre que l'inconscient est aussi au travail dans les pensées politiques, dans cette part d'implicite et de refoulé qui échappe au discours ! Ce ne sont pas des arrière-pensées : les Verts n'y cèdent pas. C'est une philosophie latente ; et, au fil des années, elle apparaîtra de plus en plus clairement. Que les Verts me pardonnent cette certitude : l'écologie porte en germe une philosophie réactionnaire, comme le communisme portait le totalitarisme ! Les pensées ont leur mouvement propre. Cela ramène au fond à la plus vieille distinction entre les systèmes de valeurs : ceux centrés sur la nature et ceux articulés sur la culture. La droite philosophique s'est toujours réclamée des premiers. Inutile d'appeler en renfort Burke, Bonald, voire Barrès ou Maurras. Nature, patrie, valeurs morales et conservatisme vont de pair. La gauche libérale s'était toujours adjugé les philosophies de la culture : qu'exprimait d'autre son culte du progrès ? Et voilà que, dans tous les pays occidentaux, elle essaie de se réapproprier l'écologie. Que des motifs électoraux la conduisent à rechercher les voix vertes, certes ! Mais elle devrait combattre idéologiquement l'écologie autant qu'elle « drague » les écolos ! Ce serait à elle d'exprimer la différence entre une préoccupation environnementaliste, utile contrepoids à la dynamique capitaliste, et une philosophie écologiste marquée du sceau du conservatisme et de la réaction ! Si demain les secousses de l'Europe nouvelle, l'arrivée massive d'immigrants en provenance de l'Est, un zeste de nationalisme devaient susciter en Allemagne un nouveau précipité idéologique, ce n'est pas du côté de l'avant-guerre et du nazisme qu'il faudrait chercher. A chaque époque de bouleversements, sa propre création idéologique! Aujourd'hui ce serait une alchimie « écolo-nationalo-populiste » dont Oskar Lafontaine incarne d'une certaine façon la préfiguration la plus civilisée. Il ne représente plus la vieille social-démocratie traditionnelle, liée aux syndicats et désireuse de modifier le partage de la valeur ajoutée. Le fait est qu'il a autant pris le DGB à rebrousse-poil sur la question de la durée du travail que cultivé les écologistes. Il est le premier homme politique allemand à avoir fabriqué un étrange pot-pourri entre l'écologie et le populisme, avec un brin de nationalisme. Ce dernier est, il est vrai, des plus sophistiqués : il joue le renforcement des nations comme communautés et, en revanche, table sur l'éclatement des Etats-nations, instruments régaliens.

Si cette évolution idéologique se poursuit, elle ira de pair avec un conservatisme nouvelle manière, moins axé sur la défense des privilèges des classes dirigeantes que sur la protection des intérêts de la petite bourgeoisie, le culte d'un certain mode de vie plus bucolique qu'industriel, avec en filigrane le retour de l'ordre moral. Les femmes, les marginaux n'ont qu'à bien se tenir : ce qu'ils ont imposé à la bourgeoisie des années soixante, ils risquent de le perdre, non par la volonté directe des Verts, mais par une dynamique idéologique que ceux-ci auront mise en mouvement. Procès d'intention, diront d'aucuns. Les écolos représentent la quintessence de la société, son avant-garde la plus estimable, etc. Regardez-les! Comment pourraient-ils faire le lit du néo-conservatisme? Air connu. Un militant serait progressiste, parce qu'il porte des baskets, se nourrit de produits macrobiotiques et dort à la belle étoile? Absurde. Les idées ont leur dynamique : le vingtième siècle nous l'a malheureusement enseigné et la pensée écologique nous promet de bizarres lendemains si, en l'absence d'autres idéologies, elle dispose d'un monopole de fait sur la réflexion politique. D'ailleurs, Le Pen ne s'y est pas trompé. Flirtant désormais avec l'écologie, il travaille l'assonance des thèmes, et la nature a bon dos, qui sert d'alibi à l'un et de fantasme aux autres. Lui a compris que mettre le culte de la nature au cœur de tout conduit inévitablement à la réaction et au conservatisme. Il sait d'où il parle. Il sait à qui il parle. Pris un à un, nos braves Verts seraient horrifiés par ce voisinage : collectivement ils risquent d'en être un jour les jouets. D'autant que, cohérente, la pensée écologique peut fournir une épine dorsale à un populisme aux contours intellectuels flous..

L'extrême droite a en effet des réflexes; elle n'a pas de pensée. Réflexe : le pari toujours gagnant sur le bouc émissaire : hier les juifs, aujourd'hui les immigrés, demain juifs et immigrés! Réflexe : la haine de l'« établissement » avec les journalistes juifs dans le rôle tenu autrefois par les banquiers juifs. Réflexe : la haine viscérale de la gauche, type « vaisselle d'or » de Léon Blum; l'antisémitisme le plus traditionnel; le refus de l'autre. Réflexe : les cris d'orfraie patriotiques, l'appropriation du drapeau, le culte de la France. Réflexe : la collusion avec l'intégrisme catholique, la réappropriation du Christ aux fins d'ordre moral, les vieilles retrouvailles du trône et de l'autel. Réflexe : le journalisme d'agression avec François Brigneau et ses émules dans le rôle de « Maurras du pauvre ». Réflexe : l'invective à l'égard des autres et un complexe de persécution par la société entière. Mais ces vieux démons ne font ni une pensée, ni une doctrine. Car, de ce point de vue, quel pot-pourri! On y retrouve les vieux tics de la droite monarchiste, les remugles vichystes de « travail, famille, patrie », les combats corporatistes, des relents fascistes qui font osciller le Front national entre la droite extrême, l'extrême droite et le poujadisme, sans oublier – concession à la mode – quelques idées hyperlibérales sur l'individu, la diminution des impôts et la destruction du Welfare State. De là une idéologie qui essaie d'accommoder les contraires, comme un mauvais cuisinier les restes : le corporatisme de Vichy avec l'ultralibéralisme reaganien; le nationalisme de la vieille droite avec l'internationalisme fasciste – un héritier du colonel de La Rocque ne serait pas allé chanter la gloire de la grande Allemagne, Prusse-Orientale comprise, avec un ex-nazi ; les valeurs d'ordre avec le culte de l'individu occidental... Le talent – car talent, malheureusement, il y a – de Le Pen a permis d'agréger ce bric-à-brac conceptuel dans un même front du refus. Prenons garde à la cohérence qu'il pourrait trouver, à additionner les thèmes de l'ordre naturel, écologie aidant, et les pulsions nationalistes qui vont naître, dans quelques années, de l'instabilité européenne. Méfions-nous de l'exemplarité de certains phénomènes populistes à l'Est : encore quelques mois et le Walesa d'hier, libéral et entouré d'intellectuels, sera oublié au profit du Walesa d'aujourd'hui, devenu un Pilsudski prolétarien – et nous verrons Le Pen récupérer à son avantage cette image glorieuse. Faisons attention à ce que le retour des nations ne profite pas aux seuls qui manieront le mythe français, dès lors que les démocrates n'auront pas compris qu'avec la fin du cycle internationaliste ils ne peuvent laisser en déshérence le thème national. A rebours de maintes idées reçues, la personnalité de Le Pen est peut-être une limite pour le populisme : le côté histrion exclut autant qu'il suscite l'adhésion. Gare au jour où un leader au charisme plus contemporain, davantage tourné vers l'écolo-populo-nationalisme de demain que vers des nostalgies mi-vichystes, mi-fascistes, reprendra au vol cette sensibilité. A ce moment-là, écologie et populisme se renforceront l'un l'autre.

Aujourd'hui, ce front du refus semble surréaliste et les Verts le trouveront insultant ; demain il sera menaçant. Aussi est-il urgent de dissocier ces deux idéologies. Cela suppose à la fois de marquer les différences entre environnement et écologie, d'empêcher cette dernière de réinventer le conservatisme sous couvert de goût de la nature, mais aussi de reprendre l'idée de nation au profit de la démocratie. De ce point de vue, la composante la plus archaïque de la gauche, ce CERES dont François Mitterrand qualifiait autrefois les membres de « petits-bourgeois léninistes », risque de trouver une vraie utilité : avec son culte grandiloquent des valeurs républicaines, de la nation et de Valmy, Jean-Pierre Chevènement devient irremplaçable... Que ses épigones ne triomphent pas en prétendant avoir eu raison contre vents et marées. A l'instar de De Gaulle en son temps, ils étaient non des visionnaires mais des presbytes de l'Histoire. L'un confondait l'Europe de 1960 et celle de l'an 2000; ayant eu raison quarante ans trop tôt, il avait tort sur l'instant puisqu'il ne forçait pas le destin, en construisant une Europe intégrée avec une République fédérale prête à tout pour rendre à l'Allemagne une virginité historique. Les seconds chantaient la nation quand elle s'effaçait, vantaient l'Etat au moment où il sombrait, en appelaient à l'orgueil français quand il était encore possible de faire l'Europe. Presbytes hier, ils deviennent aujourd'hui importants : non pour fixer la ligne doctrinaire de la gauche, mais pour ne pas laisser l'idée de nation à l'extrême droite. Il en va de même de la vieille souche nationaliste du RPR : elle a longtemps constitué un frein à la modernisation de la droite, avec son mélange de bonapartisme et de réminiscences de la Résistance. Elle retrouve, elle aussi, une mission : assurer dans le spectre de la droite modérée un enracinement légèrement nationaliste qui lui permet de ne pas se confondre avec les seules élites libérales, louis-philippardes, influencées par le monde anglo-saxon : Pasqua est désormais l'indispensable jumeau de Giscard, si la droite classique veut survivre et ne pas se rabougrir aux dimensions d'un groupuscule centriste. Dans cette société civile désorientée, la nature et la nation risquent de représenter les nouveaux points de ralliement. Un pays ne se dispense pas éternellement de repères idéologiques, surtout quand il échappe au modèle anglo-saxon. Le communisme « out », le socialisme tendance guesdiste des années soixante-dix oublié, la social-démocratie devenue une pratique qui n'ose s'affirmer comme une philosophie, le libéralisme incapable, comme il l'a toujours été en France, de définir un modèle de société, le gaullisme institutionnel en mal de survie, la démocratie chrétienne déliquescente comme à l'accoutumée et incapable de représenter davantage qu'un vague humanisme : gare, dans ce contexte, à la nature et à la nation ! Elles pourraient représenter les points d'ancrage de cette fin de siècle. Incroyable revanche de l'Histoire : ce siècle aura commencé dans le millénarisme social et l'adoration de la technique, il aura connu le totalitarisme et le nationalisme paranoïaque, il se terminerait avec l'apologie de la nature et le retour de la nation. Nous savons où est le danger. A nous de le combattre, de faire la part du feu et de ne pas laisser ces idées en jachère.

Non au front républicain

L'abstention, le vote écologique, la résistible ascension de l'extrême droite : autant de symptômes de régression dans un pays où la politique mobilisait les votes, les esprits, les fantasmes. La dépolitisation n'est pas une victoire de la démocratie. Inutile d'en appeler au modèle américain : 50 % d'abstentions se justifient dans un pays où la société a cantonné le pouvoir politique dans un rôle fonctionnel et limité. L'entrepreneur de la Silicon Valley n'espère rien de Washington, puisque la seule variable économique qui le concerne, le taux d'intérêt, dépend d'une institution non gouvernementale, la Federal Reserve. Quant au fermier du Michigan, attentif, lui, aux subventions fédérales, il sait qu'un lobbying efficace le protège mieux que de choisir entre républicains et démocrates. Nous n'en sommes pas là : même si la société civile a gagné en autonomie et en épaisseur, elle ne peut faire abstraction du pouvoir politique, surtout quand son détenteur suprême se considère davantage comme un arbitre ultime pour la société que pour le seul appareil d'Etat. De là l'inquiétude devant les bataillons de voix égarées : elles signifient le rejet et non l'indifférence, le mépris et non l'autonomie. Elles peuvent, un jour, revenir et, sans une pédagogie inlassable des partis traditionnels, elles ont toute chance d'aller vers les mouvements du refus, extrême droite et écologistes. Avec pour référence les élections européennes de 1989, le système politique institutionnel mobilise un gros tiers des électeurs inscrits, une fois déduits abstentions, extrême droite, écologie et autres groupuscules, communistes en tête. Cela relativise ses querelles intestines... Et encore ces élections-là s'étaient déroulées à la proportionnelle, ce qui assurait l'autonomie de la droite vis-à-vis de l'extrême droite et évitait d'inutiles compromissions. La situation s'est, depuis lors, dégradée. Face au danger du populisme, la tentation est grande de constituer, au nom des clivages éthiques, un « front républicain ». Ce serait la pire des solutions. Il faut, malgré les apparences, savoir dire NON au front républicain.

Front républicain ou survie d'une droite libérale : telle est aujourd'hui la seule question politique en France. Le débat traverse la droite et la gauche, leurs arrière-pensées, leurs intérêts et leurs réflexes. Il part d'une réalité : le phénomène Front national est durable; il ressemble davantage à la contre-société communiste d'antan, avec ses réseaux, son mode d'être, ses structures sociales, qu'au feu follet poujadiste de 1956. Le choix, dès lors, est clair. Première option : un large front autour des valeurs démocratiques face à une jonction de la droite la plus conservatrice et de l'extrême droite. Seconde option : se fixer un seul objectif, rendre à la droite classique un espace pour préserver une possibilité d'alternance comme tous les pays démocratiques la pratiquent, entre une gauche modérée et une droite modérée qui partagent, sans le dire, le même système de valeurs.

La tentation est grande, à gauche, de choisir la première voie. Ce serait, pensent certains, le meilleur moyen d'installer durablement le parti socialiste au pouvoir, avec quelques partenaires centristes, voire libéraux, comme la droite a su le faire à l'envers, du temps où elle pratiquait la stratégie résumée par Malraux : « Rien entre les communistes et nous. » Question de conforter ce choix d'intérêt par une analyse idéologique, n'entend-on pas affirmer de-ci de-là soit que la droite libérale, la filiation pétainiste et l'extrême droite sont mitoyennes, soit que la droite bonapartiste ou populiste n'est que l'antichambre du fascisme... Etranges alibis!

Rémunératrice en termes de dividendes de pouvoir, cette stratégie serait néanmoins suicidaire. D'abord parce qu'une équation politique qui interdit l'alternance conduit à l'alternance dans la rue. Qui souhaite un Mai 1968 à rebours, avec un Front national qui n'aurait ni la retenue, ni les prudences du Parti communiste de l'époque? Ensuite parce qu'à long terme l'alternance finit toujours par advenir et que les 35 % de voix d'une droite dure, en apparence enfermée dans une impasse, finiront par se retrouver, un jour, 51 %. Certes, pour y parvenir, il lui faudra « draguer » plus au centre et nuancer son propos, mais l'ombre portée originelle se perpétue : veut-on une droite au pouvoir, aussi idéologiquement marquée par l'extrême droite que la gauche l'était, encore en 1981, par le parti communiste? Encore ces réminiscences-là se sont-elles fracassées sur les réalités économiques; les pulsions fascisantes ne buteront pas aussi rapidement sur les mouvements de la société civile. Et M. Giscard d'Estaing ne semble pas du bois dont on fait ces démiurges de la politique susceptibles, tel François Mitterrand, de transformer la faiblesse en force. Sans compter le talent de Jean-Marie Le Pen pour compliquer une tâche que la médiocrité des dirigeants communistes, elle, facilitait. Enfin, accepter une césure entre une France républicaine majoritaire et une France autoritaire minoritaire, c'est recréer des tensions aussi fortes qu'au temps de l'affaire Dreyfus. Dans un pays moderne, l'affrontement politique se manifeste à l'intérieur du même système de valeurs; il n'oppose pas deux systèmes de valeurs.

Aujourd'hui, les démocrates n'ont qu'un vœu à formuler : que la droite libérale retrouve de l'espace et de l'oxygène!

Cela ne viendra ni d'arrangements entre des appareils en voie d'effondrement, ni de traités entre des ambitions personnelles. En politique, il existe des lois physiques : les forces occupent l'espace qui leur est ouvert, comme des gaz un volume. De là un impératif démocratique : recréer cet espace. Et cela ne peut prendre qu'une seule voie : le retour au scrutin proportionnel, afin de briser la logique infernale des alliances de deuxième tour qui risque désormais de profiter à droite, au Front national. Etrange ruse de l'Histoire qui utiliserait, pour fermer la voie à l'extrême droite, le mode de scrutin, qui, dès 1984, lui a permis de s'affirmer. Revenir aujourd'hui à la proportionnelle, c'est certes accepter le Front national à son niveau actuel, mais c'est aussi casser la dynamique délétère qui le voit avaler, pan après pan, l'espace de la droite classique. C'est permettre, en un mot, à cette dernière de survivre. La proportionnelle est désormais le pire des modes de scrutin, à l'exception de tous les autres. Le rêve, longtemps caressé du scrutin majoritaire à un tour, modèle anglais, ne peut plus avoir cours : d'une incroyable brutalité pour laminer les extrêmes, il suppose un pays suffisamment apaisé pour accepter, au nom de l'efficacité, une règle aussi injuste. Avec la proportionnelle, la justice est évidente ; l'efficacité l'est certes moins, surtout si la gauche est, elle aussi, flanquée d'une aile écologiste. Mais à tout prendre, mieux vaut une relative instabilité gouvernementale avec la garantie d'un pouvoir présidentiel solide et, en contrepartie, la perspective d'une alternance normale avec une droite civilisée, qu'un exécutif en apparence puissant, mais en opposition frontale et existentielle avec une droite dure et extrême, lancée dans une conquête, à petits pas, des fatidiques 51 %. Aux hommes de gauche, actuellement au pouvoir, d'ouvrir un espace à la droite civilisée pour qu'un jour elle puisse les battre ! C'est leur paradoxal devoir.

La menace de collision

La société française a été prise de malaise dans un contexte exceptionnellement paisible. Elle vit plus difficilement la fin de la crise économique qu'elle n'en a supporté les moments les plus pénibles. Peut-être la contrainte exerçait-elle, à l'époque, une fonction de catharsis : la cure d'austérité se sera déroulée dans un climat de relative unanimité nationale. Après avoir triché, pendant dix ans, avec les faits, les Français se sont convertis au réalisme en dix-huit mois. Conscience collective d'avoir frôlé, en 1983, le précipice, puisqu'une éventuelle sortie du Système monétaire européen nous aurait fait déraper vers un déclin à l'anglaise ; vertu de la gauche au pouvoir obligée de reconnaître, voire d'encenser ce « dieu Profit » qu'elle avait voué, de toute éternité, aux gémonies ; montée de l'individualisme et, à travers lui, de sa forme d'expression la plus naturelle, le marché ; miracle de la sagesse nationale... Toujours est-il que les Français sont devenus plus raisonnables que les Allemands avant l'unification : moindres charges salariales ; moindres augmentations des salaires. Le succès a été au rendez-vous : rétablissement des équilibres ; redémarrage de la croissance ; augmentation du pouvoir d'achat ; préservation de la protection sociale. Les seuls qui auraient pu se plaindre, les chômeurs, sont justement ceux que l'on n'entend pas. Eux n'ont pourtant pas touché les dividendes de cette résurrection. Le chômage a à peine diminué et la croissance a montré que, si le chômage frictionnel voyait sa durée se réduire à quelques mois, le chômage de longue durée avait même tendance à s'allonger et le nombre des malheureux qui en relèvent à se maintenir, voire à augmenter. Ce nouveau lumpenprolétariat aurait lieu, lui, de se plaindre. Il ne se voit pas, ne se manifeste pas, ne pèse ni sur l'Etat, ni sur les corps constitués.

C'est l'immense classe moyenne qui éprouve, elle, du vague à l'âme, alors qu'elle a traversé la crise sans vrai dommage. Oublierait-on que depuis le premier choc pétrolier, son pouvoir d'achat s'est accru de plus de 20 % : étranges vaches maigres ! Réclamerait-elle des hausses de salaires, retrouverait-elle le chemin des grèves, exigerait-elle de meilleurs services publics après quelques années d'économies budgétaires, les choses sembleraient normales. Les gouvernants, politiques et patronat confondus, prétendraient que ces revendications viennent trop tôt; les mouvements sociaux se feraient plus pressants. Chacun serait dans son rôle et tout irait bien. Mais le paradoxe – et l'inquiétant – de la situation tient à la fois à la pérennité de la paix sociale et à l'existence d'un malaise collectif. En Grande-Bretagne, les salariés exigent et obtiennent des hausses massives de rémunération car Madame Thatcher s'avère, à voir les résultats, la plus keynésienne des chefs de gouvernement européens, abandonnant paradoxalement la palme du monétarisme – à en croire les experts du *Financial Times* – à François Mitterrand. En Allemagne, les syndicats réveillent les aspirations, jusqu'alors en sommeil, aux trente-cinq heures hebdomadaires et obtiennent satisfaction. En Espagne, les organisations d'obédience socialiste mettent fin au pacte de soutien qui les liait au gouvernement Gonzales et demandent leur juste part des fruits de la croissance. En Italie, le débat social démarre, comme il l'a toujours fait, par les organisations spontanéistes et ce sont elles, sous le nom poétique de « Cobras », qui ont établi le cahier des revendications. La classe moyenne, désormais convaincue qu'elle échappera au chômage, veut davantage d'argent et moins d'heures de travail : le retour à la normale ! Comment peut-on s'inquiéter de la sagesse des Français ? pensent d'aucuns. Nous l'avions si longtemps attendue... La revendication sociale, elle aussi, est normale : mieux vaut une pression sur les salaires, moins d'abstentions aux élections et un moindre score pour le Front national. Ce ne sont pas des vases communicants. Mais l'atonie de la société ne dit rien qui vaille. Ni revendications sociales; ni conflits aigus; ni débats collectifs. Le calme règne et sur cette toile de fond apaisée se multiplient les signes de régression. Jusqu'où le phénomène ira-t-il si la France est réellement secouée? Les risques de collision sont grands, entre cet état régressif et des sentiments d'inquiétude qui pourraient avoir pour noms Allemagne, Europe, Maghreb – et, pire, l'inconnu!

Jusqu'à présent, l'unité allemande a bouleversé les élites plus que la population. Celle-ci – à en croire les inévitables sondages – persiste dans ses convictions européennes et ses penchants amicaux à l'égard du voisin d'outre-Rhin; elle voit dans l'unité un symbole de paix, une contribution à la construction de l'Europe et l'accomplissement d'une aspiration légitime. Telle une image rétinienne qui se prolonge, l'Europe d'avant la chute du Mur se superpose, dans l'esprit des Français, à la nouvelle Allemagne. Ils n'ont aperçu ni l'éventuelle contradiction entre les deux phénomènes, ni les risques. En réalité, les Français n'ont pas encore intégré la nouvelle donne; ils n'ont pas compris ce que sait le monde entier : la France a perdu son statut de puissance dominante en Europe occidentale avec la fin de Yalta! Gare au réveil et au sentiment d'humiliation! Pour l'instant, la *diminutio capitis* est imperceptible pour le grand public : moindre présence dans le jeu diplomatique; poids affaibli dans cette partie de bonneteau hyperconceptuelle que représente l'équilibre européen. Cela ne fabrique ni les grands titres, ni les émotions collectives. Et l'Allemagne se fait intelligemment discrète. Mais attention au retour de bâton! L'opinion publique anglaise, alimentée il est vrai par une élite aussi ostensiblement germanophobe que les gouvernants français se veulent germanophiles, témoigne de ces versatilités collectives. Quelques maladresses allemandes, quelques pas un peu lourds du géant, un zeste d'arrogance économique – et le sentiment collectif risque de virer du tout au tout. Ce jour-là, il faudra aller paradoxalement à rebours d'une opinion publique hostile à l'Allemagne en lui rappelant quelques vérités sur le caractère exemplaire de la démocratie allemande. Mais une démocratie impériale provoque toujours des chocs en retour : il a fallu quelques années pour que les mêmes *marines* qui distribuaient en 1945 leurs réserves de chewing-gum suscitent des manifestations violentes sur le thème *Yankee go home*, et le sentiment d'aversion à leur égard débordait de beaucoup les cercles traditionnels de l'influence communiste. Il suffira de quelques maladresses – et les Allemands ne sont pas dépourvus, en la matière, d'aptitudes. La partie deviendra compliquée, ce jour-là, pour les autorités françaises qui devront expliquer que l'amitié franco-allemande demeure vive même si la relation entre les deux pays n'est plus exclusive et si la construction européenne change de nature. Message brouillé, diraient les gourous en communication... L'opinion, elle, n'y comprendra rien, croira qu'on lui cache la vérité et risquera de s'embarquer dans n'importe quel fantasme d'angoisse.

L'idée même de l'Europe peut, elle aussi, susciter un choc en retour. Jusqu'à présent, le mythe est tellement puissant qu'il a occulté les aspects les plus douloureux, y compris les restructurations industrielles imposées directement, dans leur rythme et leurs modalités, par Bruxelles. Sur l'autel de la construction européenne, les Français ont montré qu'ils étaient prêts à beaucoup sacrifier. D'abord, parce que ce super-Etat en gestation se mettait en place sous influence française. Ensuite, parce que l'idée même de Grand Marché qui, il y a quinze ans, aurait bouleversé les esprits de gauche, rime désormais avec croissance et productivité : la logomachie reaganienne a davantage triomphé de ce côté-ci de l'Atlantique que de l'autre. Enfin, grâce à la conviction que l'Europe nous aidait à nous moderniser et nous poussait plutôt dans le sens du progrès. Mais là aussi tout est réversible. A apparaître aussi allemande demain qu'elle semblait française hier, la Communauté perdra de ses charmes : nombre de contraintes donnaient l'impression d'être imposées par des Français à des Français, via Bruxelles; elles paraîtront plus lourdes lorsque l'opinion les assimilera, aussi abusivement qu'elle les francisait jusque-là, à des pressions allemandes. Les responsables politiques voient ce problème arriver : avec leur principe de « subsidiarité » – mot grand public s'il en est... ! – ils essaient d'anticiper sur ce sentiment collectif, au point de rechercher les domaines d'action que la Communauté pourrait restituer aux Etats-membres – le sempiternel exemple, entre autres, de la réglementation de la chasse. Mais l'impression de frustration risque de s'accroître le jour où les Français comprendront qu'ils appartiennent à la zone mark. C'est certes le cas depuis 1983, mais la rhétorique du Système monétaire européen a utilement camouflé cet état de fait. Un jour, ils découvriront la vérité et un mark rebaptisé écu ne suffira pas à les calmer. D'autant que les responsables économiques nationaux commencent à se dégager de leurs responsabilités en les rejetant sur Bruxelles et les réglementations communautaires. Ils font aujourd'hui semblant, par dignité, de fixer en pleine liberté les taux d'intérêt. Ne risque-t-on pas de voir un jour un ministre expliquer que les crédits à la consommation sont plus onéreux par la faute de Bruxelles, de la Bundesbank, ou de Berlin ? Cette crispation anticommunautaire n'est pas un danger nouveau : avant même l'unification allemande, les hommes politiques le prenaient en considération. Mais désormais, elle risque de se cumuler avec le fantasme de la surpuissance allemande. L'inquiétude est d'autant plus légitime que les secteurs d'activité soumis les derniers au Grand Marché sont évidemment ceux qui étaient, jusqu'à présent, corporatistes et fermés, et qui constituaient donc l'apanage d'agents économiques spontanément portés au poujadisme et au populisme. Les chauffeurs routiers ne supportent pas la brutalité de la concurrence économique avec le calme qu'ont pu montrer, dans les mêmes circonstances, les ouvriers sidérurgistes, habitués depuis des décennies aux licenciements et aux restructurations. Ce que le rapport Rueff-Armand a énoncé il y a une génération, le Grand Marché devrait finir par le réaliser : les victimes désignées correspondent trait pour trait au vivier classique des populations protestataires. Malheureuse coïncidence! A l'affût du moindre mécontentement, l'extrême droite entonne d'ailleurs à l'égard de cette clientèle hypothétique la même chanson que les communistes à l'occasion de la moindre restructuration industrielle. Ce n'est pas un embrasement anti-européen de l'opinion qui menace, mais une série de manifestations, d'incidents, d'insatisfactions qui auraient eu des difficultés à se coaguler en réaction au thème très conceptuel du Grand Marché; avec l'Europe allemande, c'est malheureusement plus facile. Et la contre-pédagogie ne sera pas aisée, qui butera sur le poids économique de l'Allemagne et l'impossibilité de nier cette évidence : le produit national allemand vaudra celui, additionné, de la France et de la Grande-Bretagne. C'est toutes proportions gardées, du côté du Canada dans son face-à-face avec les Etats-Unis que l'on peut aller chercher un parallèle : l'écart est certes infiniment plus grand mais les réactions populaires sont significatives, avec une étonnante schizophrénie entre l'adoption spontanée du modèle américain et une hostilité croissante à l'égard des Etats-Unis. Nous ne sommes pas devenus, Dieu merci! les Québécois d'une Europe allemande. Mais il est intéressant de voir comment, entre des démocraties libérales aux frontières ouvertes, les rapports de forces économiques peuvent bouleverser les esprits...

Des angoisses à venir, ni la crainte de l'Allemagne, ni le Grand Marché ne semblent néanmoins les plus redoutables. Le phénomène international le plus lourd de conséquences pour l'Hexagone se produit au Maghreb. Il l'est en soi; il l'est plus encore par son impact psychologique sur la société française. L'islamisation de l'Algérie paraît désormais probable, même si l'existence d'une opposition laïque et éclairée laisse peut-être ouverte à long terme une alternative. Mais dans un contexte marqué par les succès électoraux, le moralisme ambiant et l'emprise croissante des intégristes, les dés sont désormais jetés. La seule incertitude est de savoir jusqu'où ils rouleront. Jusqu'à un intégrisme pur et dur, modèle iranien des premières années, pratiquant le prosélytisme hors des frontières? Jusqu'à un régime théocratique, à forte connotation religieuse, sans vocation « internationale »? Jusqu'à un islamisme plus modéré en pratique qu'en paroles? Ces variantes n'auraient pas toutes les mêmes conséquences pour nous. Les plus dures nous promettent un flux massif de réfugiés politiques, les élites francophiles recherchant l'asile chez nous, et surtout créent le risque de voir le gouvernement algérien essayer de transférer la flamme islamiste à la communauté immigrée en France. Les plus douces seraient, pour la France, plus indolores – moindre arrivée de réfugiés, tensions réduites au sein de la communauté algérienne –, même si les relations avec Alger deviennent inévitablement difficiles. Nous risquons de porter, aux yeux des futurs dirigeants algériens, deux péchés : le plus ancien, classique, lié au passé colonisateur; le plus récent, les relations étroites que les gouvernements successifs ont entretenues depuis 1962 avec le FLN, vaudra à la France des reproches particulièrement aigres. Ce ne sera pas une situation confortable pour les pouvoirs publics français : l'importance de l'immigration algérienne en France et la crainte de provoquer une crispation raciste de l'opinion publique les obligeront sans doute à louvoyer et à parler moins durement qu'ils n'auraient pu être tentés de le faire. La vague islamique ne s'arrêtera pas aux frontières de l'Algérie. Comment évoluera la Tunisie dont tous les experts considèrent que, derrière la façade modérée et laïque, elle est déjà subvertie par l'islamisme? Ainsi, à l'Ecole polytechnique de Tunis, lieu s'il en est de la rationalité, 70 % des élèves seraient des intégristes. Quid du Maroc dans ce paysage? Les meilleurs spécialistes de ce pays complexe tiennent deux discours contradictoires. Les uns sont convaincus de la solidité de la monarchie compte tenu de sa mission religieuse et donc de la possibilité, pour le pays, de devenir une tête de pont de l'influence occidentale grâce aux aides américaine et française : il serait de la sorte vis-à-vis de l'Algérie, et dans un rapport plus équilibré, ce que le Koweït a longtemps représenté face à l'Iran de Khomeyni – exemple bizarre... Les autres pensent au contraire que, derrière sa fière allure, la monarchie chérifienne est un tigre de papier et qu'elle se décomposera au moindre souffle intégriste. Au moins, pour le Maroc, y a-t-il doute. Ce n'est le cas ni pour l'Algérie, ni pour la Tunisie, même si la situation peut s'avérer, à la longue, plus ou moins dramatique.

Si telle est l'évolution du Maghreb, c'est pour la France un événement majeur. Ne nous cachons pas la réalité, par peur de faire le jeu de l'extrême droite. Une telle politique de gribouille serait dévastatrice; elle décrédibiliserait, sur ces sujets brûlants, la classe politique. De là la nécessité d'un discours de vérité et de mesure et d'une pédagogie nuancée. Le pouvoir joue avec le feu; il le sait. A trop dramatiser, il risque de provoquer un mouvement irrésistible d'angoisse et de racisme; à trop dédramatiser, il se met en position d'être démenti chaque jour, et donc de susciter, par contrecoup, une réaction encore plus violente. Dans la hiérarchie des chocs internationaux et surtout dans leur calendrier, le sud de la Méditerranée est un problème immédiat; le rejet de l'idée européenne un risque au moment de l'achèvement du Grand Marché; le complexe obsidional à l'égard de l'Allemagne une interrogation pour la fin du siècle. La société française peut vivre mal cette succession d'événements, surtout si le pouvoir essaie de les occulter ou de les ignorer. Il faut expliquer, préparer, éduquer et non édulcorer ou éluder. D'où le danger de considérer les élections algériennes comme un non-événement, les excès de la bureaucratie bruxelloise comme le résultat de l'idiosyncrasie du seul M. Brittan, l'unité allemande comme un épiphénomène à l'instar du rattachement, un jour, de Gibraltar à l'Espagne.

En réalité, le vrai risque pour l'équilibre psychologique de la société française, c'est le sentiment de l'inconnu. Elle s'était adaptée, depuis la guerre et la décolonisation, à un ordre stable. La menace soviétique, aux pires moments du brejnévisme, a toujours été ressentie moins dramatiquement qu'ailleurs : certitude psychologique née de la détention de la force de frappe ou résultat de l'agitation diplomatique gaulliste qui a suscité l'impression d'une position atypique... Toujours est-il que les Français étaient devenus indifférents aux événements internationaux : les journalistes le vivent chaque semaine, qui savent qu'une manchette « étrangère » coûte des ventes. Le monde va faire irruption dans leur univers mental : non plus par le spectacle de guerres qui, tels les conflits israélo-arabes ou les affrontements libanais, les émouvaient sans les inquiéter, mais à travers des réalités quasi charnelles et immédiates : Maghreb, Europe, Allemagne, sans compter les possibles guerres intestines en Europe du côté des Balkans ou du monde danubien, et les soubresauts du Moyen-Orient dans lesquels l'Occident sera directement impliqué. Dommage que ces perturbations touchent une société en plein malaise ! Elles peuvent cristalliser pulsions, angoisses, incertitudes. Celles-ci avaient trouvé jusqu'à présent un dérivatif : l'immigration. Si le désordre international s'y substituait, ce serait peut-être un mal pour un bien. Mais le fantasme interne, l'immigration et le sentiment brutal de pressions externes risquent, en vertu d'une loi bien connue en sociologie, de se cumuler. Ce n'est pas une certitude, mais il faut s'y préparer pour mieux la circonscrire, le cas échéant, face à une société d'ores et déjà inquiétante. Cela suppose d'avoir pris la mesure de ce dérivatif que constitue, semble-t-il, l'immigration.

CHAPITRE V

L'immigration : un dérivatif? [1]

Plus les Français sont affolés par l'immigration, moins ils connaissent la réalité du phénomène. Dans ce pays qui a la passion des chiffres, où l'humeur collective est mesurée à la décimale près, dont les sondages dressent d'heure en heure le portrait psychologique, l'immigration est un mystère pour la connaissance statistique et sociologique. Les données globales sont rares, la population immigrée à peine cernée, les flux financiers difficilement calculés. D'autant que le degré d'insertion des immigrés dans la société française échappe à toute appréciation chiffrée ou qualitative : on peut plaider, en l'état actuel du dossier, tout et son contraire. Quant aux perspectives, elles sont hors de l'épure. Ni les flux probables en provenance du Sud ou de l'Est, ni l'effet des différences de niveau de vie, ni les structures démographiques des pays d'émigration ne font l'objet de recherches approfondies. La sociologie de l'immigration est balbutiante. A côté des milliers de travaux consacrés à l'administration, aux entreprises, au monde rural, elle fait figure de parent pauvre. La culture des abeilles nous est plus familière; les mœurs familiales des tribus Boro-Boro aussi. Aucun phénomène de société n'est méconnu à ce point. A ce degré-là l'ignorance devient trou-

1. Les chapitres 5 et 6 partent d'un travail de documentation que Hélène Fontanaud et Frédérique Matonti ont bien voulu réaliser en vue de ce livre. Les données reprises ici ne représentent qu'une modeste fraction des chiffres et analyses qu'elles ont traités. J'espère qu'elles publieront l'intégralité de ce travail qui fera litière de maintes idées reçues.

blante. En l'absence de données aisément disponibles – il faut un travail de bénédictin pour répondre aux questions les plus simples –, tous les discours sont possibles. Les fantasmes et les phobies se sont toujours nourris de l'ignorance collective : à ce point, c'est stupéfiant ! Il faudrait presque renverser la théorie du complot si chère à Le Pen et prétendre que la méconnaissance est voulue... afin d'ouvrir un espace à la peur. La situation est étrange. Pourquoi les pouvoirs publics, toujours sur la défensive dans le domaine de l'immigration, ne concentrent-ils pas leur action en priorité sur la maîtrise chiffrée et sociologique du phénomène ? En auraient-ils peur ? Ils seraient, dans ce cas, les premières victimes de l'intoxication collective. Or, à baliser le champ avec les instruments d'une connaissance artisanale, on découvre vite combien la réalité s'éloigne du mythe. Pourquoi l'information résulte-t-elle de travaux épars de « free-lances », et non d'enquêtes lourdes de l'INSEE ? Pourquoi des scénarios ne sont-ils pas élaborés pour l'avenir, avec plusieurs hypothèses sur l'environnement mondial ? Pourquoi le Welfare State n'établit-il pas un bilan détaillé cotisations/prestations pour les immigrés, comme il le fait pour telle ou telle catégorie sociale ? Pourquoi les universités consacrent-elles à ce sujet si peu de thèses, alors qu'elles balaient le champ du savoir, de la culture des tribus Bamiléké jusqu'à l'analyse la plus fine de la vie quotidienne des chauffeurs routiers de l'Aveyron ? Pourquoi le système scolaire, les organismes de logement, les caisses de retraite disposent-ils d'aussi peu de données sur leur clientèle immigrée ? Les légalistes répondront que discriminer tel ou tel usager d'un service public, fût-ce à des fins de connaissance statistique, est inconstitutionnel. Sans doute, mais alors quel paradoxal silence ! L'ignorance alimente la xénophobie, mais la connaissance serait interdite, parce que discriminatoire ! Au stade d'angoisse collective atteint par la société française, une perception fine du phénomène ne constituerait peut-être plus un antidote. Mais la méconnaissance aggrave, elle, l'anxiété. Elle rend possibles les affirmations les plus folles, les projections les moins réfléchies. Ce ne sont pas les défenseurs des valeurs républicaines qui gagnent à ce no man's land du savoir, mais bien évidemment les apprentis sorciers. L'immigration est une énigme. Enigme pour la connaissance; énigme psychologique; énigme politique. A y regarder de plus près, disparaissent la plupart des illusions qui alimentent l'inquiétude collective. Restent trois réalités : l'immigration va augmenter dans les prochaines années et les hommes politiques de tout bord, qui prétendent de conserve la stabiliser, se préparent un sérieux choc en retour; la population immigrée représente le lumpenprolétariat du lumpenprolétariat, de sorte que les phénomènes d'exclusion sont encore plus durs à son égard; le seuil de tolérance n'existe pas au niveau national, mais se sont formés des ghettos de type américain, véritables enclaves dans la société, qui provoquent d'inévitables réactions de rejet dans leur environnement. Entre ces faits-là et la folie collective, l'écart est grand. Serait-ce la preuve que l'immigration représente moins un problème pour la population qu'un dérivatif au malaise de la société française?

Première illusion :
La croissance sans frein de l'immigration

Pour les journaux, même les moins mal intentionnés à l'égard de l'immigration, le nombre des immigrés est de 4,5 millions et à condition d'ajouter – sans rien en savoir – une bonne dose de clandestins, nous voilà à 5 millions ou plus! Et le débat social s'instaure à partir de ces chiffres. Incroyable erreur collective! Le ministère de l'Intérieur a délivré environ 4,5 millions de titres de séjour, mais ceux-ci ne sont pas utilisés à plein. Le recensement physique – la présence sur le sol français – donnait 3,68 millions d'immigrés à l'occasion du recensement national de 1982 et la mise à jour régulière de ce chiffre par l'INED aboutit à 3,75 millions en 1986. Encore faudrait-il réduire ce chiffre de 240 000 Franco-Algériens en 1982 et 290 000 en 1986, c'est-à-dire des jeunes nés en France d'au moins un parent algérien et qui, bien que Français de naissance, ont été déclarés Algériens lors du recensement. Soit 3,5 millions d'immigrés, avant les chiffres du recensement de 1989! C'est, il est vrai, un nombre qui prête moins au fantasme que 5 ou 6 millions!

Autre découverte, pour qui regarde les chiffres : l'incroyable écart entre le tohu-bohu autour de certains sujets – droit d'asile, acquisition automatique de la nationalité à la majorité – et le nombre modeste d'immigrés concernés. Ainsi de ces dizaines de milliers de faux réfugiés politiques qui se glisseraient subrepticement en France! Les demandes d'asile sont en réalité passées de 22 000 en 1983 à 34 000 en 1988, mais avec un taux de rejet qui augmentait de 30 % à 65 %, de sorte que seuls 10 à 15 000 personnes ont bénéficié de l'asile; le nombre des demandes s'est certes massivement accru en 1989 : 60 000 candidatures, mais tout laisse penser que la proportion de rejets n'a pas diminué. Nous ne sommes pas en face d'une invasion massive qui utiliserait abusivement la générosité politique de la France. Quant aux enfants nés de parents étrangers qui acquièrent automatiquement la nationalité française à leur majorité, ils sont 25 000 par an, dont 10 % ne saisissent pas cette possibilité. Que de discussions autour de ces quelques milliers de jeunes! Que n'a-t-on entendu? La nécessité d'instaurer un serment en hommage aux valeurs de la République, une cérémonie au drapeau, un acte symbolique? Chacun s'est penché sur cette question comme si elle mettait en jeu la philosophie même de la citoyenneté française. Au nombre de lignes consacrées à ce sujet et à la violence des altercations, on aurait pu penser être en face de dizaines de milliers ou plus probablement d'une centaine de milliers de cas annuels. Il s'agit de 22 000 jeunes...

A isoler de manière générale l'immigration d'un cordon sanitaire psychologique, on oublie à quel point elle fait corps avec la société française. En 1880, vivaient déjà en France 1,1 million d'immigrés; ils étaient 2,7 millions en 1931, 3,6 millions en 1982, c'est-à-dire qu'ils représentaient, il y a soixante ans, le même pourcentage de la population totale qu'aujourd'hui, de l'ordre de 6,5 %. Ils ont toujours cohabité avec un nombre important de Français venant d'acquérir la nationalité française : 220 000 en 1901 ; 1,4 million en 1982. Rien de plus logique : les calculs prouvent que sur un siècle 1 Français sur 5 (11 millions sur 55) est d'origine étrangère. Le creuset fonctionne et la société n'est pas coupée en deux, comme le voudrait Jean-Marie Le Pen, entre les Français de vieille souche et les immigrés marqués au fer rouge... Ce melting-pot est accentué par la natalité plus forte des immigrés, même si, sous l'influence du mode de vie occidental, la fécondité est tombée chez les femmes immigrées, entre 1968 et 1985, de 4,01 à 3,19 alors qu'elle baissait chez les Françaises pendant la même période de 2,5 à 1,84. Sans cet apport supplémentaire de naissances qui accroît le nombre des Français, la France aurait connu un affaissement démographique, à l'instar de la République fédérale et des pays nordiques. Sans doute l'absence, heureuse, de frontière nette entre les populations française et immigrée joue-t-elle un rôle dans le flou statistique : les notions s'enchevêtrent, les données se superposent. 100 000 à 120 000 étrangers ou enfants d'étrangers obtiennent chaque année, à la naissance, à la majorité ou par naturalisation, la nationalité française. Cela correspond peu ou prou aux arrivées annuelles – travailleurs permanents, réfugiés, familles de travailleurs saisonniers. D'où la stabilité du nombre total d'immigrés. Mais les chiffres demeurent bien inférieurs à ce que l'agitation politique pourrait faire croire. La population immigrée est plus réduite que d'aucuns le prétendent ; elle ne croît guère et contribue, comme elle le fait depuis un siècle, à la régénération de la démographie française.

Ce qui est vrai aujourd'hui ne le sera peut-être pas demain. Les gouvernements successifs affirment, coups de menton à l'appui, que, croix de bois, croix de fer, l'immigration n'augmentera plus en France. Au lieu de tenir cette ligne-là, ils auraient mieux fait de consacrer leur énergie à une pédagogie de l'immigration telle qu'elle se présente : la ramener à ses vraies dimensions, recadrer les abcès de fixation, montrer qu'elle fait corps avec la population française à laquelle, par mille et un canaux juridiques, elle se mêle. Car, pour l'avenir, les perspectives sont claires. Avec une population constituée en l'an 2000 par près de 50 % de jeunes, les pays du Maghreb sont condamnés à connaître une émigration continue, comme en leur temps, l'Italie ou l'Espagne. Sans compter les nations d'Afrique noire dont les habitants seront poussés par la misère à s'expatrier. Et sans intégrer l'effet des bouleversements européens sur les flux d'immigration, c'est-à-dire un exode massif de l'Est de l'Europe vers l'Ouest, d'abord vers l'Allemagne, ainsi que le déplacement, à terme, des immigrants, tels les Turcs qui avaient jusque-là pour destination la République fédérale, vers les pays du sud de la Communauté européenne. Nous allons vivre un grand charivari dans les circuits et les flux de travailleurs étrangers. Ajoutons à ces mouvements l'effet répulsif qu'aura, sur certaines catégories de la population, la présence probable de gouvernements intégristes à Alger, à Tunis, ou ailleurs. Prétendre, dans ce contexte, bloquer l'immigration est aussi peu crédible que le serait l'annonce, par les Etats-Unis, de la fermeture de leur frontière avec le Mexique. Il suffit d'une visite dans le sud de la Californie ou du Texas, régions qui se sont plus hispanisées qu'elles n'ont américanisé les Hispaniques... L'immigration va augmenter : autant s'y préparer et y préparer les Français, au lieu de les laisser fantasmer à partir d'une situation aujourd'hui moins critique qu'ils ne veulent le croire. L'Europe de demain vivra à la fois le retour des nations et la multiplication, en tous sens, des flux d'immigration, cocktail explosif s'il en est. Que pèse, auprès de cette réalité-là, la question du serment au drapeau des

22 000 jeunes qui acquièrent automatiquement à dix-huit ans la nationalité française? Aujourd'hui – c'est un paradoxe – tout est facile; demain, les difficultés commenceront.

Deuxième illusion : La pression des clandestins

A défaut de pouvoir démontrer l'irrésistible accroissement de l'immigration – les chiffres ne peuvent pas mentir à l'excès –, les fabricants d'angoisse collective se crispent sur les immigrés clandestins : leur nombre incommensurable, les emplois qu'ils prennent aux Français, leurs comportements asociaux et tutti quanti. Le pouvoir adhère à ce discours, avec évidemment un langage plus modéré, s'engageant à la fois à combattre l'immigration clandestine et le travail au noir qui lui sert de ballon d'oxygène. Sur le premier point, l'action est réelle : depuis la régularisation en 1981 des 130 000 actifs « sans papiers » – geste dont la gauche ne devinait pas, à l'époque, l'exorbitant poids politique –, la répression s'est voulue aussi sévère que possible. Le débat sur les modalités de l'expulsion, administrative pour la droite, judiciaire pour la gauche, ne change rien à la réalité : une lutte constante, même si elle s'apparente au travail de Sisyphe, contre les infiltrations aux frontières. C'est une action inlassable et délicate car, sauf à entourer son territoire de miradors et de barbelés, un Etat démocratique est en fait assez désarmé : le Rideau de fer a été détruit; les démocraties ne vont pas à leur tour le réinventer. Mais l'opération de régularisation de 1981 a eu aussi un mérite. Elle a permis de mesurer le « stock » de clandestins. Après une décennie de relatif laisser-aller, ils étaient 130 000, soit 4 % de la population immigrée et 0,2 % des habitants de la France : ces chiffres infinitésimaux ne sont pas à la mesure du mythe de la clandestinité tel qu'il s'est désormais imposé dans la mentalité collective. C'est, une fois de plus, une incroyable leçon de sociologie pratique de mesurer, de la sorte, l'écart entre la réalité d'un phénomène et l'angoisse qu'il peut faire naître. L'immigration mériterait d'être mieux connue. La paranoïa qu'elle suscite, aussi... Toujours est-il qu'aujourd'hui, le nombre des clandestins ne doit pas être très supérieur à ce qu'il était en 1981 : le stock s'est sans doute reconstitué; s'est-il, sur fond de xénophobie et d'action administrative, beaucoup accru? On peut en douter. Que ceux qui parlent de millions de clandestins le démontrent, au moins par quelques indices! Et pourquoi pas 10 millions de clandestins?

Le bât blesse ailleurs : la société française condamne en théorie le travail noir, mais s'en accommode fort bien. Or travail noir égale immigration clandestine : l'équation est presque redondante. L'économie souterraine a constitué une indispensable soupape au choc de la crise; elle a atténué la violence des restructurations; elle a accompagné le réflexe de survie de certaines régions; elle a permis à la France de tolérer sans explosion 2,5 millions de chômeurs, alors qu'à 500 000 le président Pompidou avait prédit le drame. Mais elle déborde de beaucoup l'immigration clandestine; si elle correspond en Italie à 25 % du produit national, peut-être en représente-t-elle 10 % en France alors que les clandestins ne doivent certainement pas atteindre 200 000. Son fonctionnement suscite une immigration qui fournit le lumpen-prolétariat nécessaire au bon fonctionnement de maints secteurs d'activité : bâtiment, travaux publics, textile, agriculture, tourisme. Combien d'entreprises seraient-elles menacées si d'un coup de baguette magique « le noir » disparaissait? Le rapport Jollès, réalisé à la demande du ministère de l'Industrie, sur le textile, est le plus bel hommage rendu à une économie clandestine, où « l'exploitation de l'homme par l'homme » va de pair avec la créativité et le sens du marketing. On trouve certes, dans cette zone opaque de la société, de vrais négriers, des trafiquants de main-d'œuvre, mais aussi des entrepreneurs plus convenables qui ont trouvé là le moyen, pourrait-on dire, de réduire *proprio motu* leurs charges sociales... Les *bresciani*, ces entreprises sidérurgiques italiennes à la lisière de la légalité, sont apparus, aux pires moments de la crise, comme le témoignage de la flexibilité de nos sociétés et de leur capacité d'adaptation; le « blanchiment » du travail noir, c'est-à-dire la défiscalisation de certaines tâches, est depuis quelques années à l'ordre du jour; les industriels qui devaient licencier en milieu rural se sont toujours félicités des facilités que leur offrait un mode de vie faisant une large part à l'économie souterraine. La société chante à la fois « marchons, marchons » pour combattre le travail noir, et, au fond d'elle-même, s'en félicite. Qu'elle ne s'étonne donc pas de la persistance d'une immigration clandestine! Ce ne sont pas des sanctions pour les infractions relatives aux conditions de séjour qui feront cesser un tel phénomène de société. Celles-ci ne semblent d'ailleurs pas inefficaces, puisque l'immigration clandestine touche, sans doute, moins de 1 % de la population française, malgré le formidable appel d'air d'une économie souterraine en pleine prospérité.

Peu nombreux, ces immigrés seraient-ils de dangereux asociaux? Peut-on trouver de la sorte un fondement au fantasme collectif? Non évidemment, puisque les clandestins sont à la merci du moindre contrôle de police. C'est une population anxieuse, peureuse, qui n'a qu'un objectif : se fondre dans le paysage, disparaître, se faire oublier. Elle ne se compare en rien, sur ce plan-là, avec les immigrés légaux qui vivent différemment leurs difficultés quotidiennes. Les clandestins? Nul ne les voit; nul ne les connaît; nul ne voisine avec eux. C'est une de ces microcollectivités invisibles et souterraines telles que notre société en fabrique, à la lisière de l'exclusion et de la misère. En réalité, de même que l'immigration est un dérivatif au mal-être français, l'immigration clandestine constitue un alibi pour les gouvernements : à centrer leur énergie sur un épiphénomène, ils espèrent de la sorte dériver l'agressivité collective vers le vide. Au fond, toutes proportions gardées et toutes précautions prises, la paranoïa à l'égard des immigrés clandestins ressemble à l'antisémitisme actuel des Polonais : transformer une non-population – combien y a-t-il encore de juifs en Pologne ? – en bouc émissaire.

Troisième illusion : La ponction sur le marché du travail

C'est évidemment le leitmotiv populiste traditionnel en période de crise économique. En 1935, les Belges et les Italiens enlevaient le pain de la bouche des Français... Place en 1980 aux Maghrébins et aux Noirs ! Le discours est rodé : 4,5 millions d'immigrés, 2,5 millions de chômeurs ; ne sont-ce pas là des vases communicants ? C'est oublier mille et une réalités. La population active étrangère qui n'était en 1982 que de 1,5 million, soit 6,6 % de la population active totale, en proportion identique de celle des immigrés dans la société française : un signe de banalisation de plus ! La diminution de la population active ayant un emploi qui a atteint 11 % chez les étrangers, alors que l'augmentation a été de 3,5 % chez les Français : ce sont ces derniers qui récupèrent des emplois, et non les immigrés. Le fait que le chômage entre 1975 et 1982, a été multiplié par 3 chez les étrangers, contre 2,5 chez les Français : qui a payé le plus lourd tribut à la crise ? L'incroyable écart dans les taux de chômage des diverses communautés : en mettant à part les Espagnols (10,7 %), les Italiens (9,1 %), les Portugais (7,5 %), très proches des Français (8,3 %) d'après les chiffres du recensement de 1982, que trouve-t-on ? 15 % de chômeurs parmi les Turcs et les Marocains ; 18 % chez les Tunisiens ; 22 % chez les Algériens. Qui a en définitive le plus souffert de la crise : Européens ou Maghrébins ? La durée du chômage, désormais la même pour tous : 346 jours en 1987, même chiffre, à la journée près, pour les Français et les étrangers, ce qui fait litière du vieil argument qui, à partir d'une durée plus courte autrefois chez les immigrés, voulait montrer leur plus grande disponibilité vis-à-vis des employeurs et donc leur imputer une pression à la baisse sur les conditions d'embauche. Le poids supporté par les immigrés lors des grandes restructurations industrielles des années quatre-vingt : surreprésentés dans les entreprises classiques de main-d'œuvre, automobile en particulier, ils ont subi de plein fouet le choc de la crise. Ne trouve-t-on pas un étranger sur trois occupant un emploi non qualifié, à comparer à un Français sur dix?

La population immigrée a, chiffres à l'appui, payé plus que son dû à la crise économique; elle ne s'est pas substituée aux Français dans des emplois de plus en plus rares. De même va-t-elle moins profiter aujourd'hui du retour de la croissance. Celle-ci offre des emplois de plus en plus qualifiés, en particulier dans le tertiaire, pour lesquels les étrangers sont les plus démunis. Ils risquent de la sorte d'être condamnés aux travaux industriels les plus pénibles et les plus mal payés : les Français les leur laissent volontiers. Ils n'ont pris la place de personne : ni aujourd'hui, ni hier. Aussi convient-il de récuser le discours faussement humaniste qui prétend ne pas vouloir expulser les immigrés par reconnaissance pour les services rendus, du temps où ils ont comblé l'insuffisance de la main-d'œuvre française, en acceptant les tâches qu'elle-même refusait. Aborder ce thème-là, c'est accepter implicitement que, devoir moral mis à part, des travailleurs français pourraient désormais reprendre l'essentiel des postes tenus par les immigrés. La morale n'a rien à faire avec ce dossier : et pour une fois tant mieux! Reconnaissance ou non, les immigrés ne peuvent être remplacés; ils sont insubstituables : cela va aussi à rebours du sentiment dominant que deux populations, l'une étrangère, l'autre française, cohabitent et que les emplois peuvent passer de l'une à l'autre. Il en va du marché du travail comme de la démographie : nous devons réfuter une idée fausse.

Quatrième illusion : La rançon sur l'Etat providence

Voilà une autre antienne devenue classique! La droite démocratique l'a, depuis longtemps, adoptée. Dans ses propos, puisque Jacques Chirac va répétant que le libre accès des immigrés aux prestations sociales constitue un appel d'air pour l'immigration clandestine. Dans sa pratique : la Ville de Paris a, par exemple, réservé son allocation de troisième enfant aux seuls Français, tandis qu'elle se gardait bien d'en interdire l'accès aux titulaires de hauts revenus; cette décision, attaquée à l'époque par le gouvernement Fabius, avait été déclarée illégale par le Conseil d'Etat, mais l'intention, elle, demeurait. Le débat est, de ce fait, plus théorique que réel : tout permet de penser qu'une loi, limitant l'accès des immigrés à la Sécurité sociale serait déclarée inconstitutionnelle par le Conseil constitutionnel. Mais si peu suivie d'effet soit-elle, la discussion sur le thème tourne autour d'arrière-pensées du genre : ils nous volent nos prestations, comme ils nous volent nos emplois... En réalité, les données sont encore plus lacunaires sur ce sujet que sur bien d'autres. D'après la seule étude jamais réalisée en 1984, les immigrés cotisaient plus, à l'époque, aux risques vieillesse et maladie qu'ils ne recevaient, alors qu'ils avaient un coût supérieur à celui des Français en matière de prestations familiales, chômage, accidents du travail et aide sociale. Ce sont d'ailleurs des évidences : population plus jeune à forte natalité, ils consomment davantage d'allocations familiales que la moyenne et tirent moins sur les retraites; peu familiers du mode de vie occidental, ils recourent moins aux soins sanitaires; appartenant au lumpenprolétariat, ils sont plus exposés aux accidents du travail.

La balance globale est peu claire. Mais de toute façon il faudrait mettre en regard des allocations familiales supplémentaires le concours que les immigrés apportent à la démographie française. Ces prestations ont pour finalité, depuis leur instauration, non d'assurer une redistribution des revenus, mais de favoriser la natalité. Sans doute ont-elles, chez les immigrés, le meilleur rendement : point majeur s'il en est, sauf pour ceux qui refusent l'apport de l'immigration à la démographie française, et qui rêvent de substituer une citoyenneté du sang à la citoyenneté du sol. Autre lieu commun : les prestations ne servent à rien, puisqu'elles sont souvent versées dans le pays d'origine. Les choses sont évidemment plus complexes : les étrangers dont la famille réside dans le pays d'origine ne peuvent bénéficier des prestations sociales que s'il existe une convention bilatérale entre la France et ce pays. Encore ne portent-elles, dans ce cas-là, que sur une faible partie de la couverture sociale à laquelle l'étranger aurait droit avec sa famille en France, la différence alimentant le Fonds d'action sanitaire et sociale de la Sécurité sociale. Il existe enfin des prestations pour lesquelles la loi tolère des discriminations fondées sur la nationalité, dès lors qu'elles sont financées en quasi-totalité par la fiscalité et qu'elles expriment une solidarité nationale. Ainsi revient-on à la philosophie originelle et théorique de l'Etat providence : pour les « prestations contributives » on retrouve le vieux principe d'égalité qui vaut entre Français et immigrés, jeunes et vieux, pauvres et riches; pour les « prestations non contributives », liées à l'état du bénéficiaire, la loi peut en restreindre le champ d'application : aux pauvres à des fins de redistribution; aux seuls Français pour des raisons d'identité nationale. Légale peut-être, la mesure est injuste puisque les immigrés paient leurs impôts et qu'ils acquièrent, de la sorte, un droit moral à bénéficier des prestations sociales qu'ils contribuent à financer. L'équité exigerait de faire exactement l'inverse de ce que réclamait Jacques Chirac et d'ouvrir ces prestations aux immigrés, quitte à assortir leur octroi d'une condition de durée de présence sur le territoire.

Une fois de plus, la matière est bien plus complexe que ne le laissent entendre les discours politiques. Les immigrés n'exercent pas une ponction sur l'Etat providence comme le prétend la droite ; ils ne sont pas non plus rançonnés au profit des autres salariés, comme le proclame l'imagerie d'Epinal de l'extrême gauche. Un peu de clarté chiffrée, venant de sources officielles, ne serait pas de trop : les seuls travaux disponibles ont été faits de bric et de broc, sur cette immense question, par des chercheurs individuels, comme si la puissance publique cultivait délibérément l'opacité : par habitude bureaucratique ; par peur des résultats ; par crainte politique ?

Cinquième illusion :
Le détournement du système scolaire

L'école sert, elle aussi, de prétexte au discours anti-immigrés avec des affirmations telles que « les immigrés sont à l'origine de la baisse du niveau ; ils sont la cause de la dégradation du système scolaire ; ils font éclater le modèle pédagogique traditionnel ». Le sujet est évidemment, là aussi, complexe et interdit les généralisations de ce style autant que les affirmations naïves et gauchisantes qui nient toute difficulté. Le nombre d'élèves étrangers, effet naturel de la natalité élevée des immigrés, est important – un peu plus d'un million – et n'a cessé de croître, alors que celui des élèves français baissait légèrement. Mais fait à lui seul parlant, la répartition n'est pas homogène dans le premier et le second degré, avec évidemment davantage d'élèves étrangers dans le primaire. La distinction principale est en réalité géographique, et on approche par ce côté-là la quintessence du phénomène : il n'y a pas de question immigrée ; il y a le problème social du lumpenprolétariat et le drame des ghettos à l'américaine.

En effet, pour ce qui est des élèves étrangers, par rapport à une moyenne nationale de 11,10 %, dans le premier degré, ils atteignent 29 % en Seine-Saint-Denis, 23 % dans les Hauts-de-Seine, 23 % dans le Rhône, avec, dans certaines zones, des écoles recevant 80 % d'enfants immigrés! Le poids des élèves étrangers diffère non seulement suivant les régions, mais aussi suivant les filières. La machine sociale à sélectionner, chère à Bourdieu, fonctionne avec sa plus grande efficacité vis-à-vis des étrangers. Non seulement ils sont assez largement éliminés des filières nobles, mais les sections d'éducation spécialisée, destinées à des enfants souffrant de légers handicaps intellectuels, accueillent par gros bataillons des élèves étrangers qui ne rencontrent que des difficultés linguistiques : ainsi représentent-ils plus de 17 % des effectifs de ces sections. Rien ne justifie, de même, l'orientation massive de ces enfants immigrés en fin de cinquième vers les lycées d'enseignement professionnel. A l'autre extrême du cursus, le phénomène inverse joue : seulement 3,8 % d'élèves étrangers dans le deuxième cycle long contre 7,1 % de scolarisés dans l'enseignement public du second degré. Dans une approche à la Bourdieu, ce résultat n'est évidemment pas une surprise mais il ne démontre pas, à ce stade-là, qu'à niveau social équivalent les élèves étrangers sont défavorisés par rapport à leurs condisciples français. Il existe, à y regarder de plus près, un facteur d'aggravation relatif : ainsi 25 % des enfants d'ouvriers étrangers non qualifiés redoublent-ils le cours préparatoire contre 19 % pour les Français du même milieu; 17 % pour les enfants d'ouvriers étrangers qualifiés contre 13 % pour les Français; dans le même esprit, on peut noter que pour 1 000 Français entrés en sixième, 350 parviennent en terminale, contre 210 pour les étrangers et qu'à l'intérieur des catégories socioprofessionnelles défavorisées, les étrangers nés hors de France font moins bien – d'environ 20 % – que les Français, ceux-ci étant légèrement dépassés, en revanche, par les étrangers nés en France. De là un diagnostic général : les enfants étrangers scolarisés en France se caractérisent moins par leur nationalité que par leur statut familial et social qui les distingue largement de leurs camarades français. Avec quelques variantes, en fonction des nationalités : ainsi les Portugais, pourtant mieux intégrés, sont moins présents que les Algériens dans le deuxième cycle long, parce que leurs familles valorisent davantage les études courtes, alors que les familles algériennes, marquées par le modèle culturel français, souhaitent une longue scolarité à la française... ; ainsi les enfants du Sud-Est asiatique connaissent-ils, indépendamment du milieu d'origine, une remarquable réussite scolaire... Mais une vérité cardinale ressort de ce bilan : l'insertion scolaire des immigrés est à l'image de celle de l'ensemble des enfants de milieux défavorisés, avec un zeste de difficultés en plus.

Sixième illusion : L'échec de l'intégration sur deux générations

Les problèmes scolaires des jeunes immigrés sont souvent à l'origine de la conviction que l'intégration à la française sur deux générations ne fonctionne pas aujourd'hui pour eux, à la différence des enfants d'Italiens, de Républicains espagnols ou de juifs polonais il y a trente ans. De là la crainte de voir ces jeunes se marginaliser et devenir une population à risque : insatisfaite, mécontente, revancharde. Et dans le droit fil de cette conviction, il semble évident d'imputer à l'islam ces difficultés que connaissent dans une moindre mesure les enfants étrangers catholiques ou juifs. La réalité est, une fois de plus, nuancée.

Analysée au moment du service militaire, ce point de passage obligé du creuset français, elle est préoccupante. Comme l'a montré un rapport remis en juillet dernier à Jean-Pierre Chevènement, un quart seulement des jeunes beurs en âge d'effectuer leurs obligations militaires s'en acquittent réellement (5 200 sur 20 000), 5 000 préfèrent le faire en Algérie et les autres bénéficient des classiques dispenses, exemptions et réformes en tout genre. Sur le quart qui s'inscrit pour effectuer le service sous le drapeau algérien, nombre d'entre eux le font pour en retarder le moment, car l'âge de la majorité est encore de 21 ans en Algérie. Il serait absurde d'inférer de ce chiffre que ces 4 500 jeunes Français émettent, de la sorte, un vote de défiance à l'égard de la France ou perpétuent, par un geste symbolique, le combat de leurs pères contre les soldats français : l'acte idéologique est sans doute l'apanage d'une très faible minorité. Le vrai problème n'est pas là. Il tient au fait que l'armée hérite de jeunes inadaptés et qu'au lieu de corriger, au moins en partie, cette situation, elle risque de l'aggraver. Les beurs arrivent avec un « niveau général » – comme disent les militaires – faible, qui tient moins à leur origine qu'au milieu défavorisé dont ils sont issus : aussi sont-ils, à 95 %, soldats de deuxième classe, rarement gradés, ce qui les conduit à occuper les postes les plus subalternes; aucun beur n'est arrivé au grade d'aspirant en 1989. Face à cette population, l'encadrement militaire se durcit et impute à l'origine immigrée ce qui relève plus banalement de l'exclusion sociale. Il en résulte des comportements – où doit jouer, à l'évidence, le poids du passé – qui risquent de faire, à la fin du service, des jeunes bidasses beurs les révoltés qu'ils n'étaient pas au départ. Prendre des paumés et les transformer en révoltés, telle n'est pas la fonction traditionnelle de l'armée...

La mesure de l'insertion des jeunes immigrés tend plus généralement à montrer que l'ascension sociale sur deux générations devient de plus en plus difficile pour les pauvres et les exclus, et parmi eux, spécialement pour ces pauvres des pauvres que représentent les enfants étrangers. Ce ne sont pas les immigrés qui sont en cause, mais l'efficacité désormais décroissante du modèle français. Ainsi, en 1984, 25 % des Français de moins de 24 ans étaient au chômage, 30 % des étrangers, avec des différences massives de communauté à communauté, puisque le pourcentage des jeunes Algériens sans emploi est deux fois et demi plus élevé que celui des Portugais. De même, 14 % des Français qui sortent de l'école au niveau de la troisième sont au chômage et 19 % des étrangers; idem pour ceux qui abandonnent le cursus en fin de terminale : 11,5 % des Français ne trouvent pas d'emploi, contre 16 % des étrangers. Pour ceux qui se tirent mieux des méandres du système scolaire, la situation est plus réjouissante : ainsi la majorité des enfants d'immigrés nés avant 1968 sont employés (24 %) ou cadres (30 %) contre 20 % et 16 % pour leurs parents. Dans le même sens, 54 % des immigrés venus en France avant 1968 sont ouvriers; ils ne sont plus que 35 % pour la génération suivante. Certes ces immigrés d'avant 1968 sont essentiellement originaires de l'Europe du Sud, populations dont l'ascension sociale répond aux canons les plus traditionnels de l'intégration. Mais les enfants issus de l'immigration d'Afrique du Nord font, eux aussi, beaucoup mieux que les parents : suivant les catégories de la sociologie, et à en croire une enquête approfondie, si 22 % des parents sont en ascension, 21 % en situation moyenne, 27 % en position d'exclus, les chiffres correspondants sont, pour les enfants de 53 %, 18 %, 29 %. Cette étude plutôt rassurante ne concerne certes pas les plus jeunes de la deuxième génération, ceux nés après 1968 et qui ont beaucoup souffert de la crise.

Mais dans l'ensemble, le processus d'intégration n'est pas bloqué; il fonctionne au ralenti pour les immigrés, comme pour tous les exclus. L'absence, de surcroît, d'une bourgeoisie « beur » prive cette communauté des signes visibles de la réussite qui, s'ils ne recouvrent aucun phénomène massif, font néanmoins beaucoup pour l'apaisement des esprits : la promotion sociale s'incarne. Il existe certes de nombreux exemples de beurs ayant atteint la notoriété dans les milieux artistiques et culturels, Isabelle Adjani en tête, mais la bourgeoisie française, la plus intelligente du monde dans sa capacité d'absorber des représentants de toutes les minorités, n'a pas encore attiré à elle quelques beurs significatifs. Or ce serait un témoignage d'insertion sociale plus décisif pour une communauté que d'avoir donné à la France quelques chanteurs ou artistes. Le pouvoir bourgeois demeure la quintessence du pouvoir social. Il reste de ce point de vue un long chemin à faire avant que les beurs soient intégrés à la société française, comme l'ont été les enfants des républicains espagnols ou des juifs immigrés de l'entre-deux-guerres. La société est, en effet, moins plastique après quinze ans de crise qu'elle pouvait l'être au moment de la croissance des années cinquante et soixante, et ce indépendamment du fait que les jeunes beurs entrent dans la vie avec les handicaps socioculturels d'exclus parmi les exclus. Mais la promotion sociale finit par s'accomplir, fût-ce plus lentement. Au pis, les beurs mettront deux générations à s'intégrer aussi profondément que les enfants des immigrations antérieures ont pu le faire en une génération. Il n'y a pas de blocage social complet tel que les apprentis sorciers veulent le croire, lorsqu'ils prétendent qu'à cause de l'islam les jeunes Maghrébins ne s'intégreront jamais.

Septième illusion : Une cohorte islamique homogène

Avec la xénophobie reviennent tous les mythes de l'entre-deux-guerres, y compris le vieux fantasme de la cinquième colonne. Cette fois-ci le rôle est tenu par la communauté islamique, devenue aux yeux de l'extrême droite l'avant-garde d'une reconquête de l'Occident par les masses arabes... Le renforcement de l'intégrisme dans les pays du Maghreb va évidemment accentuer cette phobie et la faire partager par des pans de la population française qui résistaient, jusqu'à présent, aux discours les plus violents. Au cœur de cette fantasmagorie se trouve l'idée d'une communauté musulmane cohérente, structurée, prête à la manœuvre à la moindre injonction, ressemblant davantage à une armée en campagne qu'à une population sédentaire. C'est cette vision qui alimente le débat sur les mosquées, nombre de Français assimilant désormais ces lieux de culte à des instruments de prosélytisme au service d'un islam à l'iranienne. En dix ans, l'Iran est devenu en effet la figure emblématique de l'islam, aux yeux des Français, renouvelant chez eux les anciens réflexes de méfiance de colonisateurs inquiets. La réalité est, comme il se doit, beaucoup plus complexe. Le vieux fonds laïc qui interdit lors des recensements de demander la religion ne facilite pas une approche sereine : le flou donne prétexte à toutes les interprétations et il est impossible de leur répondre par un chiffre officiel. D'après les meilleurs experts, les musulmans vivant en France, Français et étrangers, devraient être au nombre de 3 millions, ce qui en fait la deuxième communauté religieuse avant les protestants et les juifs. Il est exact, à suivre les mêmes analystes, que l'adhésion à l'islam ne cesse de croître au sein de la communauté musulmane : c'est l'effet à la fois d'une installation plus stable en France qui pousse, par contrecoup, à une plus grande conscience communautaire et d'une revendication des jeunes générations qui trouvent dans la religion un système de valeurs refuges, susceptible de contrebalancer le sentiment de dépendance qu'ils peuvent éprouver. La revendication religieuse s'est manifestée, dès 1975 et 1980, dans les foyers de la Sonacotra, avec les premières demandes de salles de prières. Les lieux de culte se sont multipliés. De même que les associations « islamiques », « musulmanes », « coraniques ». Mais tout cela témoigne d'une communauté fragmentée, sans clergé – puisque de confession sunnite et non chiite –, plutôt tranquille, avec des manières diverses de vivre la foi : certains refusant les contacts avec les non-musulmans, d'autres les acceptant, quelques-uns réagissant dans un esprit laïc assez voisin de celui des autres religions. Au nom du même désir d'identité, l'islam s'est imposé sur les lieux de travail, en particulier dans les grandes usines automobiles, mais là aussi à travers des aspirations différentes : les vieux, à la démarche plutôt assimilationniste, désireux de vivre leur foi à titre privé ; les leaders syndicaux qui jouent sur la fibre religieuse pour renforcer leur influence, mais dont le charisme, pour l'instant, ne fait pas appel au registre intégriste ; une base plutôt paisible dont la foi est indépendante de l'engagement syndical. Pour Gilles Kepel, un des meilleurs islamistes français, l'islam joue sur le lieu de travail le même rôle que le communisme dans les années trente : une manière d'exprimer une identité, hier de classe, aujourd'hui de religion face à la pression imposée par l'organisation du travail. A l'intérieur de la communauté cohabitent donc un islam tranquille incarné par le recteur de la Mosquée de Paris, nommé depuis 1926 par les autorités algériennes – qu'en sera-t-il, de ce point de vue, demain ? Un islam marocain peu militant, qui reconnaît le roi comme commandeur des croyants et dont les organisations représentatives, proches du gouvernement de Rabat, sont très modérées ; une pléiade d'islams turcs, les uns sunnites, les autres chiites, les derniers « kémalistes » ; enfin un islam « dur », aux pratiques religieuses strictes, au prosélytisme obligatoire, désireux de détruire les passerelles entre la société française et la société musulmane. A cette grille religieuse, s'ajoutent de multiples formes d'allégeances politiques, confrériques et ethniques qui compliquent encore la mosaïque de la communauté.

De manière générale, même si l'islam militant est plutôt le fait de jeunes en nombre restreint, ceux-ci semblent, en revanche, dans leur majorité s'émanciper de la tutelle de la religion. Plusieurs enquêtes ont ainsi montré que si la moitié des parents effectuaient les prières quotidiennes, seuls 3 % des jeunes le faisaient. Pareillement, si 45 % des mêmes parents lisaient le Coran, ils n'étaient plus que 13 % chez les enfants. Quant à l'interdit du porc et de l'alcool, ou au respect du ramadan, lorsque la totalité des parents s'y conformaient, ils n'étaient plus respectés que par les deux tiers des jeunes. L'islam, dans ces conditions, semble en train de se banaliser à l'instar des autres religions : il devient plus séculier ; il témoigne d'une forme de socialisation et d'identité ; il voit les manifestations de foi s'individualiser. Dans ce contexte, face à la pression de la minorité intégriste que les évolutions probables au Maghreb risquent d'accentuer, la réponse la plus intelligente serait d'accélérer cette banalisation et non, par une attitude de rejet, de pousser les musulmans à se fermer sur eux-mêmes. D'où une politique à rebours de ce que souhaitent les xénophobes illuminés : multiplication des lieux de culte ; autorisation d'absence donnée aux musulmans selon un régime semblable à celui des fêtes juives ; organisation plus facile de l'abattage rituel ; aménagement de carrés musulmans dans les cimetières... De même les pouvoirs publics devraient-ils faciliter la création d'une instance représentative de l'islam, à l'image du CRIF pour les juifs, qui aurait, elle aussi, ses modérés, ses extrémistes, ses libéraux et encadrerait un minimum l'ensemble de la communauté : c'est d'ailleurs la direction que prend sagement le ministre de l'Intérieur. Sur le plan strictement religieux, les habitudes françaises poussent évidemment à l'abstention gouvernementale : principe de séparation oblige. Si le poids du passé n'était pas aussi fort, une autre voie semblerait plus opportune, dans un esprit plus proche des principes concordataires encore en application en Alsace-Lorraine. Dans ces régions prévalent, chacun le sait, les règles en vigueur avant 1914 : prêtres payés par l'Etat ; évêques nommés par la puissance publique, après avis du Vatican. Vis-à-vis de l'islam, une capacité d'intervention de l'Etat ne serait peut-être pas inutile, tout en allant de pair avec une complète reconnaissance de cette religion. Question difficile qui fait surgir, sous une forme inattendue, les réminiscences de 1900 : intervention publique ou complète séparation ? Au-delà de ce problème spécifique, la conclusion de bon sens va à rebours des fantasmagories actuelles : le meilleur moyen de préserver la diversité de la communauté islamique est de reconnaître à cette religion un statut aussi normal et banal que possible ; toute action restrictive favorise l'action des militants et des prosélytes en créant un climat d'isolement et d'exclusion. L'ouverture est, comme toujours, la voie de la sagesse; l'ostracisme un jeu de pompier incendiaire.

Huitième illusion :
Le mythe du seuil de tolérance

L'expression n'existait pas dans le débat social, il y a dix ans. Elle est désormais au cœur de la polémique. Monopolisée aujourd'hui par l'extrême droite, elle est néanmoins née dans les municipalités communistes qui ont, les premières, évoqué le seuil critique dans les banlieues populaires. Mais d'une référence limitée dans l'espace – quelques banlieues – et dans le débat politique – les propos communistes ne sont guère entendus –, la société française a vu le seuil de tolérance devenir un concept global et une idée légitime, puisque François Mitterrand lui-même l'a reprise à son compte, après « l'affaire du foulard ». Ce glissement est majeur. Au départ, une vraie interrogation qui touche à l'apparition de ghettos à l'américaine à la périphérie des grandes villes. A l'arrivée, une notion qui met en cause les relations fondamentales de la population immigrée avec la société française puisqu'elle suppose implicitement qu'il s'agit de deux groupes qui ne se mélangent pas, aux frontières intangibles, puisque symbolisées par un chiffre. Cette approche-là n'a aucun sens : globalement, la population immigrée n'est que de 3,5 millions, soit un pourcentage de 6,5 % comme en 1931 et surtout, nous l'avons vu, elle n'est pas séparée par une coupure rigide, légale ou sociale, de la population française : l'intégration se poursuit chaque année grâce, en particulier, au « droit du sol » et les immigrés ne se distinguent guère, sur le plan social, des autres catégories défavorisées. Au niveau local, le problème, lui, existe, mais il ne peut se résumer dans un chiffre. Ainsi constate-t-on que l'effet n'est pas le même lorsque les immigrés sont, pour la plupart, des hommes seuls vivant entre foyers d'hébergement, cafés, commerces typiques. A l'inverse, la présence d'une immigration familiale peut accentuer le problème, ne serait-ce qu'à cause de la natalité plus forte des immigrés : si, dans un endroit, 10 % des logements sont occupés par des Maghrébins, 10 % par des Portugais et 80 % par des Français, il y aura à l'école et dans les terrains vagues de la cité HLM 30 % d'enfants maghrébins, 20 % de Portugais et 50 % de Français. L'expérience prouve enfin que les conditions d'acceptation par la société française diffèrent d'un endroit à l'autre : les incidents sont les plus nombreux dans le Var, avec un pourcentage d'immigrés faible, alors qu'ils sont assez rares en Seine-Saint-Denis où l'immigration est massive. De là le sentiment des experts que le problème n'est pas arithmétique – le seuil – mais social, le traitement local : aussi croient-ils davantage, pour reprendre une autre expression désormais classique, aux problèmes des « cages d'escalier » qu'au seuil de tolérance. Cela nous ramène invariablement à la même interrogation lancinante : la société française ne s'accommode de l'existence de ghettos ni dans la vie quotidienne, ni dans son éthique sociale, mais elle ne sait pas comment les traiter. Le modèle d'intégration à la française touche là ses propres limites, mais cela n'a rien à voir avec l'idée d'un seuil global, elle, dénuée du moindre fondement pratique, théorique ou philosophique.

Neuvième illusion : Une cause majeure d'insécurité

Certains, parmi les esprits les plus ouverts, posent brutalement la question : existe-t-il une surdélinquance des immigrés ? C'est dire qu'à la différence de la rançon sur l'Etat providence ou de la cinquième colonne islamique et autres fariboles, la question est, cette fois-ci, sérieuse. A s'en tenir aux chiffres bruts, elle est même impressionnante : le taux de délinquance est plus de deux fois supérieur chez les étrangers (29,21 délinquants sur 1 000 étrangers; 13,3 sur 1 000 Français). La répartition de la population carcérale est à l'avenant : 27 % d'immigrés dans les prisons françaises, soit quatre fois plus que leur poids dans l'Hexagone. Deux fois plus souvent délinquants, les immigrés sont quatre fois plus souvent incarcérés. Si le délit de faciès n'existe pas, l'aggravation des peines pour faciès, elle, se mesure... Parmi les immigrés délinquants, Africains et Nord-Africains en représentent 80 % et les seuls Algériens 36 %. Mais la disparité la plus sensible est géographique : à Paris, 43 % des délinquants sont immigrés, dans les Alpes-Maritimes 32 %, en Seine-Saint-Denis 28 %, à comparer à une population immigrée de 13 % en Ile-de-France et 26 % en Provence-Côte d'Azur. Le fantasme du délinquant nord-africain qui ne cesse de se livrer à ses forfaits dans les rues de Paris est évidemment absurde, mais, à s'en tenir aux chiffres, la surdélinquance existe bel et bien.

En fait, tout devient plus nuancé dès que l'observation se fait plus attentive et intègre la nature des délits : avec l'arrêt de l'immigration dès 1974, les délits de séjour se sont multipliés : 22 500 en 1984, soit 17,5 % des délits étrangers; ils sont à l'origine aujourd'hui de 20 % des incarcérations d'immigrés. Si on fait abstraction de ces chiffres, qui ne correspondent à aucune forme d'insécurité pour la société française, la surreprésentation des étrangers dans les présentations à la police décroît significativement. En plongeant plus loin encore, l'observateur bute sur le cumul des handicaps, propre à la population immigrée, et surtout sur la proportion spécialement élevée de jeunes en son sein. Une fois les chiffres de la délinquance pondérés par l'origine sociale des enfants, il apparaît une surdélinquance des jeunes Maghrébins par rapport aux jeunes Français, eux-mêmes plus délinquants que les jeunes immigrés originaires de l'Europe du Sud. Cette surdélinquance correspond de surcroît à une proportion plus élevée de crimes par rapport aux simples délits : ceux-ci représentent 28 % de la délinquance étrangère et 14 % de la délinquance française. Bref, les facteurs sociaux et l'âge atténuent la spécificité immigrée en matière d'insécurité mais ne la font pas disparaître. Autant la reconnaître telle qu'elle est, la ramener à ses justes proportions, au lieu par des dénégations abusives d'alimenter les campagnes xénophobes.

Le « lumpen-lumpenprolétariat »

Prise symptôme par symptôme, que reste-t-il de la question immigrée ? Une population moins nombreuse qu'on ne le croit, en symbiose plus grande avec les Français qu'on ne le dit, et qui ressemble à un « lumpen-lumpenprolétariat », dans une société où les phénomènes d'exclusion et de marginalisation ne cessent de s'aggraver. La crise accentue l'isolement de certaines populations. Elle s'assimile à un immense jeu dans lequel les groupes sociaux se repassent le mistigri jusqu'au moment où il tombe dans les mains de ceux qui ne peuvent pas se défendre : chômeurs de longue durée, marginaux, cas sociaux, victimes de ces cumuls de handicaps qui laissent des groupes entiers sur le bord du chemin. A ce jeu-là, les immigrés sont les plus exposés et la xénophobie ambiante ne fait qu'accentuer leur isolement : tout est, pour eux, plus difficile. Vu du côté de la population française, le problème ne s'assimile en rien à une subversion de l'Hexagone par des flots d'arrivants qui prennent les emplois, imposent leur modèle de vie, font régner l'insécurité, détroussent les vieilles dames, ce qui semblerait pourtant le cas, à lire des journaux ou à écouter des hommes politiques qui ne sont pas, tous, les uns et les autres d'extrême droite. Il se limite, pour ce qui relève des faits, à une multiplicité de ghettos « à l'américaine » dont l'existence est insupportable pour les voisins non immigrés.

Le reste appartient à la fantasmagorie mais, à ce niveau, elle est devenue elle aussi une donnée fondamentale. Les ghettos déstabilisent leur environnement, mais la « question immigrée », elle, bouleverse la psychologie collective des Français. Ce qui est vrai d'un individu – merci Docteur Freud! – l'est aussi d'une collectivité : son inconscient est une réalité en soi. De là un double problème pour la société française : comment réduire ces ghettos immigrés, ces poches d'exclusion où se réfugie le lumpen-lumpen-prolétariat? Comment, au-delà de cette acupuncture sociale, traiter la maladie psychologique des Français? Quelle psychanalyse collective nous débarrassera de cette paranoïa? Derrière ces interrogations, c'est le modèle français d'intégration qui est en cause : est-il capable de traiter des abcès locaux, de mener le combat dans « les cages d'escalier »? Est-il, sur un plan plus général, susceptible de limiter les effets pervers de la paranoïa xénophobe? L'affaire des foulards n'a pas été, de ce point de vue, encourageante.

CHAPITRE VI

Le modèle français fonctionne-t-il encore?

Le modèle d'intégration à la française semble désormais remisé au magasin des accessoires, alors qu'il a joué, depuis un siècle, un rôle central dans l'édification de la France : il a permis d'absorber dans un creuset commun les multiples cultures rurales qui faisaient qu'en 1850, vue de Montauban ou de Barcelonnette, la France était encore une idée floue. De même a-t-il enrichi la population française des vagues successives d'immigrés qui lui ont permis de surmonter les effets négatifs d'une médiocre fécondité et la saignée des guerres – 14-18 au premier rang. De tous les pays d'Europe, la France est le seul à avoir développé un tel modèle : l'Espagne et l'Italie étaient des terres d'émigration; l'Allemagne a toujours constitué un peuple avant de devenir un Etat-nation et à cause de son empire colonial la Grande-Bretagne a inventé des citoyennetés de grades différents, à l'image de sa société stratifiée et cloisonnée. Par un paradoxe désagréable de l'Histoire, le pays le plus intégrateur d'Europe est le seul à connaître une paranoïa anti-immigrés à laquelle se rallie, mezza voce, l'essentiel des classes dirigeantes! Au lieu de s'interroger sur l'efficacité de notre système d'intégration, sur les inflexions majeures à lui apporter, les élites, monde politique en tête, emboîtent le pas aux apprentis sorciers et jettent de la poudre aux yeux. Que font-ils? Ils reconnaissent l'existence d'un problème de l'immigration, au lieu de démontrer à la population qu'il s'agit là d'un dérivatif collectif. Parlant de seuil de tolérance, ils laissent entendre que, comme l'eau et l'huile, population immigrée et population française ne sont pas miscibles. Ils prennent l'engagement de bloquer à son niveau actuel l'immigration alors que, géopolitique et démographie aidant, ils savent bien au fond d'eux-mêmes que c'est impossible. Ils affirment enfin que, pour fixer en particulier les habitants d'Afrique du Nord chez eux, il suffit d'aider leurs pays à se développer, alors que le Maghreb est à des années-lumière, en termes économiques, d'une Europe de l'Est dont l'adhésion à l'économie de marché ne suffira pas à empêcher ses habitants d'immigrer par millions vers l'Ouest. Cette politique de gribouille, ces programmes d'action disqualifiés par la réalité, avant même d'être mis en pratique, risquent un jour de se retourner contre ceux qui les énoncent, et d'alimenter le fonds de commerce des pyromanes d'extrême droite... La seule question qui vaut aujourd'hui est de savoir si nous devons privilégier le modèle d'intégration à la française sur le modèle américain qui a longtemps constitué l'autre système de références; et, si oui, de réfléchir aux inflexions à lui apporter pour qu'il puisse satisfaire à un double objectif : limiter les ghettos en voie de constitution; aller à rebours de la paranoïa collective. Cela ne se fera pas sans des réformes : celles-ci devront porter sur des aspects aussi sensibles du processus d'intégration que la citoyenneté, l'école, l'apprentissage de la langue, l'habitat, l'aménagement du territoire... sans compter un inévitable aggiornamento de la laïcité.

En fait, s'il veut répondre aux difficultés actuelles, le modèle français devra enfreindre un tabou. Depuis un siècle, l'intégration passe par l'égalité d'accès aux services collectifs : le principe cardinal de la « machine égalitaire » vaut pour les immigrés comme pour les pauvres. Aussi sont-ils victimes de la même perversion du système que l'ensemble des marginaux, puisque la machine fonctionne au profit quasi exclusif des classes moyennes. L'intégration passe, pour eux, par des prestations différenciées, de même que la volonté de combattre l'exclusion suppose que l'on mette fin à l'hypocrisie qui traite, de la même manière, la société invisible – victimes d'accidents sociaux, chômeurs de longue durée, marginaux en tout genre – et la société visible, celle des citoyens installés, pauvres ou riches. A travers une réflexion sur l'intégration, c'est une interrogation sur l'Etat moderne qui se fait jour. Voilà un vrai débat pour la classe politique, plus stimulant et plus authentique que la promesse tantôt de 3,5 millions d'immigrés en l'an 2000, alors qu'ils seront bien plus nombreux, tantôt d'un Maghreb en plein développement – à l'instar de la Prusse et de la Saxe, prises en charge par la République fédérale – alors que, sous le poids d'une affolante démographie, il risque de s'enfoncer dans un état économique qui fera regretter sa pauvreté d'aujourd'hui...

Intégration à la française ou à l'américaine?

La France et les Etats-Unis sont depuis longtemps les plus importants pays d'immigration en Occident et ils ont, chacun, élaboré une politique en cette matière qui colle évidemment à la nature de leur Etat et de leur société civile. De notre côté, un Etat-nation qui arase les différences, qui veut faire le même citoyen d'un petit Poitevin ou d'un beur, qui oublie, dans ses lois, race, origine, discrimination : la même République pour tous. De l'autre une société civile plus complexe qui exige l'adhésion patriotique mais qui s'accommode de communautés nationales structurées. En termes d'ouverture au monde les deux systèmes, malgré des législations différentes, se ressemblent. Un « droit du sol » plus généreux encore aux Etats-Unis, puisque les enfants d'étrangers nés sur le sol américain bénéficient immédiatement de la nationalité américaine, sans attendre comme en France la majorité; une naturalisation facile après cinq ans de résidence; un contrôle en théorie strict de l'immigration, avec aux Etats-Unis des quotas officiels par nationalité d'origine, et une pratique qui commence en France à y ressembler, en particulier en matière de droit d'asile, et en réalité une frontière ouverte à l'immigration clandestine qui s'appelle, pour les uns, le Rio Grande et, pour les autres, la Méditerranée. Les Etats-Unis ajoutent au moment d'une naturalisation un rituel patriotique avec la prestation de serment – acte purement symbolique – et la renonciation à toute autre nationalité – engagement autrement plus décisif. Les Français sont plus bureaucratiques et décontractés; rien n'accompagne le décret de naturalisation et les doubles nationalités ne font pas problème. N'en déplaise aux experts en symbolique et en rites propitiatoires, ce n'est pas le serment au drapeau qui change la nature de l'adhésion à la communauté nationale. La philosophie française de la nationalité est donc beaucoup plus proche du système américain que du « droit du sang » allemand. Les contradictions sont ailleurs : dans la reconnaissance, si typique de la psychologie américaine, du droit à la différence, alors que la vision française n'est pas très éloignée, aujourd'hui encore, de la philosophie du comte de Clermont-Tonnerre au moment de l'émancipation des juifs : – tout leur donner comme citoyens, rien leur donner comme nation. Les Etats-Unis reconnaissent comme légitimes les cultures communautaires ou ethniques, voire les encouragent : au pire sens, lorsqu'elles s'identifient à des ghettos d'exclusion et de pauvreté; pour le meilleur quand le sud de la Californie s'hispanise autant qu'il américanise les Hispaniques. La revendication communautaire refait souvent surface à la deuxième ou troisième génération, en pleine ascension sociale, qui, bien ancrée dans son identité américaine, part à la recherche de ses racines. Ces communautés tournent même aux lobbies : les votes noir, polonais, irlandais ou autres pèsent lourd au moment des élections et l'attitude très « pro-Solidarność » des Etats-Unis après décembre 1981 doit autant à un réflexe idéologique qu'à la volonté de satisfaire les Polonais de Chicago. Ces groupes nationaux constituent des acteurs majeurs d'une société civile dont les collectivités sont les atomes de base, à la différence du vieux modèle français qui, ignorant même l'idée de société, laisse face à face l'Etat et les individus. Nul ne peut contester que ces communautés jouent un rôle utile de tampon, pour les immigrants, entre la société d'origine et la société d'accueil : ils facilitent l'adaptation puisqu'ils supposent l'addition de la dimension américaine et non l'ablation de la culture d'origine.

La France semblait, depuis quelques années, se diriger à grands pas vers un modèle plus américain, avec des communautés nationales en train de s'affirmer, ce qui allait de pair avec l'apparition d'une société civile plus ramifiée et plus riche en face d'un Etat en recul. Ainsi les juifs, les Arméniens, les Italiens ou du moins des minorités militantes au sein de ces groupes ont-ils commencé à se manifester avec une force jusqu'alors inconcevable. Le débat sur la double appartenance, tel que Raymond Aron l'avait esquissé au moment du conflit israélo-arabe de 1967, était en train de disparaître, chacun reconnaissant aux juifs le droit de manifester un attachement à Israël qui ne serait pas contradictoire avec leur fidélité à la France. D'une certaine façon, la volonté des jeunes immigrés algériens de se proclamer « beurs » relevait du même réflexe. A un moment où les citoyens commençaient à vivre des adhésions multiples, leurs intérêts de travailleurs se dissociant par exemple de leurs préoccupations consuméristes ou écologiques, la quête d'identité communautaire semblait naturelle. Et dans le débat entre « républicains » et « démocrates », pour reprendre la terminologie caricaturale de Régis Debray, le vent de l'Histoire allait dans le sens des seconds, c'est-à-dire d'une société civile en train de prendre le pas sur l'Etat-nation. De là la tentation de demander à la puissance publique qu'elle se dessaisisse, qu'elle lève certains blocages et qu'elle accélère cette évolution.

Cette conviction, je l'avais depuis longtemps faite mienne et m'étais senti un « démocrate » impénitent et militant, y compris sur la question de l'immigration. Je le reste aujourd'hui sur maint sujet, avec néanmoins deux correctifs : le retour des nations conduit, qu'on le veuille ou non, au renforcement des Etats-nations – nous en parlerons plus loin; la paranoïa xénophobe interdit désormais une approche communautaire à l'américaine en matière d'immigration, modèle à la fois conflictuel et apaisé. Conflictuel puisqu'il admet des tensions même fortes entre groupes, qui, dans une société régie par le droit, comme les Etats-Unis, doivent toujours trouver une solution contractuelle ou au moins demeurer en deçà du point où la vie collective serait elle-même mise en question. Apaisé parce qu'il suppose, en dernière instance, un accord sur les valeurs essentielles de la société : avec une éthique commune, les affrontements sont naturels et limités. Avant l'apparition de l'extrême droite et surtout avant que sa xénophobie exerce ses effets contagieux sur la plupart des familles politiques, la France semblait devenir un pays, lui aussi, apaisé et conflictuel. La paranoïa vis-à-vis de l'immigration, la montée des réflexes d'excommunication sont devenues la toile de fond de nos débats collectifs. Ce ne sera pas un feu de paille, et le retour des nations aux quatre coins du monde et de l'Europe pérennise ce nouveau climat. Aussi, ce qui était hier souhaitable ne l'est plus aujourd'hui. Un modèle à l'américaine risque d'alimenter les pulsions xénophobes, c'est-à-dire de servir d'alibi à une évolution qui, sous couvert de respect communautaire, pousserait à la multiplication des ghettos ethniques, avec à leur proximité des réactions de plus en plus fortes d'intolérance. Avec une telle pression nationaliste, ce serait la logique de l'affrontement.

Les réalités sont toujours moins manichéennes : ainsi les Asiatiques sont admirablement acceptés, alors que de toutes les communautés ils sont les plus fermés sur eux-mêmes et donc les plus proches d'un groupe ethnique à l'américaine. Ne s'est-il pas constitué, dans l'est du treizième arrondissement de Paris une « Chinatown », une ville chinoise – fût-elle miniature par rapport à San Francisco? Un quartier asiatique s'est formé, encore plus imperméable à l'intégration que les juifs de la rue des Rosiers. Commerces spécialisés, vie centrée sur le quartier, organisations sociales autonomes, journaux communautaires : une ville dans la ville dont nombre de Chinois veulent faire un vrai pôle commercial, une enclave comme leur diaspora en a créé partout où elle s'est installée. Cette cohésion sociologique n'a d'équivalent pour aucune autre communauté, en particulier pour les Maghrébins, même lorsqu'ils sont quasi majoritaires par rapport à la population autochtone. Et pourtant, dans ce Paris en proie à une xénophobie croissante, aucune tension n'est apparue dans le treizième arrondissement : de nombreuses familles françaises ont abandonné le quartier, mais parmi celles qui y restent dominent les réactions positives et parfois enthousiastes. Imaginons, un instant, ce même treizième habité par une communauté maghrébine aussi exclusive et aussi cohérente : la violence des réactions serait terrible. A travers ce cas d'école exotique, c'est le mystère même du racisme qui transparaît : sa brutalité vis-à-vis de certaines populations, son absence à l'encontre d'autres, avec pour fondements l'épiderme et l'inconscient. L'insertion aisée de cette microcommunauté à l'américaine, les Chinois de Paris, témoigne a contrario de l'inadéquation du modèle, dans un pays qui ressent si violemment l'altérité. Le système américain s'accommode, sans difficulté, d'un racisme passif – que l'on pardonne ces distinctions subtiles : chacun chez soi. La situation française ne tolérerait pas, elle, ce « chacun pour soi », dans le climat de haine qui s'est fait jour avec l'immigration. D'où la nécessité d'en revenir au bon vieux modèle d'intégration, à condition de lui rendre son efficacité. Les « démocrates » en sont convaincus, mais aussi les associations, tel SOS-Racisme, à l'origine très inspirées par le modèle américain, et qui sont devenues désormais les chantres de l'intégration : le souffle de la xénophobie et de l'extrême droite est passé par là. Mais que les « républicains » ne triomphent pas! Ce n'est pas avec la mythologie du dix-neuvième siècle que se fera l'intégration. Ce ne sera pas en appelant à la rescousse les vieilles valeurs et les « hussards noirs de la République » : ni les principes clefs de l'Etat providence, ni l'égalité devant l'école, ni la laïcité ne sortiront indemnes de l'aggiornamento du modèle français, sauf à accepter, sous prétexte de ne pas toucher aux vaches sacrées, de continuer à vivre dans l'hypocrisie actuelle : une insertion en théorie toujours aussi naturelle et en pratique de plus en plus difficile qui, à l'instar de l'Etat providence, est devenue, pour les mêmes raisons, une machine à rendements décroissants. L'intégration commence évidemment par une politique de la citoyenneté aussi ouverte que possible.

Une citoyenneté ouverte

Dans le débat actuel, indépendamment des outrances de l'extrême droite qui veut restreindre la citoyenneté, voire la retirer à certains – ce qui rappelle quelques souvenirs – la tentation est grande chez les « réalistes » – c'est-à-dire tous ceux qui, à l'instar de Valéry Giscard d'Estaing, sont prêts à transiger dans les faits à défaut de le faire dans les mots – de pratiquer une citoyenneté fermée. D'un côté, les Français; de l'autre, les étrangers. Naturalisé ou ayant reçu la nationalité à sa majorité, l'immigré est un Français comme un autre; il est, par nature, intégré, comme si tous ses problèmes allaient disparaître par un coup de baguette magique; l'immigré, lui, est condamné à demeurer au mieux un citoyen de seconde zone. La nationalité, dans cette vision, est une frontière dont les pouvoirs publics doivent autoriser le passage avec parcimonie. En cette période dont l'Allemagne constitue la figure de proue, les « réalistes » peuvent chercher des arguments du côté du droit allemand, c'est-à-dire du droit du sang qui constitue évidemment la plus infranchissable barrière en termes de citoyenneté. La Loi fondamentale de 1949 déclare ainsi que « sont considérés comme Allemands les ressortissants allemands et individus d'appartenance ethnique allemande en qualité de réfugiés ou d'expulsés », ce qui équivaut à une assimilation totale entre les citoyens de la République fédérale et les minorités allemandes d'Europe orientale : l'Allemagne n'est ni une « communauté de rêve » à la Renan, ni une communauté d'adhésion ou d'éducation; c'est un peuple fondé sur le sang et une conception ethnique. Pour être allemand, il faut un parent allemand, point final! Cela relègue évidemment les immigrés dans un statut inférieur, puisque, sauf rarissimes naturalisations, ni eux, ni leurs enfants n'accéderont à la citoyenneté allemande. Les deux populations ne sont pas miscibles.

On voit bien que cette philosophie-là n'est pas étrangère, même s'ils n'osent l'avouer, à tous ceux qui veulent faire de la citoyenneté une notion rigide et fermée. Ils se gardent bien d'aller chercher, si libéraux soient-ils, leurs exemples du côté britannique. En effet, les principes philosophiques du Commonwealth avaient établi une continuité juridique entre les ressortissants des anciennes colonies et la citoyenneté britannique : ils disposaient, jusqu'en 1963, d'un droit d'entrée automatique; depuis lors, malgré des restrictions incessantes, il demeure très large. Dans ce contexte-là, l'accès à la nationalité britannique est d'autant plus facile qu'il existe un statut intermédiaire, la *british citizenship*. Avec un droit du sol généreux, des naturalisations très nombreuses et souvent automatiques, la Grande-Bretagne va à rebours de la philosophie allemande et offre un modèle de citoyenneté ouverte : des positions graduelles qui évitent le tout ou rien; la possibilité pour tout immigrant d'espérer accéder à la *british citizenship*, voire à la nationalité britannique; un système juridique qui ne se limite pas, en un mot, à l'alternative inclusion/exclusion. Car chacun le devine, tous ceux qui veulent favoriser cette option binaire, visent, sans le dire, à limiter la population nationale, en la protégeant par un cordon sanitaire juridique. La pression pousse aujourd'hui en France plutôt du côté allemand, même sans aller jusqu'à ses excès, que du côté britannique. Seule l'extrême droite revendique clairement le droit du sang et l'abandon du droit du sol. La droite modérée, elle, milite pour des restrictions au droit du sol : on l'a bien vu, au moment du rapport de la Commission de la nationalité, sur la question de l'octroi automatique de la nationalité, à leur majorité, aux enfants nés en France de parents étrangers; on le devine à travers des propos qui voudraient encadrer la procédure de naturalisation par des quotas de nationalité. Malgré ses discours élégiaques, la gauche n'est pas si éloignée de ces positions; sans toucher à la loi, elle en limite l'application : ainsi du contrôle de plus en plus strict du droit d'asile ou du vœu manifesté par certains de sanctifier par une cérémonie républicaine l'octroi de la nationalité à la majorité. Les partisans d'une citoyenneté plus ouverte qu'aujourd'hui ne sont plus légion à gauche : en témoigne la position, étrangement minoritaire dans sa famille politique, du président de la République à propos du droit de vote aux élections locales pour les immigrés.

Tous ces débats, à forte connotation symbolique, ont d'autant moins de portée pratique que l'avenir appartiendra à une citoyenneté à plusieurs vitesses. Celle-ci s'immiscera d'abord dans les législations par le biais du Grand Marché et de la libre circulation des personnes. Que l'Europe des Douze ne trouve pas son identité politique n'enlève rien à son rôle d'accélérateur des échanges! Ainsi, en son sein, la libre circulation est-elle totale : les frontières ne s'ouvrent plus désormais que pour les ressortissants des Etats membres et, par ailleurs, les demandeurs d'asile politique. Pour les cinq pays – France, Allemagne, Belgique, Pays-Bas, Luxembourg – signataires de l'accord de Schengen, la circulation est encore plus aisée : la levée des frontières intérieures a pour corollaire le report des contrôles aux frontières extérieures des cinq Etats. D'où des procédures communes d'octroi des visas, d'expulsion des étrangers indésirables, d'harmonisation du droit d'asile, de droit de poursuite des polices... Ce système se généralisera peu ou prou à l'intérieur de la Communauté, de sorte que se créera une forme de citoyenneté commune. Il est évident – le Parlement européen y pousse – que cette citoyenneté européenne débouchera, un jour, sur un droit de vote, au moins pour les élections locales. Cela signifie, pour en revenir à la France, que sur les 3,5 millions d'immigrés, les 40 % originaires de la Communauté européenne, soit près de 1,5 million, bénéficieront d'une citoyenneté qui d'année en année les rapprochera des Français. Le nombre d'immigrés de « seconde zone » atteint à peine, dans ces conditions, les 2 millions : quelle disproportion par rapport à la violence du débat social qu'ils provoquent! Dans ce contexte, pratiquer à leur égard une citoyenneté fermée est absurde : c'est retrouver, par d'autres voies, le chemin du modèle américain et du ghetto. Il faut non pas restreindre mais élargir, pour les immigrés en situation légale, les possibilités d'accès à la nationalité française avec, en particulier, des naturalisations plus nombreuses; il faut parallèlement multiplier les continuités juridiques entre la position d'immigré et le statut de Français : si intégration à la française il doit y avoir, elle exige l'imbrication le plus large possible des populations.

C'est dans ce cadre-là que devrait s'apprécier, en toute équité, la question du droit de vote aux élections locales, et non à travers ses effets sur la scène politique française. Peine perdue! Le sujet est désormais la proie de l'irrationnel : sans doute le subtil maniement de cet explosif, à la veille des grandes échéances électorales, par François Mitterrand, a-t-il contribué à dévoyer les termes du débat. La crispation est désormais, là encore, hors de proportion avec l'enjeu : les Français, surtout dans les régions à forte présence immigrée, auraient l'impression de céder à un coup d'Etat légal en acceptant un principe qui, appliqué aux Pays-Bas, ne paraît pourtant pas affoler les populations et qui, en fait, participerait de cette citoyenneté ouverte, à l'évidence le meilleur instrument d'intégration. La démarche, cela dit, reste pour un sérieux laps de temps impossible. Juridiquement puisqu'elle suppose une réforme de la Constitution pour laquelle n'existe aucun consensus parlementaire. Politiquement à cause de l'état cataleptique où la simple évocation de cette idée place la classe politique. Psychologiquement compte tenu de la violence de la crispation populaire. Il faut mettre le projet au réfrigérateur et contourner différemment l'obstacle : par l'instauration de consultations informelles avec les habitants immigrés ; avec l'apparition d'interlocuteurs qualifiés susceptibles de les représenter ; surtout par l'attribution du droit de vote immédiatement après la naturalisation et non plus après une période probatoire, et ce parallèlement à l'accroissement massif du nombre de ces naturalisations. La violence du débat rappelle les affrontements du dix-neuvième siècle, au moment où le suffrage censitaire commençait à vaciller sur ses bases : la bourgeoisie avait les mêmes craintes vis-à-vis du suffrage universel que les Français, aujourd'hui, à l'égard du vote immigré. La peur de la subversion serait-elle aussi grande aujourd'hui chez les petits-bourgeois qu'elle l'était autrefois chez les grands bourgeois ?

Derrière cet abcès de crispation apparaît la difficulté désormais pour la France de jouer l'intégration à travers la citoyenneté le plus ouverte possible : le climat intérieur la conduit à retenir et à donner à la fois et en définitive à se satisfaire du statu quo législatif par pusillanimité. A nous de nous convaincre que pour rendre au modèle français son dynamisme intégrateur, il doit rechercher le mélange le plus profond possible des deux populations : dans la vie quotidienne, dans la ville, mais aussi dans la loi.

L'intégration par la différenciation

Rien n'est évidemment plus décisif pour l'intégration que la langue. Une nation est souvent une communauté linguistique ; les Allemands en ont témoigné, avant de devenir un Etat-nation. Depuis les années soixante-dix, nonobstant les vieux principes laïcs et républicains qui refusent de faire la moindre distinction entre élèves et qui traitent de la même manière le fils d'un professeur au Collège de France, donc héritier – comme dirait Bourdieu – d'un immense capital culturel, et un enfant maghrébin, l'Education nationale a accepté de faire un effort particulier pour l'acquisition du français par les jeunes immigrés. « Classes d'initiation » à l'école élémentaire..., « cours de rattrapage intégré »..., « classes d'adaptation pour les élèves non francophones »... : autant d'instruments mis en place dans cet esprit. Mais compte tenu des mécanismes de sélection, dignes de cette colonne de distillation sociologique à laquelle s'identifie l'univers scolaire, ces classes ont été détournées de leur objet, afin d'y admettre des enfants en situation d'échec, dont les difficultés dépassent de beaucoup l'apprentissage des langues. Se sont, ainsi, spontanément reconstitués des ghettos scolaires qui perpétuent l'isolement des jeunes immigrés. Les enseignants affectés à ces classes sont souvent les moins diplômés, de sorte qu'une sympathique intention a suscité, suivant une loi bien connue, un effet pervers. Dans l'autre sens, l'enseignement de la langue et de la culture d'origine, sur les heures du tiers temps pédagogique, ne donne pas de meilleurs résultats et marque les élèves d'un « signe rhésus » négatif. En réalité, les vrais correctifs aux inégalités viennent davantage de mesures d'ensemble, fondées sur les causes d'échec – pour l'essentiel les handicaps socio-économiques les plus traditionnels – que sur le seul rattrapage linguistique. C'est dans cet esprit que furent instaurées en 1981 les zones d'éducation prioritaire : il s'agissait, après état des lieux, d'augmenter les moyens en postes, crédits, temps de formation. Mais par un réflexe comme chevillé au corps des bureaucrates de la Rue de Grenelle, la proportion d'étrangers est devenue l'indication clef pour la détermination de ces zones. De sorte qu'à privilégier à nouveau le critère de nationalité aux dépens du critère socioprofessionnel, infiniment plus déterminant, on a de nouveau reconstitué des ghettos scolaires. Ce comportement bureaucratique montre à quel point, même au sein d'une administration bien intentionnée, l'immigration est vue de façon plus mythologique que réelle. Quant aux procédures de désignation des enseignants, elles font des établissements de ces zones un purgatoire pour jeunes professeurs, alors que le bon sens exigerait d'y affecter les meilleurs pédagogues. Comme, sauf à ressembler à des mères Teresa laïques, ceux-ci préféreront toujours les lycées et collèges du centre de Paris aux collèges des ghettos de banlieue, il faut créer une incitation : elle ne peut être que financière et devrait, en bonne logique, être d'autant plus élevée que l'enseignant serait gradé. Instaurer une prime massive pour pousser les agrégés à préférer Aubervilliers au cinquième arrondissement, voilà une idée insupportable pour l'appareil bureaucratico-syndical qui gère l'Education nationale! Admirable illustration de la contradiction entre les principes en apparence égalitaires de la Rue de Grenelle, qui, sous couvert de valeurs progressistes, favorisent la hiérarchie sociale, voire l'aggravent, et les exigences d'intégration des marginaux, immigrés en tête, qui requerraient les meilleurs collèges, les meilleurs professeurs et les moyens les plus importants. Jusqu'à présent, l'Education nationale a accepté d'agir à la marge, en ajoutant aux cursus normaux un additif pour immigrés; elle s'est toujours refusée à reconnaître que l'égalité des chances à la sortie de l'école passe par l'inégalité des moyens pendant la scolarité. Une plus grande efficacité du modèle d'intégration ne suppose pas, n'en déplaise à Régis Debray, l'enseignement du catéchisme républicain et la perpétuation du mode d'organisation qui fait rimer organisation centralisée, corporatisme, bureaucratie syndicale et principe égalitaire; elle exige au contraire, au nom du principe d'égalité, d'appliquer des méthodes inégalitaires. Les Etats-Unis sont allés plus loin, dans ce sens, que nous, avec le « busing » chargé d'harmoniser, sur le plan ethnique, les populations des collèges; et avec les quotas qui réservent aux minorités un contingent de places dans les universités et dans les administrations. C'est évidemment le volet positif de leur approche communautaire. Et c'est quelque chose d'inenvisageable dans notre propre philosophie : l'idée d'un quota « beur » à l'X paraît surréaliste alors qu'il existe bel et bien au MIT pour les Noirs et les Hispaniques. Sans aller jusqu'à de tels extrêmes, incompatibles avec l'héritage révolutionnaire français – l'égalité formelle de préférence à l'égalité réelle –, maintes inflexions seraient possibles : elles supposeraient de rompre notre rigidité mentale et de sortir de notre autosatisfaction. Le modèle d'intégration français fonctionne aussi mal pour les immigrés que pour les autres catégories défavorisées, car, dans une société figée par quinze ans de crise, les mécanismes en apparence égalitaires aboutissent à accentuer la marginalisation des exclus. Gardons les principes. Mais, que diable ! ajustons l'organisation – sauf à accepter que la rhétorique égalitaire soit le simple habillage du conservatisme petit-bourgeois et corporatiste !

Cette interrogation sur les finalités de notre système éducatif se pose, dans les mêmes termes, pour toutes les politiques sociales. L'Etat providence ne mérite pas un meilleur satisfecit que l'Education nationale. Immense appareil à redistribuer au sein de la classe moyenne, dont il n'est même pas sûr qu'il aboutisse à un transfert des plus aisés vers les moins aisés, il traite les catégories défavorisées à travers les mêmes procédures que les assurés bien installés dans la société. Elles ont certes les mêmes droits et ne souffrent d'aucun ostracisme : la Sécurité sociale française ne pratique pas la sélection par l'argent. Il existe certes de-ci, de-là des règles complètement antiredistributrices, comme l'attribution des allocations familiales indépendamment du revenu et sans soumission à l'impôt, ce qui aboutit à donner deux fois plus, avant prélèvement, à un contribuable imposé à plus de 50 % qu'à un foyer modeste, non assujetti à l'impôt sur le revenu. Mais, même en laissant de côté ces anomalies qui trouvent leur origine dans le vieux discours nataliste et surtout dans le poids du lobby familial, « les exclus » sont dans la réalité des choses exclus du système social, même quand ils y ont pleinement droit. Cet énorme appareil aux doigts gourds est incapable d'appréhender les millions de membres de cette société invisible qui a payé le vrai tribut de la crise; il ne sait ni les repérer, ni les chercher, ni les traiter. Il attend des assujettis qu'ils se présentent au guichet et remplissent les formulaires, comme si ce n'était pas déjà une forme de socialisation supérieure de pouvoir faire valoir, à bon escient, ses droits... L'aide sociale pourrait être plus pratique et moins procédurière; la prise en charge des exclus devrait leur valoir en théorie des avantages supérieurs aux autres, et non les mêmes possibilités; la politique familiale gagnerait à se fixer pour cible privilégiée les familles nombreuses nécessiteuses, au lieu de déverser ses prestations avec autant de discrimination qu'une pomme d'arrosoir. Mais là aussi, comme pour le système éducatif, toucher aux principes, ce serait atteindre des droits acquis. Droits acquis d'une classe moyenne qui est encore moins disposée à transiger sur ses avantages sociaux que sur ses revenus salariaux. Droits acquis d'une bureaucratie sociale, dont FO s'est fait de longue date le porte-parole, et qui n'a aucune envie d'affronter une réforme majeure de son fonctionnement. Droits acquis des privilégiés qui s'accrochent au vieux principe de 1945 suivant lequel les prestations sociales ne sont pas liées au revenu et qui n'ont aucune envie de ne plus toucher les allocations familiales ou de devoir supporter la charge de la médecine de ville en s'assurant à leurs frais. Droits acquis, en un mot, des millions de citoyens qui profitent du système, des dizaines de milliers qui le font paisiblement tourner, des quelques milliers qui en sont devenus la confortable nomenklatura et qui s'y lovent avec autant de bonheur que les élites soviétiques le faisaient dans une URSS en faillite du temps de Brejnev. C'est à travers la lutte contre l'exclusion que se joue l'intégration des immigrés, dès lors que, tous fantasmes détruits, ils représentent le lumpen-lumpenprolétariat. Et de ce fait, toute réflexion sur le modèle d'intégration conduit à retrouver le débat trop longtemps escamoté sur l'égalité à la française : des procédures en apparence égalitaires perpétuent, voire renforcent, les inégalités.

Peut-on lutter contre les ghettos?

Le vrai moteur de la xénophobie ambiante tient, nous l'avons vu, à l'apparition de ghettos urbains dans une société française qui s'accommode volontiers de la pauvreté invisible mais ne tolère pas de poches ostentatoires de marginalité. Ces ghettos sont devenus la lie d'un système de logement dont les immigrés constituent les victimes naturelles. Leur marginalisation en matière de logement est bien pire, par exemple, que dans le domaine scolaire. A regarder les données, on croit relire le « tableau général sur la pauvreté », tel qu'il a pu ébranler la conscience collective au dix-neuvième siècle. En 1982, sur 1,2 million de ménages immigrés recensés, 21 % étaient propriétaires contre 53 % des Français et 24 % étaient locataires d'organismes HLM ou assimilés contre 13 % de ménages français. 10 % des étrangers vivent en foyers et 55 % des logements étrangers sont surpeuplés. D'après le recensement de 1982, 31 % des étrangers occupent des logements modérément surpeuplés contre 12 % de Français et 22 % d'entre eux des logements au « surpeuplement accentué » – quelle asepsie du langage sociologique! – contre 2 % des Français. Les Portugais, Espagnols, Italiens et Marocains représentent à eux seuls 65 % de la population étrangère installée dans des communes rurales, alors que les Algériens vivent majoritairement dans les grandes agglomérations. La situation semble, depuis quelques années, se dégrader à en croire les experts : éloignement des immigrés des centres-villes; dévalorisation du parc HLM; ralentissement de la construction de logements neufs abordables. Les immigrés sont devenus, dans ce contexte, les meilleurs clients du logement social! Ils occupaient 5 % du parc en 1968, 15 % en 1975, 24 % en 1983, mais à catégorie socioprofessionnelle équivalente, les immigrés se satisfont plus facilement des logements sociaux que les Français et, dans le cas des grandes villes, plus on s'éloigne du centre, plus les étrangers sont nombreux à se loger de la sorte. Constat qui, à lui seul, voudrait dire que la discrimination existe et qu'elle aggrave la « ghetto-isolation ». Ainsi apparaissait-il en 1984 que certains grands ensembles étaient inoccupés à 30 % en raison du refus des organismes publics d'accueillir des immigrés. Malgré l'égalité apparente proclamée par les textes, les familles étrangères prioritaires rencontrent de graves difficultés pour obtenir un logement social, surtout quand il s'agit d'accompagner un regroupement familial.

La ségrégation par l'habitat a, en fait, une double origine : l'inadaptation du marché du logement aux besoins de familles immigrées surtout très nombreuses – le module F2, F3 pour petit couple français n'est pas adapté –, et évidemment l'attitude sélective des élus locaux dont la loi de décentralisation a accru l'influence sur les offices HLM. Sans doute, en face de ce bilan catastrophique, les pouvoirs publics peuvent-ils, à titre apologétique, arguer d'une politique active menée depuis plus de trente ans, avec la création de la Sonacotra, les mesures pour résorber l'habitat insalubre, les quotas d'accès pour immigrés en matière de logement social, les mille et une conventions avec les organismes constructeurs, les structures de coordination, les mesures destinées aux populations à « problèmes spécifiques », les opérations Banlieues 89..., toute la panoplie accompagnant un bon et solide travail technocratique qui a, au mieux, permis de ralentir une évolution inexorable. Il semblerait – le jugement doit être en la matière nuancé –, que sont plus efficaces les opérations ponctuelles, comme celles, à l'évidence exemplaires, menées dans ces hauts lieux de la ghettoïsation et de la xénophobie qui ont pour noms Les Minguettes et Dreux. Elles ne peuvent, de toute façon, que renforcer une conviction élémentaire. A savoir que les mesures abstraites, générales et impersonnelles, ne pèseront guère face aux tendances lourdes qui poussent au développement des ghettos : engrenage classique de l'exclusion et de la xénophobie. De là l'impératif d'une réflexion sur la politique du logement, d'autant plus nécessaire que la ségrégation à l'égard des immigrés constitue le paroxysme d'une situation générale qui voit les hiérarchies sociales s'exprimer de plus en plus violemment dans l'accès au logement. Cela résulte du poids désormais essentiel joué par le capital, de l'apparition de taux d'intérêt réels et de la difficulté de solder l'endettement immobilier par l'inflation. Le logement sera à la politique sociale de l'an 2000 ce que les allocations familiales ont été dans l'après-guerre. Sans correctifs, la classe moyenne va voir son mode de vie jusqu'alors homogène exploser sous les différences de logement, en particulier entre ceux qui auront hérité d'un petit patrimoine immobilier et les autres. Inutile, le jour où une réforme de la politique du logement sera décidée, de céder à la sempiternelle illusion de mesures sociales, d'application générale, qui mettraient fin à la ghettoïsation! Les règles indifférenciées joueront, là comme ailleurs, au profit des classes favorisées et au détriment des exclus, immigrés en tête. Il n'existe aujourd'hui aucune recette miracle contre les phénomènes de ghettos. Les seules réponses – et encore sont-elles partielles – relèvent d'une minutieuse acupuncture sociale et, à plus longue échéance, d'un meilleur aménagement du territoire.

Au titre de l'acupuncture, le meilleur exemple est l'action de la mission Bonnemaison sur la prévention de la délinquance : elle réunit les maires de nombreuses grandes villes indépendamment de leur couleur politique – ô miracle! –, et articule l'action autour des collectivités locales qui, à la différence d'un Etat providence lointain et maladroit, sont plus près du terrain et susceptibles, de ce fait, de mettre en jeu divers moyens afin d'encadrer « les populations à risques ». Ce ne sont pas de vagues prestations, mais de telles actions directes qui peuvent réduire les tensions locales. Elles ne combattent pas l'existence des ghettos, mais elles l'acceptent comme une donnée de fait et essaient, à la marge, d'en limiter les effets les plus pervers et d'empêcher les frictions avec la population environnante. Cette démarche de bon samaritain constitue un vrai progrès, tant dans les mentalités que dans la réalité quotidienne. Reste qu'elle suppose bonne volonté et participation des élus locaux alors que celles-ci tendent à être de plus en plus rares, car la pression xénophobe risque de mettre ce genre d'action à leur débit. L'Etat est évidemment moins sensible à cet environnement mais il est malheureusement hors du jeu pour mener ce genre d'acupuncture, sauf à l'aider par des crédits et des postes budgétaires. Ne nous leurrons pas : ces politiques constituent des placebos face à la force des choses qui pousse au renforcement des ghettos. C'est de l'école que peut venir le salut, non pour sauver les parents, mais au moins pour éviter aux enfants une exclusion héréditaire. Il faudra, pour cela, bousculer, nous l'avons vu, réflexes et habitudes.

Les ghettos traduisent aussi un aménagement du territoire incohérent : ils correspondent à une répartition géographique des immigrés qui colle, au départ, à la carte des industries lourdes et des grands chantiers de construction. L'immigration étrangère a pris, de ce point de vue, le relais de l'immigration provinciale vers les vieilles régions industrielles. Pour les géographes, la carte de l'immigration est, à elle seule, un indicateur du taux d'industrialisation. Les étrangers représentent 2,3 % de la population dans les communes rurales, 7,8 % dans les villes de plus de 100 000 habitants, 13,9 % à Paris. Dans un premier temps, l'implantation des immigrés dans des régions de vieille culture industrielle a facilité leur insertion : le rôle du mouvement ouvrier, aujourd'hui en décomposition, a été essentiel. Ainsi l'engagement au parti communiste signifiait l'intégration à la société française, à travers le combat politique, ce qui faisait passer au second plan les questions d'identité nationale ou ethnique. En ce sens, la grande entreprise – et non la petite – pouvait constituer le meilleur lieu d'intégration. Mais aujourd'hui cette fonction de contre-société du monde communiste a disparu et les usines demeurent désormais un espace social où s'expriment les aspirations ethniques ou religieuses, le syndicalisme constituant, de ce point de vue, un simple instrument. Dans la mesure, de surcroît, où la paranoïa française trouve son fondement dans les ghettos, eux-mêmes sous-produits de la concentration industrielle, la vieille ambition d'aménagement du territoire retrouve une nouvelle légitimité. Ce n'est pas demain que les usines migreront vers la campagne... Mais tout ce qui accélère la décentralisation des grandes unités industrielles contribue à faire baisser la tension sur l'immigration, ce qui ne veut pas dire, par un raccourci désormais trop rapide, le vote d'extrême droite. C'était le cas il y a cinq ans, mais aujourd'hui le Front national récolte 10 à 15 % des voix dans les zones rurales, sans le moindre immigré à l'horizon : il a réussi sa jonction avec la vieille droite classique et xénophobe dont Vichy avait représenté l'ultime accomplissement. Mais même sans dividende politique instantané, un regain de décentralisation serait positif. C'est une œuvre de longue haleine, quasi éternelle, que le retour de la croissance économique remet à l'ordre du jour : la relance de l'investissement industriel entraîne, au-delà des premières opérations de productivité, la construction de nouvelles usines et, pour la première fois depuis vingt ans, les grands groupes ont de nouveau de tels projets dans leurs cartons. Or dans l'intervalle, l'Etat a perdu de son tonus et de son ambition de réaménager le territoire. Effets de la décentralisation, réduction des investissements à l'époque de la crise, affaiblissement, dans l'air du temps, de toute visée volontariste : le laisser-aller, laisser-faire est devenu la règle. Aujourd'hui, via l'immigration, l'impératif réapparaît. C'est une tâche plus essentielle que, par exemple, l'illusoire rééquilibrage de la région parisienne vers l'Est dont la puissance publique semble faire un objectif prioritaire, tout en le condamnant dans les faits par le doublement de la Défense. Qu'il n'en aille pas de même pour l'aménagement du territoire! Cela suppose une main de fer, des interdits – oui des interdits – et des incitations financières. A l'Etat de sortir de ses tiroirs, pour le remettre au goût du jour, l'arsenal de mesures, les unes répressives, les autres incitatives, que le gaullisme avait inventées pour lancer ce grand projet. C'est aller à rebours du libéralisme ambiant qui, gauche ou droite au pouvoir, considère la moindre contrainte exercée sur les industriels comme une mesure antiproductive. La déréglementation n'a pas encore bouleversé des textes sédimentés depuis un siècle; elle a conquis les esprits. Que l'idée de contrainte est devenue vieux jeu! Là aussi, la question des immigrés a pris une ampleur telle qu'elle interpelle l'Etat et remet en cause son évolution philosophique récente. Elle pousse en réalité à un Etat plus fort et plus interventionniste sur certains points, plus en retrait qu'aujourd'hui sur d'autres – il est plus essentiel de remodeler le territoire que de voir la puissance publique demeurer actionnaire de Pechiney – et qui, au nom de ses principes d'égalité, sache pratiquer l'inégalité dans ses méthodes... C'est un nouvel Etat-nation que la vengeance des nations exige.

Et la laïcité?

La France ne sortira jamais de ce débat incompréhensible aux yeux des autres pays développés. Encore qu'à tout prendre c'est une forme de guerre civile froide, moins dramatique que les éternelles questions basque ou irlandaise! Après 1984, l'affaire des foulards! Les Français semblaient avoir fait la paix, entre eux, sur l'école libre. Voilà la laïcité, de nouveau, en première ligne avec la question immigrée, car à travers ce mot mythique, consubstantiel à la culture républicaine, c'est tout le problème du droit à la différence à l'intérieur de la communauté française qui se trouve posé.

L'affaire du foulard, en elle-même, mérite attention car elle a montré une capacité de la société civile à s'enflammer, dans un sens ou dans l'autre, qui témoigne d'une incroyable violence rentrée. Violence rentrée des débats idéologiques qui, soudainement, ont retrouvé un terrain d'affrontement, avec des excommunications à la clef. Violence rentrée de la classe politique qui a retrouvé une verdeur d'expression – souvent en déplaçant les lignes traditionnelles de clivage – dont elle avait perdu le goût. Violence rentrée des médias qui, soudainement, ont abandonné l'information au profit de l'opinion. Violence rentrée du monde enseignant qui a retrouvé un terrain sur lequel réaffirmer son éthique, quitte à oublier ses insatisfactions matérielles et sa marginalisation. Violence rentrée des discussions familiales, communautaires, associatives qui ont vu voler en éclats sur ce thème-là les positions des uns et des autres. Tout est rapidement rentré dans l'ordre, mais le fait social en soi mérite d'être médité : la société n'est ni aussi apathique, ni aussi anomique que l'individualisme ambiant le laisse penser. Elle renferme une pulsion cachée.

La tragi-comédie qui a bouleversé la France s'est déroulée, comme il se doit, en cinq actes. Acte premier : le principal du lycée de Creil estime que le port du foulard représente « une atteinte à la laïcité et à la mentalité de l'école publique », position qui suivait la décision prise, quelques mois auparavant, d'interdire les absences, le samedi matin, des élèves juifs. Les trois jeunes filles retournent à l'école, après un savant compromis où l'esprit laïc s'est hissé à la hauteur des meilleurs jésuites : elles viennent avec le foulard, mais l'enlèvent en cours. Acte deux : l'entrée en scène des associations et des religieux; SOS-Racisme s'interroge sur la vraie question, l'intégration des enfants immigrés par l'école publique, alors que France-Plus prend une position laïque stricte. A partir de ces deux analyses contradictoires, le psychodrame commence. Le cardinal Lustiger choisit une approche tolérante qui va faire croire à la solidarité corporatiste des religions, au moment de *la Dernière Tentation du Christ*. Laïcs contre cléricaux : chacun retrouve ses marques. Acte trois : l'affaire politique. Mme Mitterrand, l'inévitable Vergès devenu défenseur des parents des jeunes filles, l'ensemble des syndicats et des responsables politiques : chacun fonce dans la mêlée. Acte quatre : l'entrée en scène des intellectuels, avec le tohu-bohu d'un manifeste publié par *le Nouvel Observateur* sur le « Munich de l'école républicaine » – rien que ça ! – qui permet à la gauche de se déchirer comme aux plus beaux temps. Acte cinq et dénouement : l'intervention du droit ; Lionel Jospin s'en remet au Conseil d'Etat qui décide que « le port d'insignes religieux par les élèves n'est pas incompatible avec la laïcité, s'ils n'ont pas un caractère ostentatoire ou revendicatif », et que l'appréciation relève des autorités éducatives, sous le contrôle, si besoin est, du juge. Fermez le ban ! L'affaire du foulard se termine mais elle a avivé encore le débat sur l'immigration et accentué le sentiment, chez beaucoup, de l'impossibilité d'intégrer les Maghrébins : 50 % des Français déclarent avoir peur de l'islam et 51 % affirment que la plupart des immigrés ne pourront pas être intégrés.

Mais, de cette tragi-comédie si typiquement française, que de leçons à tirer, outre cette bouffée inattendue de violence intellectuelle ! Leçon : la difficulté, compte tenu du poids de la question scolaire, d'aborder l'intégration des immigrés à travers le système éducatif, dès lors qu'il faut remettre en question les « tables de la loi ». Leçon : l'intensité du débat, même à gauche, sur l'identité nationale. Il témoigne des effets, même dans les milieux les plus évolués, de la paranoïa xénophobe actuelle. Jamais cette querelle, autour d'un foulard – ou d'un « fichu » comme avait dit drôlement Chevènement –, n'aurait suscité il y a quelques années une telle agressivité. La question nationale taraude désormais tout le monde. Leçon : le discrédit de la classe politique pour dire le vrai ou le juste. La position nuancée, dès le départ, de Lionel Jospin n'a pas été différente de l'avis du Conseil d'Etat ; elle n'était pas audible avant d'être sanctifiée par le droit. Leçon : le recours ultime aux juristes, non pour interpréter la loi, mais simplement pour faire entendre la voix du bon sens. Lorsqu'une société accorde un pouvoir discrétionnaire au droit, cela signifie que ses acteurs se sont bien affaiblis ou disqualifiés. Leçon ultime : l'hypersensibilité de la société française à la question immigrée est désormais si vive que la moindre anicroche locale peut provoquer un incendie national.

Or, derrière l'interrogation sur la laïcité, c'était en réalité la question de l'identité nationale qui se faisait jour. Mais comme la pensée de gauche est mal à l'aise avec ce thème qui, par le simple choc des mots, lui paraît appartenir au patrimoine intellectuel de la droite, elle se réfugie dans une pétition de principes philosophiques pour laquelle elle rompt des lances depuis un siècle. Car ce n'est pas l'acceptation de l'islam qui était en question derrière ces maudits foulards. Les croix sur les poitrines, les kippas sont tolérées de longue date, de même, de façon tacite, que l'absence des élèves juifs pieux le samedi matin. Seuls quelques intégristes laïcs voudraient aussi mettre fin à ces pratiques. Quant à la distinction établie par le Conseil d'Etat entre les signes religieux discrets, et donc tolérés, et ceux qui sont ostentatoires et revendicatifs, susceptibles d'être proscrits, elle n'est pas d'un maniement aisé. Ce ne sont pas les emblèmes religieux qui semblent, par nature, revendicatifs; c'est le contexte dans lequel ils s'inscrivent. Et celui-ci révèle à l'évidence une communauté française sur la défensive.

En matière strictement religieuse, le bon sens pousse à la banalisation de l'islam : construction de lieux de culte, acceptation des pratiques religieuses comme pour les juifs, création d'instances communautaires avec, nous l'avons dit, l'avantage de pousser, sans le proclamer, une approche de type « concordataire » plutôt que fondée sur le mythe de l'absolue séparation de l'Eglise et de l'Etat. L'intégration sera sur ce plan-là réussie le jour où les musulmans se sentiront aussi à l'aise que les juifs sépharades. En réalité, la dimension religieuse s'efface derrière la question autrement plus lancinante de l'intégration et de l'identité nationale : si la seconde était, par miracle, résolue, la première le serait quasi automatiquement. Le modèle américain est désormais inadapté dans une France en pleine paranoïa. Mais que les spécialistes en laïcité ne se fassent guère d'illusions ! Leur vision est, elle aussi, inadéquate. Arrêtons de rêver d'enfants qui, telle une terre meuble, recevraient à travers l'école les saints sacrements de la nation française. Si le système scolaire fonctionnait en harmonie avec cette conception idéalisée, les phénomènes d'exclusion n'existeraient pas et Bourdieu pourrait remiser ses tables logarithmiques sur le capital culturel. Si nos pourfendeurs du « Munich de l'école républicaine » acceptent l'idée d'une action spécifique vers les exclus et en particulier les immigrés, fût-ce avec des mesures aussi peu classiques que des primes importantes pour les agrégés qui enseigneraient aux enfants des ghettos ethniques, comment peuvent-ils penser que les élèves concernés doivent, simultanément, rompre les amarres avec leur milieu d'origine ? La réussite de l'intégration exige que l'on sorte du moule égalitariste à la française, en reconnaissant les handicaps spécifiques des immigrés, mais aussi en acceptant leur désir d'identité. Là aussi, tout est question de degré et de nuance, et ce sera à la jurisprudence de faire prévaloir le bon sens, comme pour les foulards. Tout ce qui est contraire aux droits des individus tels que les définit le Préambule de la Constitution ne saurait être accepté au nom de n'importe quelle tradition culturelle. Exit l'excision, de même que les rites tribaux, la polygamie et autres. Mais, à l'abri du cadre constitutionnel qui fonde l'égalité des citoyens et le respect des personnes, c'est au juge d'apprécier l'acceptable et l'inacceptable.

La France se mettra, de ce point de vue, dans la situation classique des grandes démocraties qui laissent au juge le pouvoir d'ajuster les droits et les devoirs des individus en fonction de la loi mais aussi du contexte et de la psychologie collective : la jurisprudence manifeste, de la sorte, une souplesse dont la loi, plus rigide, plus manichéenne, est incapable. Nos chantres de la laïcité, c'est-à-dire de l'identité nationale camouflée sous les principes laïcs, réfuteront une telle approche. Héritiers d'une vieille tradition politique, ils en appelleront à la souveraineté populaire, donc à la loi, de préférence au juge dont la pratique plus flexible fait la part moins belle aux intangibles valeurs républicaines. Ils n'admettent pas l'identité dans la souplesse et veulent les immigrés, tels les bourgeois de Calais, la corde au cou, suppliant de pouvoir pénétrer dans le nirvana français. Le clivage entre « républicains » et « démocrates » réapparaît inévitablement, à chaque détour de la pensée, dès que la question nationale se profile. Même si les démocrates ont abjuré le modèle américain d'intégration, ils privilégient une approche plus souple et plus contractuelle, qui s'articule autour de plusieurs principes. Premier principe : une citoyenneté « ouverte » qui multiplie les statuts intermédiaires et les voies de passage entre les populations française et immigrée, alors que les républicains privilégient une approche pure et dure – on appartient ou non à la communauté nationale –, retrouvant, à partir du droit du sol, une philosophie à l'allemande qui s'était pourtant constituée sur la base du droit du sang. Deuxième principe : l'intégration passe par l'école et le système social, mais le cumul des handicaps de ce « lumpen-lumpenprolétariat » suppose, au nom de l'égalité des chances à la fin du cursus, une action spécifique et ciblée qui suppose des inégalités méthodologiques dans l'approche. Les républicains en sont restés à l'école pour tous, identique, non plus de Dunkerque à Tamanrasset, mais de Neuilly à La Courneuve. Troisième principe : il n'existe pas de problème de l'immigration, mais l'addition de difficultés locales aux alentours des ghettos, et par ailleurs une paranoïa collective. Faisons déjà le maximum, sur le plan empirique, pour réduire les tensions ponctuelles : vive, de ce point de vue, l'acupuncture!

Alors que les républicains n'aiment guère cette façon de travailler, maille par maille, ce tricot que représente la société; ils préfèrent règles, normes et mesures générales. Quatrième principe : l'intégration dans les sociétés contemporaines suppose d'accepter la revendication d'autonomie et les spécificités culturelles de groupes minoritaires. Comment peut-on lutter pour les droits des femmes, des homosexuels, des Basques et demander aux immigrés de se débarrasser de leurs racines, sauf à pratiquer, sous couvert d'intégration, une autre forme de racisme? Les antisémites ont affirmé pendant des décennies qu'une fois assimilés jusqu'au moindre détail les juifs ne subiraient plus de discrimination. Au juge de déterminer les formes d'identité acceptables, parce qu'elles ne portent atteinte ni aux valeurs fondamentales de la société française, ni aux droits des autres individus. Pour nos républicains, héritiers du « petit père » Combes, l'intégration doit être totale, car les spécificités des immigrés remettent en question l'unité nationale, comme peuvent le faire l'enseignement de la langue corse ou la décentralisation.

Affirmer ces principes, leur donner une cohérence idéologique globale, c'est aussi lutter contre le délire xénophobe, au même titre que mener un inlassable travail d'informations sur les chiffres, la réalité de l'immigration, et la nature des phénomènes d'exclusion dont les étrangers représentent les plus malheureuses victimes. Le silence n'est pas le bon traitement d'un dérapage collectif. C'est dans la transparence qu'une société vainc ses maux, non dans l'hypocrisie. Avis aux responsables politiques, religieux, syndicaux ou intellectuels qui ont proclamé l'impératif du silence, par peur de voir les mots aviver le mal! La France est paranoïaque. A elle de se guérir et à ses élites de faire leur devoir en se portant sur ce front-là, au lieu d'attendre de la Providence qu'elle fasse refluer la vague raciste comme elle l'aurait arbitrairement fait monter! La xénophobie est le symptôme d'un malaise français, qui, à force de s'aggraver, est devenu lui-même le cœur du mal. Les maladies sociales n'acceptent pas mieux que les maladies individuelles que l'on donne du temps au temps.

***

Les rationalistes de l'Histoire, les hégéliens en tout genre penseront dans les années à venir que le retour des nations dans l'univers international – en particulier en Europe – et la pression identitaire à l'intérieur de nos sociétés ont une origine commune. Que la dialectique de l'Histoire se poursuit inexorablement et qu'aux excès d'internationalisme succède un cycle nationaliste, le balancier revenant des classes sociales vers les nations. Les kantiens pourront, eux, prétendre qu'aucun de ces phénomènes n'était inscrit dans les astres de l'Histoire et leur coïncidence moins encore... Les uns et les autres ne videront pas davantage leur querelle sur ce terrain-là qu'ils ne l'ont fait antérieurement : laissons-les aux joies de la philosophie historique! Les nations sont en train de se venger deux fois : dans l'ordre international et sur le plan interne. C'est cette conjonction qui rend difficiles les prochaines années. Il existe en effet dans cette coïncidence un risque plus ou moins grand de dérapage, en fonction en particulier de l'évolution du théâtre européen. Le jeu des scénarios le montre bien : même l'hypothèse la plus anodine correspond à une situation plus difficile que la plus délicate des périodes de l'après-guerre. Avec une telle toile de fond, les grandes questions se rouvrent après un demi-siècle de quiétude et de langueur stratégique : l'Etat-nation; les équilibres de la société; l'art et la manière de gérer le complexe. Le tout dans un environnement international où les risques de dérapage sont plus importants qu'autrefois et avec pour cadre une société qui oscille entre un malaise général et une paranoïa particulière, liée en l'occurrence à l'immigration. L'Histoire est sortie du congélateur : à nos modes de pensée de faire de même.

CHAPITRE VII

Le saut dans l'inconnu

Avec la fin de l'après-guerre, un ordre s'est effondré qui garantissait la paix par la dissuasion entre les deux puissances ennemies. Chacune faisait régner la discipline dans son camp : à l'Ouest de façon relâchée; à l'Est sur un mode totalitaire; de sorte que toute escarmouche dérapait instantanément dans un affrontement entre les deux Grands, qui se chargeaient de calmer le jeu. Un subtil Grec m'a un jour résumé en deux phrases le changement d'univers que nous vivons : « Si les Bulgares nous avaient attaqués, nous Grecs, pour récupérer la Thrace il y a trois ans, c'était la guerre mondiale; maintenant ce serait un grave conflit local. » Tout est dit : hier la menace, aujourd'hui les risques; hier l'ordre, aujourd'hui le désordre ou l'aléa. Après un demi-siècle où l'avenir paraissait assuré – pour les Occidentaux la démocratie, la prospérité et la paix – pour les pays sous régime communiste la domination bureaucratique, l'inefficacité économique mais aussi la paix, nous devons réapprendre à penser l'incertain. Ce n'est que le retour à l'état naturel des relations internationales : rien, avant 1945, n'était jamais acquis, et seul le couple indissociable dissuasion nucléaire/guerre froide a réussi à figer l'Histoire.

Face à l'inconnu apparaissent quelques certitudes, et, à leur jonction, deux grands scénarios. Le premier, noir voire apocalyptique; le second, correspondant à la poursuite de la situation actuelle, c'est-à-dire à un jeu mondial suffisamment policé pour qu'il permette une régulation des crises. Car – c'est une réalité dont nous devons chaque jour nous pénétrer –, nous vivons un moment de grâce; et les choses ne peuvent logiquement que se dégrader. Si la sagesse des nations et le savoir-faire des hommes d'Etat réussissent à maintenir durablement le statu quo, nous aurons vécu un miracle stratégique. Avec la réapparition de l'incertain, les hommes d'Etat font en effet leur retour. Non seulement parce que la mort du communisme sonne le glas du triomphe des infrastructures sur les hommes, mais surtout parce qu'un monde stable ne laissait guère d'initiative aux grands fauves politiques – qu'a fait d'autre le général de Gaulle après 1958 que de secouer les barreaux de la cage? – alors que dans un univers fluide tout devient possible, y compris de bousculer les événements. Gorbatchev en témoigne, mais surtout Kohl : le premier avait à l'esprit de déverrouiller la marmite totalitaire; il ne s'attendait pas qu'au premier tour d'écrou elle explose. Le second, lui, a restitué ses lettres de noblesse à l'audace politique. Il a jaugé, agi, gagné. Mais le jeu sera pour eux tous de plus en plus difficile.

Jusqu'à présent, la partie d'échecs internationale n'a pas encore pesé sur les équilibres internes des sociétés, du moins en Occident. De crise en crise et d'aléa en aléa, elle entrera en résonance avec les mouvements d'opinion, en suscitera de nouveaux, en métamorphosera d'anciens : il faudra garder un œil sur les arrières, afin que le scénario international noir, s'il advenait, ne fasse courir aucun risque à la démocratie. Il va de soi en effet que si prévaut un ordre autorégulé, comme aujourd'hui, même les pires malaises internes, telle la paranoïa des Français à l'égard de l'immigration, finiront par s'essouffler. Au fond, derrière la vengeance des nations se profile la résurrection du Politique.

Points fixes et incertitudes

Le premier point fixe, le plus bouleversant, est évidemment la fin des grandes puissances. Le couple américano-soviétique est mort, même si en apparence il n'a jamais paru aussi cohérent. L'affaire irakienne a constitué la première illustration de cette nouvelle réalité : jamais Saddam Hussein n'aurait bougé, il y a quelques années, sans le feu vert de Moscou, grand pourvoyeur d'armes et tuteur stratégique; dégagé de tout lien de subordination, il a agi selon son bon plaisir, et les deux Grands se sont métamorphosés en notaires de la loi internationale, pour en rappeler de conserve les principes. Mais cette loi internationale n'existe pas plus aujourd'hui qu'hier. Elle était sanctifiée par le statu quo entre supergrands : toucher à une frontière, c'était toucher à l'ordre du monde et « les enfants » savaient jusqu'où ne pas aller, comme l'a montré, dans les conflits israélo-arabes, la retenue des acteurs : l'impossibilité, pour les Arabes, de détruire Israël, même s'ils en avaient eu les moyens; l'interdiction pour Israël d'envahir Damas en 1973.

La loi internationale ne constituait que l'habillage sympathique et éthique de ce rapport de forces mondial. Celui-ci s'incarnait évidemment dans la dissuasion nucléaire, peur salutaire pour la planète entière : un conflit local débouchait naturellement sur un affrontement entre les Grands; celui-ci suscitait instantanément le risque nucléaire. Dans le monde de l'après-guerre, la bombe H garantissait les frontières les plus reculées. Dès lors que la Russie revient dans le concert traditionnel des nations, le risque nucléaire disparaît; l'arme atomique joue le rôle d'une assurance vie à longue échéance pour chaque Etat, face à l'inconnu : elle n'est plus, du moins entre les Grands, un instrument d'ordre et de stabilité! Les stratèges avaient énoncé, de longue date, cette évidence : plus le risque nucléaire recule, plus le risque conventionnel s'accroît. Le nucléaire exercera-t-il le moment venu, les mêmes effets dissuasifs entre les puissances régionales qui en disposeront : l'Inde et le Pakistan; Israël et l'Irak; la Chine et l'Inde? L'avenir le dira. Toujours est-il que, comme facteur d'ordre mondial, l'atome a perdu de sa magie et cet effacement va de pair avec la disparition des supergrands comme tuteurs du monde.

La déconfiture de l'empire soviétique réduit dramatiquement le rôle international de ce qui subsiste, en l'occurrence la Russie, mais les Etats-Unis, malgré leur victoire idéologique, voient aussi s'évaporer leur leadership. D'abord par la disparition, paradoxalement, de leur adversaire-partenaire, car la puissance de l'un renforçait l'autre par la simple logique du duopole mondial : aujourd'hui Washington éprouve de plus en plus de difficultés à maintenir l'ordre dans son camp, une fois disparue la peur du grand Satan soviétique. Ensuite, à cause de la montée des superpuissances économiques, Japon et Allemagne, dont la diplomatie du yen et du mark suffit à accroître le poids, avant même qu'elles ne décident de tenir un rôle proprement politique. Enfin avec l'apparition de puissances militaires régionales, dont l'effacement du nucléaire a accru la capacité d'initiative. Structurée pour un affrontement Est-Ouest où les forces conventionnelles devaient jouer le rôle de sonnette d'alarme avant l'emploi du nucléaire, l'armée américaine n'est pas en état de faire la police dans le monde entier : elle peut agir à sa guise au Liberia ou à la Grenade; elle éprouve davantage de difficultés au Panama; elle est au maximum de ses moyens pour mener un conflit frontal avec l'Irak et serait hors d'état d'assurer simultanément deux opérations de police de grande ampleur.

Ainsi dans un monde dont le principe d'ordre – en l'occurrence la crainte de l'apocalypse nucléaire – a disparu, des puissances régionales retrouvent l'autonomie que leur donnent des appareils militaires puissants dont la clef d'utilisation, jusqu'alors dans la main des supergrands, leur revient en propre. Les Etats-Unis ne sont plus ni la démocratie impériale de 1945, ni le gendarme du monde qu'ils étaient en 1960 : ils deviennent désormais une superpuissance régionale – de là la redécouverte de l'Amérique du Sud par l'administration Bush – et un acteur mondial majeur, à défaut d'être décisif.

Deuxième point fixe, en forme paradoxalement d'incertitude : le trou noir soviétique. Non seulement l'Union soviétique n'est plus un facteur d'ordre dans le monde, mais la Russie sera longtemps une terre de désordre pour elle-même. Le renversement de perspective est décisif pour les Européens : hier adossés à l'Est à un monde stable, ils s'appuient désormais sur le vide et l'aléa. Puissance nucléaire majeure, la Russie a toujours les moyens de vitrifier la planète, mais, à cet extrême dramatique près, elle est hors jeu. Hors jeu économiquement : ce sera, pendant des décennies, un mendiant aux portes de l'Occident. Hors jeu politiquement : les irrédentismes nationaux occuperont suffisamment ce qui restera de pouvoir à Moscou pour qu'elle ne puisse s'immiscer activement dans les affaires du monde. Hors jeu militairement, car, si le glaive nucléaire demeure dans son fourreau, l'armée conventionnelle mettra des années à retrouver un semblant d'organisation après les débâcles qu'ont constituées pour elle l'Afghanistan, la retraite des pays de l'Est et la disparition de la discipline sous la pression ethnique.

Comment une superpuissance vit-elle l'humiliation? Quels sursauts nationalistes peut-elle connaître? Jusqu'où exploitera-t-elle son dernier atout, la menace nucléaire? Lorsqu'un des joueurs principaux s'effondre, la partie entière doit être repensée. Tout à la joie de voir la Russie se banaliser et se policer, les pays occidentaux n'ont pas encore compris qu'en matière de stabilité internationale « un seul être vous manque et tout est dépeuplé ». Il leur faut désormais apprendre à voir la Russie non plus comme un supergrand fugitivement affaibli, mais comme un trou noir dont l'obscurité est, elle-même, une menace.

Troisième point fixe qui constitue le fil d'Ariane du monde dans lequel nous entrons : l'exacerbation de tous les nationalismes périphériques. Aux confins de la Russie; au cœur de l'Europe centrale et des Balkans; dans le monde islamique avec l'irrésistible ascension de l'intégrisme dont nous savons, depuis l'Irak, qu'il peut être laïc ou religieux; en Afrique avec des rivalités tribales croissantes, y compris en Afrique du Sud où la fin de l'apartheid entraîne d'ores et déjà d'inévitables conflits interethniques...

La vengeance des nations ira-t-elle jusqu'à voir le nationalisme gangrener à nouveau les grandes démocraties occidentales? Ce n'est pas une question qui prend place dans le même échéancier : les nationalismes périphériques risquent d'atteindre leur paroxysme dans les prochaines années; la prise en masse des vieux pays, si par malheur elle se produit, demandera plus de temps. Dans le cas où l'exacerbation nationale se cantonne dans les confins du monde développé, celui-ci aura à gérer crise locale sur crise locale et à limiter, chaque fois, les risques de déstabilisation. Dans l'autre cas – un néo-nationalisme des grandes nations européennes – et donc à beaucoup plus long terme, les logiques d'affrontement seront plus dangereuses et le nucléaire retrouvera son utile fonction de dissuasion. Que l'on me pardonne cette hypothèse iconoclaste! Il y a neuf chances sur dix pour qu'en 2020 les relations entre la France et l'Allemagne soient amicales et chaleureuses. Qui peut néanmoins garantir qu'il n'existe aucun risque, sous l'emprise de sociétés civiles en proie à une résurgence nationaliste et populiste, de les voir à nouveau durcies et hostiles? Ce jour-là le nucléaire qu'elles posséderont l'une et l'autre – car l'Allemagne ne pourra pas éternellement se priver, par gentillesse, de cette assurance vie – retrouvera toute sa valeur et garantira la paix. Idée folle et malsaine, penseront beaucoup, d'imaginer dans une génération une relation franco-allemande tempérée par la dissuasion nucléaire. Ils ont, espérons-le, raison mais, dans le monde où nous entrons, il faudra apprendre à ne jurer de rien... Le retour des nations est une composante essentielle de notre avenir. Seules son intensité et sa violence demeurent méconnues, du moins à l'intérieur d'un monde occidental riche et prospère.

Mais à ces points à la fois fixes et variables s'ajoutent des incertitudes qui interdisent, elles, tout pronostic. Comment le Japon et l'Allemagne assureront-ils leur leadership? L'idée dominante est une fois de plus une prolongation du passé récent : ils accepteraient de limiter leur influence au seul champ économique, se gardant de transformer leurs atouts financiers et industriels en dividendes politiques et stratégiques. Cette autorestriction continuerait de constituer le dernier prix qu'ils paieraient pour le passé. Absurde! La cavalcade de l'Allemagne vers son unité aurait dû suffire à dessiller les yeux des incorrigibles optimistes : quand son intérêt supérieur a été en jeu, elle s'est souciée comme d'une guigne de ses alliés et des convenances. Elle s'est, ce jour-là, saisie de sa pleine souveraineté, bien avant que les traités internationaux la lui restituent. En réalité, l'Allemagne est d'ores et déjà redevenue une puissance politique, indépendamment du rôle que confère sur ce terrain-là la richesse. Elle évite, pour l'instant, de le montrer. Mais les seules limites à son influence politique sont celles qu'elle se donne à elle-même, telle par exemple sa renonciation, jusqu'en 1995, à l'arme nucléaire et le plafond fixé pour ses troupes conventionnelles. Jusqu'où la poussera sa dynamique de démocratie impériale? Quelles aspirations de puissance saisiront son opinion publique? Quel jeu de bascule voudra-t-elle mener dans le concert européen? Combien de temps se sentira-t-elle obligée de donner des gages à l'idée communautaire dont elle s'était faite si longtemps le chantre? L'Allemagne fixera de son plein gré le sort stratégique de l'Europe, son caractère plus ou moins communautaire, son retour plus ou moins affirmé aux équilibres du type dix-neuvième siècle. Cela résultera d'une alchimie complexe entre l'expansionnisme naturel du *Volk*, la retenue d'une démocratie exemplaire, les aspirations contradictoires de l'opinion publique : les autres, Européens ou Américains, n'ont aucune prise sur ce phénomène. De là une certitude : l'Allemagne est, à elle-même, sa seule contrainte; et un doute : quelles bornes voudra-t-elle se fixer, entre le vertige de sa puissance retrouvée et la pudeur héritée de son passé?

Certitude et incertitude se partagent presque dans les mêmes termes à propos du Japon. Il est certes un pas en arrière de l'Allemagne, n'ayant pas encore soldé les comptes de l'après-guerre. Mais là aussi la guerre froide s'achèvera, même si la relation russo-japonaise a toujours été plus empreinte de méfiance que le lien russo-allemand. Le Japon deviendra, à son tour, un acteur souverain en Asie. Comment jouera-t-il? Et encore – question qui ne se pose pas pour l'Allemagne –, dégagé de l'obligation qu'il a eue, depuis 1945, de contracter une assurance stratégique auprès des Américains, du fait de son contentieux avec l'Union soviétique, comment exercera-t-il l'influence que lui donne sur les Etats-Unis son ascendant économique? Les Allemands n'ont pas, eux, réinventé la relation coloniale entre le centre et la périphérie aux dépens des Etats-Unis; le Japon, lui, y est parvenu. Voudra-t-il tirer un avantage politique de ses excédents commerciaux et de sa part du marché intérieur américain? Là aussi, la réponse est entre ses seules mains. Sans doute le système politique japonais ne produira-t-il pas aussi spontanément un Kohl, libre de ses mouvements et de ses initiatives, qui tirera parti de la moindre opportunité stratégique.

Mais sur cinq ou dix ans, la dynamique de cette oligarchie impérialiste sera encore plus impressionnante que celle de la démocratie impériale allemande, l'oligarchie ayant toujours généré moins de contraintes que la démocratie. A quel moment Tokyo se sentira-t-il obligé – ou désireux – de détenir pour sa sécurité une arme atomique qui constitue, pour une économie aussi puissante technologiquement, un jeu d'enfant? Quand l'impératif de puissance prendra-t-il le pas sur le souvenir d'Hiroshima? En fonction des limites qu'à l'instar de l'Allemagne le Japon s'imposera ou non à lui-même, la carte du monde sera différente, et en particulier la pulsion nationale pénétrera plus ou moins profondément à l'intérieur des pays riches. Même si le Japon est aujourd'hui moins souverain que l'Allemagne, le risque est grand qu'il devienne un jour plus ostensiblement nationaliste.

Autre incertitude : le degré qu'atteindront les affrontements nationalistes et la pression populiste en Europe centrale, dans les Balkans et aux confins de la Russie. Autant le phénomène est certain, de même que, de toute façon, son effet en retour sur l'Europe occidentale, autant son intensité est imprévisible. Où se trouvera le point d'équilibre, dans chacun des pays, entre les forces sociales modernisatrices et les mouvements populistes régressifs? Les tensions ethniques et territoriales se transformeront-elles en affrontements directs, en actes de terrorisme ou demeureront-elles contenues par les mœurs policées qui découlent d'échanges internationaux intenses et d'une relative homogénéisation des valeurs et des comportements? Risquons-nous, à 1 000 kilomètres de Berlin ou de Paris, un nouveau Sarajevo, des micro-Liban, ou au contraire une paix plus ou moins armée, plus ou moins sincère, continuera-t-elle de prévaloir?

L'internationalisation de la vie économique et l'occidentalisation des mœurs n'assurent d'elles-mêmes ni la paix, ni l'ordre. En l'absence d'un condominium semblable à celui d'autrefois entre Etats-Unis et Union soviétique, c'est le fond même des pays ou des ethnies en conflit qui déterminera la nature des tensions..., à moins que l'Allemagne n'ait suffisamment transformé la Mitteleuropa et les Balkans en « hinterland » pour son économie et pour qu'elle puisse, sans violence, jouer les gendarmes. Le maniement des crédits et de la technologie vaut, dans certaines situations, tous les Casques bleus de la terre. Pour nous Français, tout dépendra de l'intensité avec laquelle les nationalismes et, sur le plan intérieur, les mouvements populistes s'exprimeront. Notre malaise collectif, tel que l'exprime le dérivatif de l'immigration, nous rend plus sensibles que les Anglais ou les Espagnols à l'onde de choc qui peut partir de Varsovie, de Budapest ou de Bucarest. Si la démocratie vacillait partout dans les ex-pays communistes, à l'exception d'un pays tchèque devenu la Suisse pauvre de l'Europe du Centre, elle risquerait de ne pas être bien vaillante à Paris.

A ces incertitudes-là s'en ajoutent bien d'autres. Quelles formes prendra, dans les prochaines années, l'intégrisme au sud de la Méditerranée? Sera-t-il discret ou conquérant, modeste ou prosélyte? Quels pays arabes lui résisteront? La Turquie sera-t-elle protégée par la tradition kémaliste laïque? L'Egypte tiendra-t-elle? Et dans un chaudron moyen-oriental sous la pression de l'intégrisme islamique, Israël sera-t-il aussi soumis à un intégrisme juif? Avec, à la clef, des risques de conflit nés de l'agressivité des uns et des autres et qui pourraient conduire à la première guerre nucléaire régionale, ce qui ferait cette fois regretter le bon vieux temps de la guerre froide. Le problème désormais ne tient pas aux tendances lourdes qui vont dominer le monde – elles sont claires –, mais à leur intensité. La vengeance des nations est une certitude. Mais sera-t-elle insidieuse ou douce, agressive ou violente? Nous allons connaître une période dans laquelle les crises seront aussi naturelles au système international que la respiration à l'homme. C'est le propre d'un monde sans ordre, sans gendarme, sans superpuissance. Beaucoup dépend de l'intensité de ces spasmes et de leur rythme, et ceux-ci résulteront de la manière dont l'Histoire résoudra les questions en suspens : degré de violence des nationalismes; extension des mouvements populistes; virulence de l'intégrisme et réapparition ou non d'un surgeon nationaliste au cœur des pays riches, ce qui soulève à nouveau les interrogations sur l'avenir du Japon et de l'Allemagne.

Les crises sont notre avenir. A nous de nous y préparer. Notre futur est en réalité encadré par deux « scénarii » : l'un, plus théorique que réel car il suppose que toutes les évolutions négatives se produisent en même temps et que le pire entraîne le pire, sans coupe-feu, ni contre-mesure. L'autre correspond à la perpétuation de la situation actuelle, telle qu'elle s'est imposée depuis la fin de l'après-guerre, c'est-à-dire depuis un an. Celui-là est aussi optimiste que le premier est excessif, car il postule que toutes les évolutions en germe dans les sociétés contemporaines en restent au stade actuel et qu'il ne se produise ni dérapage, ni involution, ni pulsion brutale. L'état de grâce se prolongerait des années durant : idée aussi folle dans le domaine des relations internationales qu'elle peut l'être en politique.

Le scénario du pire

Dans la description d'un monde en perpétuel déséquilibre, certains éléments se renforcent les uns les autres : un pouvoir erratique à Moscou, une Allemagne arrogante, une Europe centrale en proie à des conflits tribaux, du côté européen; un Japon en mal de leadership et des Etats-Unis devenus une puissance régionale, du côté Pacifique. S'y ajoute, pour faire bonne mesure, un intégrisme de plus en plus dur dans le monde arabe. Autant dire que, dans cet environnement-là, les équilibres intérieurs de la société française seraient perturbés. Il faudrait être la Suisse pour résister à un pareil traitement de choc! Cette « apocalypse now » paraît peu probable dans les années qui viennent; elle n'est pas, sur une longue période, impossible, et les gouvernants ne peuvent ignorer cette hypothèse-là.

A tout seigneur tout honneur, le pire facteur de crise serait un pouvoir violent et imprévisible à Moscou au cœur d'un pays en pleine anarchie. La décomposition de l'Empire soviétique s'est accomplie, jusqu'à présent, sous un gouvernement bonasse et patelin, qui « surfe » intelligemment d'accident en accident et qui contribue, avec une influence de plus en plus restreinte, à une gestion raisonnable des crises. Sera-t-il encore là dans six mois – durée qui, dans une période révolutionnaire comme celle-ci, équivaut à cinq ou dix ans pour un pays normal? Le temps ne s'égrène pas de la même manière en 1792 en France et aux Etats-Unis... Il en va de même aujourd'hui entre la Russie en plein séisme et des puissances occidentales plutôt alanguies. Qui dirigera la Russie et quelle Russie? Une Russie amputée des Républiques périphériques mais maîtresse de l'Ukraine ou de la Biélorussie, ou une Petite Russie qui aura même perdu jusqu'à son grenier à blé? Et quel pouvoir, s'il en existe encore un? D'intelligents syndics de faillite comme aujourd'hui ou une bizarre concrétion mêlant les restes de l'appareil militaire, des résidus du stalinisme et des forces violemment nationalistes, le tout réuni autour du vieux mythe de la Sainte Russie? Avec à sa tête, un illuminé, un populiste enflammé, un Soljénitsyne politique ou une espèce de Saddam Hussein slave? Nul ne peut tabler sur la capacité de cet État d'endurer humiliation sur humiliation, sans la moindre pulsion nationale et agressive. Or le maître du Kremlin ne commandera peut-être plus à son pays mais il conservera toujours le dernier instrument de pouvoir centralisé, le feu nucléaire... De là le risque de voir un jour le tsar du moment réintroduire brutalement l'arme atomique dans le jeu international et en particulier européen, car ce sera le seul moyen de chantage en sa possession. Éventualité qui entraîne l'impérieuse nécessité pour les Occidentaux de développer leur arsenal nucléaire, pour le cas où un maniaque arriverait au pouvoir à Moscou sur la vague des frustrations économiques et des rancœurs politiques. Un populisme slave et martial est plausible à brève échéance : demeurera-t-il dans les mains d'un Eltsine dont quelques décennies comme apparatchik devraient avoir diminué la capacité d'imprévisibilité, ou ira-t-il vers le plus extrémiste, suivant une vieille règle des révolutions?

Plus le pouvoir à Moscou sera erratique et dur, plus l'Allemagne sera conduite à assurer sa sécurité, y compris, je l'ai déjà dit, en se dotant de l'arme nucléaire. Les traités n'y pourront rien, car il suffira au gouvernement de Berlin de montrer que ni les Etats-Unis, ni a fortiori la France ne sont prêts à lui donner une garantie nucléaire automatique. Autant la détention à froid du nucléaire par l'Allemagne serait – je persiste et signe – un facteur d'équilibre en Europe, qui la dispenserait d'être obsédée par l'Est et d'être obligée d'acheter sa sécurité sur ce flanc-là par des concessions permanentes, autant la nécessité pour elle de s'en doter à chaud, face à l'incertitude russe, aggraverait encore le niveau de tension. Cela irait de surcroît de pair, dans notre scénario de l'apocalypse, avec une politique au fil des années plus arrogante : l'effet naturel de la surpuissance ne serait plus équilibré par la mauvaise conscience du passé. Arrogance, dans l'indifférence croissante à l'égard d'une Communauté européenne devenue le simple habillage d'une zone de libre-échange écrasée par le poids de l'économie allemande. Arrogance dans l'attitude à l'égard des pays de la Mitteleuropa mis en tutelle financière non plus par un lointain FMI mais par une proche Bundesbank. Arrogance, dans l'évocation non belliqueuse certes mais permanente des territoires perdus à l'Est et qui, de subside en dotation, seront économiquement germanisés, même s'ils demeurent politiquement polonais. Ne minimisons jamais la vision territoriale indissociable du *Volk* allemand; personne n'a relevé, l'été dernier, la déclaration empreinte de bonhomie du Dr Christiaëns, ancien président de la Deutsche Bank, conscience du patronat allemand : il espérait que la Prusse-Orientale, à l'instar de l'Alsace, deviendrait « une zone d'influence économique allemande, avec Königsberg tenant, de ce côté-là, le même rôle que Strasbourg à l'Ouest » *(sic...)*. Le problème des anciens territoires allemands n'a pas été résolu pour la nuit des temps et l'écart croissant de niveau de vie entre une Pologne pauvre et une Allemagne riche avec une capitale à cent kilomètres de la frontière ne peut qu'ajouter, à terme, aux incertitudes. Arrogance enfin, dans la manière de retrouver une place dans le jeu non plus cette fois-ci européen mais mondial, avec la connivence des Japonais : non à cause d'une quelconque analogie chromosomique ou sociologique des deux peuples mais par la solidarité naturelle de deux puissances qui éprouvent, en parallèle et pour les mêmes raisons, le désir de transformer leur leadership économique en poids politique. La vie, en Europe, avec une telle Allemagne risque de devenir malcommode, surtout si l'Europe centrale tangue.

Troisième composante, en effet, de notre scénario du pire : l'arrivée de régimes nationalistes et populistes en Mitteleuropa et dans les Balkans, et qui apparaîtront soit comme la cause, soit comme la conséquence de conflits locaux. L'insatisfaction économique de la population qui devra supporter, chaque année, une austérité croissante au nom de l'effort à faire pour atteindre un niveau de vie occidental en réalité hors de portée; la montée des pulsions nationalistes avec pour symptôme un antisémitisme à la Drumont; un dérapage des régimes démocratiques vers un populisme camouflé en « Fronts uniques » et autres inventions politiques de ce style; et des explosions de haines locales entre Hongrois et Roumains, Serbes et Croates qui ne dégénéreront pas nécessairement en affrontements militaires classiques, hors de portée de ces Etats appauvris, dont les armées ne seront plus équipées par l'oncle soviétique, mais qui peuvent, à l'occasion, ressembler à des micro-Liban. Face à ces éruptions d'acné nationaliste, les autres pays d'Europe ne resteront pas les bras ballants. Comme aucune ONU européenne, dans notre vision maladivement pessimiste, ne sera en état de faire régner l'ordre, les puissances occidentales agiront de manière dispersée dans une zone que l'Allemagne considérera comme sa chasse gardée. Ces frictions-là seraient les plus malsaines. Sarajevo ne nous menace pas une nouvelle fois dans les prochaines années. A plus long terme? Dieu merci, le nucléaire sera toujours là pour limiter les enchaînements fatals...

Du côté du Pacifique, la situation ne serait pas plus brillante, avec un Japon qui, après avoir mis fin à sa guerre froide avec la Russie en troquant par exemple : l'île Sakhaline et les Kouriles contre des investissements massifs en Sibérie, aura de facto annulé son traité stratégique de défense avec les Etats-Unis. Libre de ses mouvements, l'Empire nippon aura reconstitué une force militaire autonome, conventionnelle et nucléaire, mais ce ne sera pas son véritable instrument d'influence. Le dynamisme technologique, les investissements industriels, les crédits : autant d'armes douces qui installent, à bon compte, de solides protectorats. Ce n'est pas pour rien que le Japon impérialiste avait inventé le mot de « sphère de coprospérité ». Pour qui connaît le caractère spécifique des joint-ventures avec les Japonais, même dans un rapport apparent d'égal à égal, la « coprospérité » a évidemment une saveur particulière. L'espace Pacifique s'organisera autour de Tokyo, suivant un modèle braudélien traditionnel, comme l'Europe autrefois autour de Venise, Amsterdam puis Londres. Même avec des Japonais à nouveau agressifs ou au minimum arrogants, aucun enjeu territorial ne devrait réapparaître en Asie : il n'existe pas de plaie ouverte, tels les anciens territoires allemands, inévitable pomme de discorde en Europe. L'impérialisme vingt et unième siècle sera japonais; de nature économique, il débouchera néanmoins sur la vassalisation de certains pays, y compris ceux qui se trouvent aujourd'hui sous un quasi-protectorat américain, comme l'Indonésie ou les Philippines. Car l'ascendant du Japon dans le Pacifique aura pour corollaire le retrait des Etats-Unis.

D'un côté, une Europe démilitarisée dans un premier temps, puis remilitarisée, y compris au stade nucléaire, sans que Washington joue un rôle majeur dans ces évolutions; de l'autre, un Japon qui se sera émancipé de la tutelle stratégique américaine, qui mènera une politique de défense autonome et qui jouera de ses atouts économiques et technologiques dans le Pacifique aux dépens de l'économie des Etats-Unis. Ceux-ci sont, dans ce scénario, ravalés au niveau d'une puissance régionale qui aurait pris acte, sans chercher à les combattre, de ces évolutions et qui, cédant au vieux démon isolationniste, se serait repliée sur son pré carré, Amérique du Sud incluse, avec, de surcroît, un intérêt spécifique pour ses approvisionnements pétroliers. Les Etats-Unis n'ont plus aujourd'hui les moyens de contrecarrer la dynamique à l'œuvre en Europe, et demain dans le Pacifique. Aussi ces phénomènes risquent-ils de provoquer de leur part un retrait bougon. L'administration Bush est certainement plus ouverte aux enjeux mondiaux que son opinion publique : l'affaire irakienne en témoigne. Il ne s'en faudrait pas de beaucoup pour qu'elle – ou ses successeurs – soit obligée de se plier aux pressions isolationnistes de la société. Si Washington sonnait l'heure du recul, le théorisait et en faisait une doctrine, il n'existerait plus aucune puissance susceptible non d'ordonner les événements mondiaux – cette époque-là est révolue –, mais au moins de s'y sentir impliquée. L'avenir appartiendrait aux puissances régionales et aux affrontements locaux. Seul un pouvoir qui, à Moscou, en reviendrait au chantage nucléaire, risquerait de faire sortir les Etats-Unis de leur torpeur. Pour autant que le maître du Kremlin manie, à ce moment-là, ses fusées non seulement pour peser sur un théâtre européen où l'Amérique du Nord ne jouera plus de rôle essentiel, mais aussi pour gêner Washington. Ce serait l'unique événement qui bouleverserait l'opinion publique américaine au point d'obliger son gouvernement à se réinsérer dans le jeu mondial. Mais il le ferait à partir d'une position diminuée. Militairement, car de réduction du budget militaire en rapatriement des troupes, l'outil aurait perdu de sa crédibilité. Economiquement, compte tenu du leadership assumé, parfois avec dureté, par Berlin et Tokyo. Politiquement, du simple fait des habitudes induites, dans le jeu mondial, par des années de *diminutio capitis* américaine. Cela ferait des Etats-Unis un joueur de plus dans la grande partie de poker internationale, mais non le maître des cérémonies.

Difficile d'imaginer, dans ce scénario où tout va mal et où les excès des uns entraînent les crispations des autres, que le monde arabe prenne le chemin inverse de celui qu'il accomplit actuellement et qu'il cède brusquement aux démons de la sagesse et de la modération! Autant supposer, pour compléter le panorama, un univers islamique dominé dans la plupart des pays par des régimes intégristes, parfois en désaccord les uns avec les autres, mais tous unis par une même hostilité à l'endroit de l'Occident. Cela signifierait des bouffées de terrorisme dans les pays riches, une immigration accrue par le flux des réfugiés, une pression psychologique et politique, en particulier sur l'Europe, et le risque de conflits au Moyen-Orient entre pays arabes ou avec Israël, qui pourraient atteindre le stade nucléaire, sans que les puissances occidentales soient en état de peser sur les événements et d'exercer la moindre influence modératrice. Quant au démiurge de Moscou, il pourrait être tenté de jouer sa carte dans cet univers chauffé à blanc, même si le maître d'une Petite Russie vacillante n'a pas les atouts de ses prédécesseurs, les tsars rouges des années soixante. C'est au Moyen-Orient que risque de se produire – nous le savons tous, mais nous préférons ne pas y penser – la première guerre nucléaire locale. Si ce malheur advient, sera-ce une crise comme une autre, plus grave et plus bouleversante, surtout pour nous Occidentaux si la survie d'Israël est compromise? Ou entrerons-nous dans une autre logique, difficile à décrire, puisqu'elle n'a pas de précédent? Entraînera-t-elle un sursaut de la communauté internationale ou au contraire engendrera-t-elle un processus incontrôlable du type 1914, mais à l'âge nucléaire?

Même si tous les ingrédients d' «*Apocalypse to-morrow*» ne sont pas réunis, les problèmes internationaux auront repris le pas sur la vie banale de sociétés occidentales repues. Elles vivront, dans ce cas, avec le sens du danger chevillé au corps et non plus avec la conviction qu'elles possèdent depuis près d'un demi-siècle, que la paix leur est garantie et les guerres réservées aux autres, à quelques milliers de kilomètres. Chahutées par des périodes de terrorisme, taraudées par des crises internationales à répétition, paniquées par une immigration inévitablement croissante que travaillera la pression intégriste, bouleversées de voir s'éteindre les grandes réconciliations intra-européennes, les opinions publiques auront des réactions auprès desquelles le malaise français actuel semblera dérisoire. Elles oscilleront entre les tentations de l'anomie et la demande d'ordre. L'anomie, ce sera en l'occurrence la version vingt et unième siècle du pétainisme. Elle signifiera une exacerbation de l'individualisme, le repli sur la cellule familiale, ultime rempart contre le monde extérieur, l'indifférence à la politique et à autrui, l'isolement frileux. Cette composante de l'opinion poussera inévitablement dans le sens du compromis et de la soumission : la vieille politique d'apaisement en quelque sorte, mais en jeans et en baskets.

La demande d'ordre verra réapparaître le besoin d'un Etat protecteur; elle s'incarnera dans un spectre politique qui va du nationalisme de gauche au populisme de droite et d'extrême droite et s'accompagnera inévitablement du désir d'un retour à un certain ordre moral, le tout assorti de pulsions xénophobes, racistes et antisémites. Ce clivage de l'opinion n'est pas une vue de l'esprit, il est en germe dans l'ascension simultanée des écologistes et de l'extrême droite : les premiers, pacifistes viscéraux, les seconds « franchouillards » et revendicatifs. Ce ne sont pas des mouvements politiques qui constituent l'un pour l'autre l'anode et la cathode de l'arc politique et qui seraient, de ce fait, condamnés à s'affronter comme la vieille gauche et la droite classique. Ils ne passeront pas une alliance idéologique ou électorale, mais ils cohabiteront, sans difficulté, dès lors que le nationalisme cocardier ne cherchera pas à empiéter sur l'autonomie des individus. L'apolitisme des écologistes conforte, sans le vouloir, l'hyperpolitisation des populistes. Verrons-nous un populisme badigeonné aux couleurs nationales et faisant semblant de respecter les règles démocratiques gouverner la France, grâce à l'abstention des individualistes regroupés ou non derrière les mille et un avatars qu'aura connus d'ici là l'écologie? Sous cette forme, le pire n'est pas sûr. Mais dans un environnement international aussi tendu, les partis politiques traditionnels seront devenus des éponges et auront absorbé les miasmes ambiants, chauvins, inquiets et xénophobes. Ce n'est pas vers une citoyenneté ouverte aux immigrés que la France se dirigera, mais vers un droit du sang à l'allemande, un contrôle social strict de l'immigration, un encadrement plutôt répressif des ghettos et un méli-mélo de valeurs nationales, faussement morales et globalement conservatrices.

L'inquiétude pousse naturellement au conservatisme, surtout dans une société dont les ferments révolutionnaires se sont disqualifiés. Conservatisme de gauche et conservatisme de droite, puisque la classe politique se battra, chacun dans son camp, pour récupérer à son profit les électeurs en quête de mâles assurances. Le vieillissement de la population ira évidemment dans le même sens, avec son cortège de valeurs plutôt traditionnelles. Les démocraties occidentales – et la France, en particulier – risquent, dans un tel contexte international, d'entamer le prochain millénaire calfeutrées derrière leurs Etats nationaux et dominées par le moralisme ambiant. La dynamique de l'économie ne suffira pas à inverser le courant; elle aura épuisé ses effets homogénéisateurs et sera devenue, elle aussi, Japon et Allemagne aidant, le vecteur des nationalismes les plus modernes. Dans ce cadre – la fin du cycle internationaliste et une vengeance très brutale des nations – se sera effacée la longue période libérale qui aura vu les aspirations des individus et des groupes s'affirmer face à l'Etat. Le temps sera revenu d'Etats forts – ou pis – qui feront semblant d'être forts...

Le scénario rose ou la poursuite de l'état de grâce

A l'inverse du scénario le plus dramatique, le scénario rose ne suppose ni imagination, ni extrapolation : il correspond à la perpétuation du monde tel qu'il vient de sortir, depuis un an, de l'après-guerre. Car nous vivons – répétons-le pour nous en convaincre – un moment de grâce.

Une Russie d'autant plus pacifique qu'elle est faible, ce qui n'a rien d'une évidence : la faiblesse a plus souvent conduit à l'irrationalité ou à l'agressivité. Elle connaîtrait, dans notre hypothèse, une stabilisation de l'anarchie, ou plutôt une forme d'auto-organisation : les Républiques périphériques accepteraient de bâtir un Commonwealth avec Moscou, qui garantirait leurs libertés intérieures, préserverait les échanges économiques, inventerait pour elles une demi-souveraineté, à l'instar – toutes choses égales –, du Québec par rapport au Canada, et maintiendrait un vague accord stratégique et militaire avec la Russie pour centre. C'est aujourd'hui le rêve de Mikhaïl Gorbatchev. A court terme, il semble mal parti, mais à plus longue échéance, les nouvelles Républiques trouveront peut-être leur intérêt à un accord qui les dispenserait d'instaurer un Etat de plein exercice, de financer une armée décemment équipée et de mettre en place un système économique autosuffisant. Aucune d'entre elles n'a les moyens de le faire et, si un minimum de raison prévaut, elles entreront peut-être un jour dans cette voie, une fois encaissés les dividendes d'amour-propre et les satisfactions nationales auxquels, après soixante-dix ans de dépendance – cinquante pour les Etats baltes –, elles aspirent. Le processus est fragile, qui pourrait conduire à un tel état d'équilibre. Il suffira dans les prochaines années de quelques écarts de comportement pour que l'Empire russe bascule d'une anarchie calme à une vraie guerre civile. Cela suppose la pérennité d'un pouvoir sage à Moscou – Gorbatchev ou un autre –, une grande modération des leaders nationaux des autres Républiques, aucun embrasement hypernationaliste dans des territoires aussi essentiels que par exemple l'Ukraine, des frustrations économiques qui ne cherchent pas de dérivatif politique ou de bouc émissaire, et un environnement international aussi compatissant et bienveillant qu'aujourd'hui, prêt à déverser, d'année en année, des milliards de dollars, de yens ou de marks – moins pour reconstruire cet immense pays que pour assurer une aide d'urgence. Cela fait – il faut le reconnaître – beaucoup de « si » : la sagesse des nations et le savoir-faire des dirigeants ne devront connaître aucune défaillance. Mais, une fois passés les premiers désordres révolutionnaires, cette évolution n'est pas impossible.

Ainsi verrons-nous la Russie du dix-neuvième siècle reprendre le dessus, après la parenthèse léniniste, avec ce mélange d'anarchie et de pouvoir central minimal qui en avait fait un partenaire décent dans le concert des nations. L'âme slave – puisque le communisme a disparu, on en revient aux anciens tropismes à la Montesquieu – porte en elle l'illumination comme la passivité, et au dix-neuvième siècle ces pulsions contradictoires s'étaient équilibrées l'une l'autre. C'est, au fond, le court terme, en l'occurrence les quelques prochaines années, qui paraît le plus aléatoire. Si rien d'irréversible n'advient, le Commonwealth de Gorbatchev retrouve toutes ses chances, sans doute sans Gorbatchev... Seul un maître du Kremlin vierge de tout échec politique pourra en effet mettre en musique cette étrange symphonie constitutionnelle. Mais quelques années à l'échelle d'un pays continent qui oscille entre la révolution et l'anarchie, cela correspond à quelques décennies pour des démocraties douillettes, voire à un demi-siècle pour la Suisse. Le sablier ne s'égrène pas sur le même rythme à Moscou, Berlin ou Paris.

Une condition, parmi d'autres, d'une relative stabilité à Moscou, tient évidemment à l'attitude de l'Allemagne. Elle doit dans ce scénario faire preuve d'une exceptionnelle compréhension à l'égard de la Russie. Sur le plan financier, à travers un plan Marshall où elle jouerait le rôle des Etats-Unis il y a quarante ans vis-à-vis de l'Europe, tout en sachant qu'à la différence de ce qui s'est passé en 1950 l'argent servira moins à redynamiser une économie non modernisable qu'à assurer les fins de mois du gouvernement russe. Sur le plan militaire, en restant dans la ligne des concessions grâce auxquelles Kohl a arraché la réunification à Gorbatchev : renonciation à l'arme nucléaire, relative démilitarisation à travers le plafonnement des armes conventionnelles, instauration de fait d'un espace dénucléarisé autour du territoire allemand, la politique d'amitié et de bon voisinage remplaçant un rapport de forces plus traditionnel. Sur le plan politique, grâce à une action tous azimuts qui maintienne un équilibre subtil entre les relations à l'Est, l'intimité avec les pays de la Mitteleuropa, et l'insertion dans une Europe libérale à plusieurs vitesses. Sur le plan psychologique, grâce à une capacité surhumaine qui permette aux Allemands de dompter les tentations de la puissance et, une fois achevé le cavalier seul de la réunification, de reprendre sagement leur place à côté des autres nations occidentales. Sur le plan moral, en considérant que la réunification ne solde pas les comptes de la guerre et que l'Allemagne demeure un « débiteur éthique » vis-à-vis de la communauté internationale.

La société allemande est-elle disposée à pratiquer, sur une longue échéance, une telle « automutilation » en termes d'influence et de satisfactions nationales? Certains facteurs y poussent : les habitudes mentales contractées pendant quarante ans, en particulier par les jeunes; un enracinement démocratique exemplaire qui était jusqu'à présent indissociable d'une présence paisible de l'Allemagne dans le concert des nations ; les difficultés temporaires pour absorber les Länder de l'Est, qui vont faire pendant plusieurs années des questions intérieures le cœur du débat politique allemand ; un attachement à la construction communautaire qui, même s'il n'est pas aussi fort que dans les années soixante, s'est néanmoins identifié aux meilleures années du redressement économique ; un sillon de mauvaise conscience historique que le moralisme protestant contribue à perpétuer ; une certaine difficulté à retrouver les gestes d'une grande puissance, dès que le débat n'est plus européen, comme en a témoigné le rôle infinitésimal tenu par l'Allemagne dans la crise du Koweït. A long terme, il est certain que ces facteurs-là s'atténueront devant le réapprentissage naturel qu'un grand pays fait de son dynamisme et de son influence. Sur cinq ou dix ans, ils peuvent suffire à contenir la logique de l'Histoire : ce seront déjà quelques années de gagnées...

Dans notre optique, cette fois-ci irénique, où tout ce qui semble actuellement heureux se perpétue, l'Europe centrale et les Balkans continueraient de vivre dans un équilibre moins instable qu'il n'y paraît. Là aussi, une kyrielle de conditions s'impose. Un décollage économique minimal, au premier chef, qui permettrait à la plupart de ces pays de ressembler à l'Espagne ou au Portugal tels qu'ils étaient il y a dix ans et qui les verrait de la sorte ouvrir les portes de l'économie de marché et échapper à une fatalité latino-américaine faite d'hyperinflation, d'une baisse du pouvoir d'achat et d'un éclatement de la société. Une capacité de canaliser les irrédentismes territoriaux et de les satisfaire par des mesures d'autonomie, en particulier sur le plan culturel, qui parvienne à éviter toute remise en question des frontières et toute action violente. Une vitalité démocratique suffisante pour que ce système politique encore balbutiant puisse bloquer la pression populiste, ce qui signifierait, dans chacun de ces pays, la victoire du parti moderne pro-occidental sur les résurgences nationalistes. Un sursaut éthique qui mette un frein à l'antisémitisme et aux autres formes de xénophobie. Voilà beaucoup d'hypothèses! Sans un minimum de réussite dans la transition vers l'économie de marché, elles sont exclues. Avec des progrès sur ce plan-là, rien n'est perdu.

La pérennité de l'état de grâce actuel suppose, sur le versant Pacifique, un Japon à l'image de l'Allemagne, mesuré, pondéré et contrôlant son prurit de puissance. Dans le domaine stratégique, certes, cela ne lui serait pas trop difficile : l'émancipation vis-à-vis des Etats-Unis est beaucoup moins avancée que celle de l'Allemagne, et même dans l'hypothèse d'un réchauffement des relations avec Moscou briser les liens établis depuis le proconsulat de MacArthur sera suffisamment coûteux en termes de psychologie collective pour prendre des années. Mais la retenue politico-stratégique devra s'accompagner d'une retenue économique identique, faute de laquelle la détérioration des relations viendrait au contraire des Etats-Unis, ceux-ci ne pouvant accepter d'être colonisés industriellement et financièrement par une puissance dont ils continueraient d'assurer la protection. Sur ce terrain-là, les Japonais seront inévitablement réticents. Lancés depuis vingt ans dans une politique délibérée de conquête de parts de marché et de domination technologique, en particulier aux Etats-Unis, ils devraient accepter des politiques d'autolimitation plus rigoureuses qu'actuellement; les Américains ne se contenteront pas de les voir admettre du bout des lèvres des mesures qui, vues de Tokyo, ne représentent que des armistices provisoires destinés, chacun, à ponctuer une nouvelle avancée.

Le système nippon peut-il s'accommoder d'une expansion internationale modérée? Rien n'est moins sûr : tel qu'il fonctionne maintenant, il ne pourrait supporter, sans casse dramatique au Japon, une forme de repli international. Or les Etats-Unis finiront, un jour, par réagir devant une mise en coupe réglée qui, après tant d'autres secteurs, conduit aujourd'hui à l'effondrement de l'industrie automobile américaine, demain peut-être de l'informatique ou après-demain de l'aéronautique. Dans ces conditions, espérer un Japon mesuré, ce n'est pas comme pour l'Allemagne escompter qu'il se contentera de rester où il est, c'est supposer que les autorités nippones sont prêtes à faire marche arrière et à tempérer leur politique de conquête de l'économie mondiale. C'est donc beaucoup leur demander.

Et les Etats-Unis, dans cet état de grâce durable? C'est admettre d'abord qu'à rebours de la pression isolationniste de l'opinion publique, le gouvernement de Washington se fixe, comme impératif, de demeurer un acteur mondial. On ne se louera jamais assez de la chance, pour le monde entier, qu'aura représentée le président Bush, au moment où l'après-guerre disparaît. Retrouvant la vieille tradition des élites de la côte Est, ouverte au monde et en particulier à l'Europe, intellectuellement sophistiquée, son administration a admirablement joué la partie. Elle a, en particulier, cherché à gagner du temps en Europe et à y demeurer un acteur important aussi longtemps que les circonstances le permettront. Un retrait précipité, une mauvaise humeur trop ostensible devant le cavalier seul des Allemands, des réflexes provocateurs d'ancien vainqueur de la guerre sûr de son bon droit : le théâtre européen aurait immédiatement basculé vers une Europe du dix-neuvième siècle alors qu'elle évitera peut-être pendant dix ans une telle instabilité. Grâce soit rendue, sur ce terrain, à l'intelligence tactique de l'administration américaine! De même a-t-elle su au Proche-Orient jouer l'alliée fidèle, sans céder comme autrefois aux excès naïfs d'un gendarme du monde : en témoigne la volonté inlassable d'incarner, dans l'affaire irakienne, les aspirations de la communauté internationale.

Aussi nous faut-il espérer qu'au-delà de la présidence Bush les Etats-Unis continueront d'être gouvernés, au niveau international, sur ce mode très « rooseveltien » dont le monde entier avait perdu l'habitude. Ni les aléas des élections présidentielles américaines, ni les mouvements spontanés de l'opinion ne vont dans ce sens, mais la sagesse des nations peut, sans doute, voguer de miracle en miracle... Encore faut-il que, même sagement gouvernés, les Etats-Unis aient encore la puissance d'exercer ce qu'il leur reste de leadership mondial. De là l'obligation de supposer qu'ils parviendront à une relative maîtrise des données économiques : réduction du déficit budgétaire grâce à l'instauration de nouveaux impôts sur les particuliers – TVA et taxe sur l'essence; redémarrage industriel et technologique; maîtrise du déficit extérieur. Le rétablissement macroéconomique est, en théorie, le plus aisé : il exige un pouvoir politique fort et une opinion publique réceptive; le retour du tonus industriel et de l'esprit d'entreprise, monopolisés depuis quelques années par les seules opérations financières, est un autre défi! Une grande puissance surendettée n'a plus, à terme, les moyens de son magistère : ni militaires, ni politiques, ni psychologiques. Faute d'un effort économique majeur, l'Amérique verra son influence lui filer entre les doigts. Sans des Etats-Unis en état de demeurer non le leader – nous entrons dans un monde sans patron –, mais la puissance de référence du monde entier, comme ils le sont encore aujourd'hui, l'état de grâce n'a aucune chance de durer.

Un minimum de puissance américaine s'impose pour empêcher les affrontements locaux de dégénérer à l'excès et pour assurer un « *containment* » – suivant une vieille expression stratégique américaine – souple de l'intégrisme : au Maghreb, dans le Golfe, et surtout dans le conflit israélo-arabe, si tant est qu'après l'implosion du monde musulman avec l'affaire du Koweït l'idée même d'un front uni, y compris face à Israël, ait encore un sens. Seuls les Etats-Unis sont en état de peser sur Israël : dégagé de toute tutelle américaine, celui-ci risquerait en effet de se trouver effrayé, ayant perdu son assurance ultime, et pourrait être de la sorte tenté de frapper dès lors qu'il se sentira encore le plus fort. Plus qu'ailleurs, la situation au Moyen-Orient montre combien la transformation des Etats-Unis en puissance régionale, assez indifférente aux fracas du monde, serait un facteur de dégradation de la situation internationale. Cette partie-là se jouera dans les quinze prochaines années. Elle dépendra d'une imprévisible alchimie entre la capacité d'initiative de l'économie américaine, l'humeur de l'opinion publique et les mouvements profonds de la société civile.

Dans notre scénario rose, l'intégrisme musulman serait censé avoir trouvé son propre équilibre et limité ses ambitions. Il se contenterait de mettre fin aux mouvements de laïcisation qui avaient accompagné les régimes décalqués du modèle soviétique; il ne déraperait pas vers une théocratie agressive et un prosélytisme actif vis-à-vis de l'Occident; il ne déboucherait pas sur une forme ou une autre de mystique panarabe. Autant demander à des pulsions irrationnelles de se soumettre à la rationalité! De toutes les conditions du scénario, c'est une des moins probables. Là aussi, comme pour faire de la Russie un pays à l'économie viable, un miracle serait nécessaire : pour réduire l'écart croissant entre un système productif médiocre et une population en plein essor démographique; pour éviter que, oisifs et désenchantés, les jeunes ne cèdent au moindre prêche idéologique ou religieux; pour casser une dynamique qui risque d'aboutir à un violent sursaut nationaliste. Renan aurait-il vu juste, qui avait écrit : « Une seule religion résistera, je le crains, à cet amollissement dogmatique : c'est l'islamisme »?

Les crises, notre lot quotidien

Même dans le scénario rose, le temps est passé d'un monde sans crise. Celui-ci résultait du duopole soviéto-américain et du sentiment, d'ailleurs excessif, que bouger une frontière, annexer un territoire, subvertir le régime d'un fidèle allié de l'adversaire, risquaient de dégénérer en un affrontement entre les deux supergrands qui, lui-même, pouvait constituer le premier maillon de la chaîne d'événements incontrôlables qui conduirait à l'apocalypse nucléaire. L'affaire de Cuba aura exercé pendant vingt-cinq ans un effet cathartique sur le monde entier, puisque, à avoir fréquenté le bord du gouffre, nous avions tous compris que le gouffre existait bel et bien. Cet ordre-là est mort. Inutile de le regretter! D'où la certitude de tensions, de crises, d'accidents : trop longtemps contenues, les pulsions nationales se vengeront. Mais il existe un scénario – Dieu sait s'il comporte de nombreuses conditions, les unes plus difficiles que les autres! – qui correspond, comme aujourd'hui, à une autorégulation globale. Une dose suffisamment faible d'irrationalité, des hommes de bonne volonté et de qualité aux commandes et les mille et une conditions préalables que nous venons d'énumérer remplies, le pire peut paraître exclu.

Jamais la situation ne pourra être néanmoins meilleure qu'aujourd'hui. Il faudrait un geste de la Providence – en général aux abonnés absents de l'Histoire – pour que le monde aille encore mieux : en l'occurrence une manne céleste qui transformerait la Russie en pays de cocagne, c'est-à-dire en économie de marché. Nous avons sans doute vu l'apogée de la sagesse internationale, « le meilleur des mondes », entre l'avènement de la démocratie dans les ex-pays de l'Est début 1990 et la crise irakienne d'août qui aura constitué une « première » dans cet « après-après-guerre » qui commence. L'entropie risque de prévaloir dans la vie internationale comme ailleurs et les équilibres ne peuvent que se dégrader. Nous aurons donc connu le meilleur. Vivrons-nous le pire ? Le scénario du pire ne se profile pas plus à l'horizon que la perpétuation de l'état de grâce des premiers mois de 1990 : là aussi, il faudrait que tous les facteurs négatifs se conjuguent et qu'aucune amélioration ne soit possible : à l'est, au centre, à l'ouest de l'Europe ; du côté du Pacifique ; au Nord ; au Sud. Sans doute connaîtrons-nous des bribes d'« *apocalypse now* » sur tel ou tel théâtre international, mais statistiquement le désastre absolu est aussi peu probable que le bonheur relatif...

Plusieurs conclusions s'imposent de ce jeu alternatif et évidemment caricatural du pire et du meilleur. La première de bon sens, presque tautologique : le monde des vingt prochaines années se situera entre ces deux hypothèses extrêmes. La seule question est de savoir si la situation ne cessera de se dégrader ou si une forme d'équilibre parviendra à s'imposer, certes moins riante que pendant les premiers mois de 1990, mais où les crises finiraient toutes par se régler sans trop dégénérer et où la vengeance des nations plus forte en tel point du globe se montrerait plus douce ailleurs.

La deuxième, elle aussi, en forme d'évidence : nous entrons dans un cycle de crises à répétition, non parce que la nature humaine a changé, mais simplement parce que le verrou nucléaire aux mains des anciennes superpuissances a sauté. Après une période froide de l'Histoire pendant laquelle l'économie représentait, seule, le mouvement, s'ouvre à nouveau une période chaude qui verra le Politique reprendre le dessus. Le premier symptôme de cette nouvelle hiérarchie a été apporté par l'affaire irakienne : le choc pétrolier, qui a accompagné la révolution iranienne de 1979, avait bouleversé les intérêts économiques des Occidentaux, non leur vision politique à l'époque déterminée par le partage du monde entre les deux Grands. Avec l'invasion du Koweït, hausse du brut ou non, l'économie s'est immédiatement effacée derrière le Politique car nous vivions d'ores et déjà dans un monde fluide où le mouvement de la moindre pièce peut bousculer l'échiquier entier. Le prix à payer dans le domaine économique n'est plus, dès lors, qu'une composante parmi d'autres d'un processus hautement politique.

Troisième conclusion : dans des équilibres internationaux à nouveau ouverts, les crises ne s'apparentent pas à des dysfonctionnements qu'un ordre supérieur se charge rapidement de supprimer. Elles traduisent les ouvertures qui se présentent à certains, le désir des uns de donner libre cours à des aspirations historiques, les positions de faiblesse des autres. Aussi seront-elles d'autant plus nombreuses que des gouvernements ou des nations croiront tenir leur chance : les uns pour accroître leur influence; les seconds pour trouver un dérivatif à d'insolubles difficultés économiques. Cela signifiera donc un changement majeur dans l'art et la manière de gouverner : la haute mer n'exige pas les mêmes qualités que le cabotage.

Quatrième conclusion : les gouvernants devront refaire l'apprentissage de la complexité! Sans doute s'étaient-ils familiarisés avec elle sur le plan intérieur, au point de donner parfois l'impression qu'ils étaient devenus un rouage, parmi d'autres, d'une vraie régulation cybernétique. En revanche, sur le plan international, la donne était incroyablement simple et les types de réaction à manifester face à telle ou telle situation relevaient d'une « *check-list* » de pilote. Il faudra désormais réfléchir, échafauder, réagir dans un univers sophistiqué aux variables multiples, aux actions changeantes, aux enjeux aléatoires.

Cinquième conclusion : qu'on le veuille ou non, la France n'est plus un sujet de l'Histoire mais un objet. Dans les hypothèses à double entrée de nos scénarios noir et rose, elle n'apparaît nulle part. Ni comme une puissance susceptible de peser sur l'avenir à l'instar des Etats-Unis, de la Russie, de l'Allemagne et du Japon. Ni, heureusement, comme un facteur potentiel de désordre, tels les pays de l'Europe du centre, les Etats maghrébins, Israël et les nations arabes. Ni comme le porte-voix d'une catégorie spécifique de pays : l'Europe du Sud, la partie occidentale de la Communauté, le monde méditerranéen ou le partenaire naturel du Maghreb. Inutile, dès lors, de rêver et de s'aveugler avec l'idée que, dans une montée aux extrêmes, notre arsenal nucléaire refait naturellement de nous une grande puissance. La force de frappe demeure une admirable assurance vie; elle ne constitue plus un joker diplomatique. C'est dans ce cadre-là, de la conscience de nos limites, que les pouvoirs publics doivent redéfinir notre manière de jouer.

Sixième conclusion : les sociétés civiles ne demeureront pas à l'abri des grandes vagues internationales, calfeutrées derrière une ligne Maginot psychologique d'indifférence ou d'ignorance. Certains des phénomènes étrangers risquent de susciter des réflexes mimétiques, tel le populisme. D'autres provoqueront des chocs en retour, ainsi la perception par les Français de la domination allemande sur l'Europe. D'autres encore auront pour effet une aggravation des inquiétudes et des crispations, comme l'éventuel triomphe de l'intégrisme au Maghreb. Jusqu'à présent, les opinions publiques étaient demeurées dans un état de léthargie vis-à-vis du monde extérieur, induit par un demi-siècle de statu quo. Elles en sortiront rapidement et il faut souhaiter que le réveil ne soit pas aussi violent que l'indifférence douillette avait pu être agréable. La démocratie, elle-même, pourrait être menacée, non dans ses principes mais dans sa pratique, si l'enchaînement des événements s'avérait réellement traumatisant.

Septième conclusion : la demande d'Etat va renaître. Le triomphe des sociétés civiles allait de pair avec une période de grande stabilité internationale. Sans menace ni inquiétude à l'horizon, les Etats perdaient leur fonction de bouclier. Ils ne représentaient plus, au mieux, que des machines à redistribuer, au pis, des freins au dynamisme des acteurs sociaux. Face à l'inconnu, ils vont retrouver, remise au goût du jour, leur fonction traditionnelle : rassurer, protéger. La vengeance des nations entraîne évidemment la vengeance des Etats. Et, avec elle, la résurrection du Politique.

CHAPITRE VIII

La résurrection du Politique

Le Politique retrouve ses droits, alors que la politique continue, elle, de se déprécier. Insupportable contradiction qui, poussée jusqu'à ses limites, met en cause le principe démocratique. D'un côté, la nécessité d'établir une vision, de tenir un discours, de régler le gouvernail afin que la société ne s'affole pas davantage dans un monde sans repère – les rapports de forces traditionnels – et sans boussole – la tutelle des superpuissances. De l'autre, des jeux d'alliances électorales dérisoires qui ne trouveraient de cohérence que si les acteurs affichaient le vrai mobile de la pièce : le pouvoir pour le pouvoir – ce qu'ils n'osent faire, habitués qu'ils sont à habiller leurs gestes d'oripeaux idéologiques. A en appeler au Politique, lorsque la politique s'effondre, les Français finissent toujours dans le culte du Sauveur, dans une version tantôt noble : de Gaulle, tantôt infamante : Pétain. Ce n'est pas la voie la plus digne pour une société à la veille du vingt et unième siècle, d'autant qu'un pays a facilement des apprentis sorciers sous la main; rarement des héros vertueux.

Même si, avec une Histoire à nouveau en mouvement, les hommes d'Etat reviennent au centre de la toile – quelle revanche sur les forces sociales qui avaient prétendu depuis près d'un siècle l'occuper ! –, la résurrection du Politique est l'affaire de tous, et en particulier des élites. C'est le moment de méditer Marc Bloch et son *Etrange Défaite*[1] écrite à chaud en septembre 1940 : les effondrements reflètent la faillite des élites. Ne tirons pas sur le pianiste; nous sommes tous responsables. Responsables de refaire l'apprentissage de la complexité et de la gestion des crises dans leurs dimensions internationales, sociologiques, politiques. Responsables de répondre à une nouvelle revendication d'un Etat puissant sans utiliser les recettes d'antan. Responsables de renouveler une philosophie de la nation qui corresponde aux exigences des sociétés contemporaines : donc ni sur les thèmes archaïques de la gauche, ni sous la version réactionnaire de la droite. Responsables de la démocratie, au moment où trop de forces pourraient se liguer contre elle. Responsables, en un mot, de notre avenir : l'Histoire nous a en effet repris à la gorge.

Honneur aux hommes d'Etat

Lorsque l'Histoire redevient fluide, le Politique reprend en effet ses droits, et avec lui les hommes d'Etat, à la fois acteurs – ce qu'ils n'étaient guère depuis 1945 – et metteurs en scène idéologiques. Action et discours redeviennent indissociables. L'économie passe au second plan. Si Jean Monnet avait parié, en son temps, sur elle pour bâtir l'Europe, il ne le faisait pas par conviction – comme un marxiste impénitent, convaincu du primat des infrastructures – mais prenait par là en compte l'impossibilité d'agir sur un terrain politique, infiniment plus figé. Cette paralysie a disparu avec la chute du mur de Berlin. Les idées économiques les plus audacieuses, comme l'Union économique et monétaire, étaient susceptibles de violer le cours des événements, quand rien ne se passait. Elles ne sont pas à la mesure d'un tremblement de

1. Marc Bloch, *l'Etrange Défaite*, Gallimard, 1945.

terre. Seul, le Politique est en état d'y répondre, soit pour en tirer profit, soit pour le canaliser.

Ecrasé par l'économie, le métier politique s'affadissait ; la classe politique se sentait complexée face aux héros du marché et de la société civile ; Tapie remplaçait Raymond Aron comme augure... Dans un monde stable et avec une société autorégulée, les responsables politiques n'étaient plus que des notaires. Désormais, les meilleurs d'entre eux seront à nouveau de véritables hommes d'Etat. Les uns, des aventuriers qui surestimeront la mobilité des situations et leurs possibilités d'action. Les autres, des audacieux qui sauront optimiser leurs gains au prix de risques mesurés. De cette catégorie-là, Helmut Kohl est devenu le modèle, ce qui démontre qu'en matière de politique rien n'est jamais acquis. Après avoir, pendant des années, transformé, suivant ses propres mots, « en fonds de commerce sa capacité d'être sous-estimé », il aura en trois mouvements, deux initiatives et quelques discours bouleversé pour des décennies la carte de l'Europe. Au fond, ne pas avoir l'intelligence de Kissinger l'aura servi... De lui personne n'attendait qu'il mène la danse : cette réputation lui aura paradoxalement permis d'avoir toujours un temps d'avance, ce temps qui fait toute la différence. Car, face à des situations ouvertes, le temps redevient la première dimension de l'action, bien davantage que l'espace. Un demi-siècle de congélation avait évidemment émoussé la vitesse de réaction des joueurs. La guerre froide donnait du temps au temps ; la « paix chaude » qui désormais prévaut offre une prime à la mobilité et à l'imagination. Tous devront l'apprendre, comme il leur faudra renouveler leur stock d'idées et de stratégies.

Les hommes d'Etat aujourd'hui ne sont pas plus médiocres que les grandes figures d'hier, mais après cinquante ans d'immobilité, leurs sens stratégique et tactique se sont émoussés, de la même manière que des muscles inemployés s'atrophient. Mitterrand n'est pas inférieur à Clemenceau, Rocard à Caillaux, Madame Thatcher à Disraeli ou Bush à Lincoln, mais les anciens étaient toujours sur le qui-vive, à la merci d'une crise, à la recherche d'une occasion favorable : à chaque instant, ils pouvaient avoir à jouer avec la paix ou la guerre. Leurs successeurs actuels ont pendant si longtemps pu se dispenser de réfléchir. A quoi bon imaginer, raisonner, anticiper, dès lors que les règles du jeu international interdisaient tout mouvement ? Même de Gaulle n'a pu, dans ce contexte-là, inventer l'Histoire, mais au plus faire semblant de la chahuter. Dans le jugement que les peuples portaient sur leurs dirigeants, ils valorisaient la prudence ; désormais ils la mettront à leur débit, dès lors qu'ils lui imputeront des occasions manquées. Pendant la guerre froide, un pays voyait sa position dans le monde déterminée par sa géographie et son poids économique avec autant de précision qu'un point est fixé par son abscisse et son ordonnée. Il existe, désormais, une zone d'incertitude et la manière de s'y mouvoir doit moins au dynamisme et à l'inventivité de la société civile qu'au savoir-faire des hommes d'Etat. A eux de refaire leur apprentissage. De maîtriser la complexité. D'inverser le sens du temps, la mobilité ayant repris le dessus sur l'attentisme. De penser non plus avec les concepts du statu quo mais en termes de risques et de chances à saisir. De rendre ses lettres de noblesse à l'intuition, cette grâce des hommes de pouvoir, que l'immobilité de l'après-guerre avait disqualifiée : face à Brejnev ou à Honecker, à quoi aurait-elle en effet servi ? On pourra désormais jauger les meilleurs : ils laisseront une trace positive ou négative. Au fil des années, l'opinion percevra ce basculement du décor et elle en tiendra, à l'évidence, compte dans les critères de sélection auxquels elle soumettra les postulants. L'Allemagne étant, sur ce plan, en avance, puisqu'elle vit physiquement le mouvement de l'Europe, quel procès a-t-on fait à Oskar Lafontaine ? Ce ne sont pas ses conceptions économiques qui ont été au cœur du débat, comme cela aurait été le cas il y a encore deux ans, mais son imprévisibilité et son caractère erratique. Déjà la grille de jugement s'est modifiée. Après quelques secousses européennes ou internationales, elle valorisera davantage encore les qualités authentiquement politiques sur le savoir-faire managérial et technocratique qui était devenu l'alpha et l'oméga de l'exercice du pouvoir.

Face à l'inconnu, le devoir des hommes d'Etat ne se limite pas à attendre les occasions et à les saisir, qu'il s'agisse pour certains d'aller dans le sens du progrès et de l'organisation internationale ou pour d'autres de jouer délibérément les tensions à des fins nationales. Ce ne sont pas des chats aux aguets qui peuvent se contenter de somnoler entre deux coups de patte. Il leur appartient aussi de réinventer une rhétorique. Le temps du discours politique est en effet revenu. Au faîte de la vague libre-échangiste et des sociétés paisibles et autorégulées, le Politique avait perdu sa fonction symbolique. De Gaulle avait essayé de la maintenir, mais l'impossibilité pour la France de se mouvoir sur un échiquier bloqué donnait à cette tentative une allure grandiose et surréaliste. Le rêve européen a un temps tenu un peu le rôle, mais il ressemblait à un supplément d'âme destiné à accompagner la dynamique spontanée du marché. Avec la réapparition de la nation, le message politique reprend ses droits. Car le risque de pulsion nationale ouvre autant de questions qu'il ferme de perspectives. La nation, certes, mais laquelle? Celle du sang, du sol, ou d'une communauté d'adhésion? L'intérêt national, bien sûr, mais comment? Dans le retour sur le pré carré, dans une politique européenne tous azimuts, dans des alliances de revers, dans des amitiés électives? Une citoyenneté en devenir, mais dans quelle direction? Ouverte afin d'assurer la plus grande perméabilité entre Français et immigrés ou fermée, comme pour constituer, entre les deux populations, une frontière intérieure? La réapparition, dans les fourgons de la nation, de la demande d'Etat, mais lequel? Celui de Gambetta et de Jules Ferry, ou celui de Péguy, de Barrès ou de De Gaulle? Ou plutôt un nouveau à construire, qui intègre l'idée nationale dans une vision plus contemporaine? Ces interrogations-là, elles sont posées à la société, à ses corps intermédiaires, à ses élites autant qu'à la classe politique. Mais à la fin des fins, elles doivent se cristalliser en discours politiques même si ceux-ci ne sont plus l'apanage des seuls professionnels. Reste que, si à une société complexe et sophistiquée correspond une prise en charge du Politique qui déborde de beaucoup le monde des élus, l'homme d'Etat retrouve une fonction symbolique qu'avaient effacée le statu quo international et la gestion notariale des sociétés. Faute de voir les leaders démocratiques, de gauche et de droite, se saisir de cette chance, la voie s'ouvrira pour un populisme primaire, dont Le Pen constitue la préfiguration, même si son comportement d'histrion lui ferme peut-être plus l'espace politique qu'il ne lui ouvre la possibilité de conquérir des électeurs. Policée par l'ENA et ses rites technocratiques, notre classe politique saura-t-elle accomplir cette nouvelle mue?

Le retour du discours politique ne rime pas avec la rhétorique traditionnelle. Bien au contraire. Assez de faux-fuyants, d'alibis, de propos autojustificatifs, de messages à destination du seul microcosme. Assez de l'asepsie, qui oblige les hommes publics à présenter l'Histoire sous son jour le plus avenant : peut-être sera-ce enfin la déroute de ceux qui n'ont pas compris, suivant le mot d'Aron, qu'elle est tragique. Assez de l'hypocrisie qui leur interdit d'expliquer aux Français que le bouleversement de l'ordre européen comporte autant de risques que d'espoirs, que la violence, avec la fin de la guerre froide, ne recule pas mais s'émiette aux quatre coins de l'univers, qu'à long terme l'incertitude règne. Assez de tartufferie à propos de l'immigration qui conduit les mêmes à prétendre qu'ils vont la stabiliser en s'attaquant aux clandestins, alors qu'ils connaissent l'inéluctabilité des flux. Assez des propos emphatiques sur le développement du Maghreb comme antidote à l'immigration, alors que des régions rurales, autrement plus prospères que le tiers monde, connaissent l'exode de leur population. Assez de propos martiaux sur la France, éternelle grande puissance, fière de sa force nucléaire, au moment où elle connaît, abstraction faite évidemment de 1940, sa plus forte diminution d'influence depuis 1870 au nom de cette loi des contraires qui la voit perdre de l'importance quand l'Allemagne devient la principale puissance du continent. Assez de rodomontades sur notre rôle mondial, du Proche-Orient au Pacifique, alors que mesurés à l'aune des divisions, comme à l'occasion de l'affaire du Koweït, nous ne pouvons que jouer avec talent les supplétifs des Américains. Assez du disque rayé, face aux enjeux de l'intégration, sur les valeurs républicaines des uns ou les valeurs nationales des autres. Assez en un mot de la langue de bois, et des tics de pensée qui font apparaître – Bernard-Henri Lévy a soulevé ce paradoxe [1] – Le Pen frais et anticonformiste...

Ces travers n'avaient guère d'importance quand la société n'écoutait pas la classe politique et que ses hommes d'appareil menaient, entre eux, un dialogue codé, en forme de banalités. Le prix du mensonge est désormais trop élevé, les risques trop grands : avec le populisme qui guette, impossible de laisser le thème national en jachère et de ne pas lui rendre une dimension politique et démocratique ! Mais tenir un discours, incarner une aspiration supposent d'abord de renouveler la pensée. Cela passe par la compréhension d'un monde et d'une réalité nouveaux.

L'apprentissage de la complexité

Difficile, pour un vieux pays, d'apprendre soudainement qu'il n'est plus un acteur de l'Histoire, de se redécouvrir comme nation et de réagir à ce double défi avec intelligence, dans un monde où il faut être à la fois internationaliste et nationaliste... La France doit d'abord – nous l'avons dit –

1. *La Règle du jeu*, n° 2.

redéfinir sa place dans le concert des nations. Ni récrimination contre un abaissement injuste; ni bouderie face à une évolution qui nous dépasse. Il nous faut être d'autant plus actifs et imaginatifs que nous sommes plus faibles. Cela signifie prendre la mesure de la marge de jeu, plus réduite qu'autrefois, que nous offre le statut de puissance nucléaire. Ce n'est plus qu'une simple garantie pour l'avenir que nous devons essayer de partager avec d'autres, les Allemands au premier chef, même s'ils risquent de refuser cette assurance, dont la prime peut leur paraître exorbitante : elle limiterait la politique tous azimuts, à l'Est, à l'Ouest dont ils redécouvrent, avec griserie, les secrets.

La gestion de la complexité commence donc par la redéfinition des relations franco-allemandes : non à l'occasion d'un grand psychodrame, un Labiche entre puissances du style « je t'aime, moi non plus », mais en acceptant de reconnaître que notre partenaire d'aujourd'hui n'est plus le pays d'Adenauer en mal d'une nouvelle légitimité. Inutile de se laisser porter par les habitudes et de chercher des alliances de revers à Moscou ou ailleurs. Ce serait raisonner comme si les rapports avec l'Allemagne allaient devenir épouvantables, ce qui constituerait le meilleur moyen de les rendre médiocres. Or ils demeureront d'autant plus faciles que nous saurons les banaliser en souplesse – de trois façons.

En donnant aux liens avec les Etats-Unis une intensité particulière : la France constitue désormais le meilleur anneau de la chaîne susceptible de les relier à l'Europe. C'est un rôle noble et essentiel d'être de la sorte le maillon clef de l'atlantisme, l'Allemagne étant désormais hors de ce jeu et la Grande-Bretagne trop peu européenne. A quoi bon, dès lors, préserver les symboles de la sacro-sainte indépendance, comme à l'époque de la guerre froide? Il s'agissait alors de ne pas être ravalé, à l'abri du parapluie nucléaire américain, au rang des autres vassaux. Nous sommes désormais en situation de tenir un rôle spécifique : dispensons-nous des signes de mauvaise humeur qui le dévalorisent.

En prenant, ensuite, clairement le leadership de l'Europe du Sud, avec la même fermeté que les Allemands celui de la Mitteleuropa, c'est-à-dire en multipliant liens culturels, économiques, politiques – en particulier sur le problème de l'immigration – et stratégiques. Mais devenir le chef de file exige d'abord de ne pas être arrogant à l'égard de ses partenaires : que nos diplomates, expression la plus achevée du conformisme français, arrêtent de regarder de haut Italiens, Espagnols, Portugais !

En établissant enfin avec Londres les rapports que la position spécifique des uns et des autres permet : ni plus, ni moins. Cela se ramène à la possibilité de faire, dans le domaine de la défense nucléaire, des économies d'échelle grâce à une habile coordination. Mais trêve de réminiscences à la Delcassé : elles ne sont pas de mise.

Tout cela dessine une politique strictement européenne et laisse de côté le reste du monde. Ne nous leurrons pas : il va nous être déjà difficile de demeurer un pays clef de l'Europe continentale. Nos autres aspirations sont de ce fait condamnées. Nos risques sont à l'Est et au Sud, ni dans le Pacifique, ni en Amérique centrale et du Sud : y faire face mobilisera plus que nos moyens financiers, politiques, militaires et culturels. Les « confettis de l'Empire » deviendront plus coûteux que pittoresques : autant anticiper cette contrainte et gérer, en souplesse, sur plusieurs années, notre retrait. Mais, diront d'aucuns, comment renoncer aux territoires qui font de nous la troisième puissance maritime du monde, du moins en termes d'espace ? Vaut-il mieux se satisfaire de cette médaille en chocolat qui ne rapporte ni matières premières, ni dividendes, et être relégués au rang de énième puissance européenne ? Ou faut-il jouer toutes nos cartes sur la seule case qui compte pour nous, le continent européen ? Mais, ajouteront d'autres, comment retrouver un élan national et, du même mouvement, faire une croix sur des terres françaises? La réponse va de soi : est-ce notre rôle dans le Pacifique qui servira d'antidote à la pulsion nationaliste qu'alimenteront le populisme européen et l'intégrisme maghrébin? Etre moins franco-allemands, moins obsédés par la sacro-sainte présence de la France dans le monde, moins anti-américains, plus atlantistes, plus franco-britanniques, plus Européens du Sud, davantage sur nos gardes en Afrique du Nord... Voilà une sacrée secousse dans nos habitudes diplomatiques. Il est plus difficile d'avoir à gérer la complexité que de perpétuer la ritournelle européenne héritée du gaullisme.

Nous ne sommes pas les seuls condamnés à redécouvrir la complexité. Ainsi des Etats-Unis, obligés de repenser leur rôle compte tenu de l'effacement de l'Union soviétique, leur frère siamois : plus libres certes, ils doivent être avares de leurs mouvements sous peine de provoquer une crispation contre eux dans les parties du monde où ils peuvent encore jouer les « parrains », ce qui correspond à dire vrai à un espace en peau de chagrin. Mais en Europe, quel difficile rôle de théâtre pour eux que de faire semblant d'« en être » alors qu'ils n'y seront plus! Quel talent pour jouer sur des concepts, telle une OTAN politique, alors qu'une alliance militaire, vidée de sa substance, ressemble au mieux à un club de vieux camarades! Quel doigté pour gérer l'émancipation de deux vassaux, Allemagne et Japon, devenus économiquement leurs créanciers! Non vraiment, pour eux aussi, tout est plus inconfortable et plus délicat : la satisfaction de la victoire idéologique survivra-t-elle à ce quotidien, tout en nuances, qui peut, à chaque moment, déraper?

Les autres ne sont pas mieux lotis. Ni bien sûr la Russie qui, tel un judoka à terre, essaie d'y entraîner son partenaire : là aussi que d'intelligence tactique faut-il pour pousser l'Allemagne unie dans un tango modèle Rapallo, après avoir dû lui abandonner la Prusse et la Saxe! Et encore ces habiletés ne pèsent guère à côté des efforts inlassables pour donner une allure de Commonwealth à un empire éclaté. Ni la Grande-Bretagne qui se désespère à l'idée de voir l'Allemagne dominer le continent et doit faire contre mauvaise fortune bon cœur, puisqu'elle ne dispose pas d'une palette de demi-alternatives comme les Français. Ni les vainqueurs de l'après-guerre : après quarante ans de politique simplissime – un doigt d'atlantisme, un doigt d'Europe, une pincée d'Est – l'Allemagne doit à la fois jouer la politique de la bascule, faire semblant de ne pas la mener, et maîtriser si bien sa puissance que, pour mieux s'en servir, elle parvienne à se faire oublier. Le Japon ne sera pas plus à l'aise dans la complexité puisqu'il devra – véritable quadrature du cercle – s'émanciper, sans l'effaroucher, d'un tuteur stratégique qu'il veut continuer à transformer en esclave économique. Ni les puissances régionales qui devront doser leur liberté retrouvée avec la fin du condominium soviéto-américain, pour en tirer parti sans franchir la ligne rouge vis-à-vis des Etats-Unis aussi longtemps que ceux-ci pourront encore l'établir. Non, rien ne sera simple pour personne et dans quelques années, oublieux des pires travers du communisme, nombre de responsables politiques regretteront le bon vieil ordre qui dispensait de penser... et d'agir.

Une idée de la nation contre une autre

Ce repositionnement de la France n'est pas un travail de spécialistes que la société française aurait délégués pour jouer au mieux ses atouts. C'est l'affaire de tous. Inconsciemment jusqu'à présent, consciemment demain, les Français découvriront le changement de taille de leur pays, sa réduction, un peu à la manière de ces têtes que, par un tour de main, les Indiens Jivaros rapetissent – et notre Jivaro s'appelle l'unité allemande, incarnation de la fin de Yalta. Ils le vivront, non comme une pure abstraction, mais à travers des dangers ou des risques qu'ils pourraient même exagérer, se trompant d'échéances et prisonniers de réminiscences, comme si l'Histoire allait bégayer. Au discours politique d'anticiper cette évolution, de dessiner un comportement collectif et de témoigner d'une vraie intelligence des situations! Passifs, nous risquons de voir les bouleversements internationaux faire une irruption brutale dans les fantasmes collectifs. Avec l'immigration comme dérivatif et une extrême droite qui constitue le meilleur terreau pour le populisme – suscité ou spontané – c'est un luxe qui n'est pas à notre portée... D'où l'urgence pour nous d'être à la fois présents sur les fronts extérieur et intérieur, et de prendre en charge, sur ce double terrain, « l'intérêt national » avant que lui ne nous prenne en charge, ou plutôt que les spécialistes patentés en la matière ne s'en préoccupent...

Tout hiatus entre la réalité et le discours, entre le mythe rémanent d'une grande puissance et la perception collective d'illusoires menaces est du pain bénit pour la cohorte grandissante des frustrés, abstentionnistes et autres extrémistes. Il faut retourner contre eux l'idée d'une France active et ouverte. Proclamer que, si les circonstances nous rapetissent, l'isolement nous annihile. Or cette fermeture est en germe dans le populisme. Une population figée par la loi du sang, le repli derrière l'égoïsme national, le refus d'autrui, l'illusion de l'autosuffisance : autant de comportements qui sont les prémices d'une mort programmée. Ceux qui vont s'approprier – si on la leur laisse – l'idée nationale en seront pourtant les principaux contempteurs. Combattre l'extrême droite au nom de la morale, des principes et de l'antiracisme, oui bien sûr. Encore que, en face de l'incarnation du mal, en politique, l'incantation devient elle-même contre-productive. Il faut affirmer une idée de la France contre une autre, et non laisser s'établir un tête-à-tête avec, d'un côté, une idéologie qui refuse cette référence à la nation au nom de l'internationalisme des esprits et des comportements et, de l'autre, une philosophie réactionnaire qui s'en octroie le monopole. Il n'est pas simple, certes, de prêcher la citoyenneté ouverte comme le meilleur instrument de défense d'un peuple; la multiplicité des liens internationaux comme l'antidote à la perte d'influence; une alliance renforcée avec des Etats-Unis sur le recul comme une position clef; l'Europe du Sud comme le contrepoids d'une Allemagne qui va fasciner autant qu'inquiéter. Il n'est pas aisé d'affirmer sans relâche à une opinion anxieuse que l'immigration va continuer, que l'acceptation de l'islam constitue la meilleure réponse face aux tentatives intégristes de manipulation des immigrés, que, puissance régionale, la France a tout à gagner à maintenir sa diversité et sa capacité d'assimiler.

Il existait dans l'histoire française deux filiations autour de l'idée de nation : l'une messianique – le discours à la face du monde au nom des valeurs de la République – accompagnée le cas échéant de quelques conquêtes musclées..., l'autre identitaire et tournée vers la perpétuation d'une tradition. Nos adversaires retrouvent le cours de cette seconde filiation. Mais si nous voulons, pour leur répondre, nous situer nous-mêmes dans la continuité de la première, nous sommes condamnés. Le discours adressé au monde entier et la leçon de morale venant d'un pays en voie de marginalisation ridiculisent. La France n'a rien à apporter à l'univers : ni message, ni exemple, ni morale, ni domination, ni influence. Le nationalisme « républicain » est une absurdité. C'est une nouvelle idée nationale qu'il faut élaborer : plus modeste, plus ouverte, plus intelligente que dominatrice, moins rhétorique..., en quelque sorte une idée de la nation tempérée par la raison! Mais, de grâce! n'affrontons pas le populisme avec des trémolos à la Gambetta. Ce n'est pas la « République » qui fera face au populisme de la fin du siècle, comme elle l'a fait au moment du boulangisme : ce sera, n'en déplaise à Régis Debray, la démocratie avec son extraversion, ses contre-pouvoirs, sa modestie faite de raison, voire ses impuissances.

L'intelligence des situations et l'apprentissage de la complexité stratégique ne suffisent pas à remplir le cahier des charges. Sur le terrain idéologique et politique, la cuisine politicienne retrouve ses droits. On combat des fantasmes avec des idées autant qu'avec les instruments classiques de la politique. Le populisme occupera, comme l'extrême droite le fait d'ores et déjà, le créneau « attrape-tout » : contre-société, contre-modèle, contre-espérance qui peuvent – à la différence du communisme de l'après-guerre – se muer en société, en modèle, en espérance si les vents lui sont favorables et s'il sait les suivre au plus près. Face à cette force qui va, le premier réflexe pousse évidemment aux fausses solutions. L'interdiction politique? Ce serait l'erreur du siècle, la légitimation suprême, les dividendes du martyrologe, avec, à l'arrivée, d'un côté un mouvement politique légal au prix de quelques prudences de langage et, de l'autre, une organisation illégale nimbée de la gloire et du mystère de la clandestinité. Le front républicain – tous unis contre le populisme? C'est – je le dis et redis – ouvrir au populisme un boulevard jusqu'au pouvoir, lui offrir une base politique à 25 ou 30 % dont l'étiage serait suffisant pour qu'il croie à sa victoire. La volonté de composer avec les idées populistes afin de mieux en combattre l'expression politique? Cela signifierait céder au fantasme de l'immigration, accepter de parler de seuil de tolérance ou de restriction de la citoyenneté : autant répondre par des mesures anxiogènes à l'angoisse... Ignorer le phénomène, faire comme si la vie se poursuivait benoîtement, rêver d'Europe comme à l'apogée de la vague internationaliste? On ne traite pas une force sociale en pleine ascension, en résonance de surcroît avec l'évolution internationale, comme un mauvais élève au piquet, par le mépris et l'ignorance.

Que faire? Admettre que les forces du mal sont là, au cœur du jeu politique, leur reconnaître leur place, mais, sous couvert de la leur donner, tracer un cordon sanitaire autour d'elles. Sur le plan électoral, la proportionnelle en est l'instrument pour les élections législatives, car elle casse les connivences délétères auxquelles le scrutin majoritaire contraint la droite classique. Or lutter contre le populisme exige, en priorité, de renforcer la droite classique. Voilà un devoir paradoxal pour l'homme d'Etat, s'il est de gauche, de conforter de la sorte un adversaire qui peut le battre à court terme pour mieux combattre un ennemi qui, s'il menace la société à long terme, ne le gêne pas, lui, à brève échéance. Sur le plan clef des médias, mieux réguler les temps de parole, comme en période électorale, et, ce, montre en main : rien n'est plus équitable... Les populistes ne pourront se plaindre d'aucune censure et pourtant ils y perdront le monopole du discours de refus qu'ils se sont attribué et qui, Audimat aidant, leur offre aujourd'hui une rente de situation. Sur le plan idéologique, en acceptant l'affrontement, le débat, le corps à corps, alors que refuser s'assimile au mieux à une dérobade, au pis à une lâcheté. Y aller, bannière au vent, au nom d'une vision de la nation contre une autre, et non en usant de ce mélange de condamnation morale et de concession verbale derrière lequel se réfugie aujourd'hui la classe politique. Le registre est large : il témoigne que la société ne peut s'en remettre au seul talent de l'homme d'Etat pour gérer la complexité, redéfinir l'idée nationale et mener le combat politique contre le populisme. Mais pour ce faire, l'urgence des urgences est de redéfinir notre vision même de l'Etat.

Nouvel État ou nouvel État-nation?

Avec la nation, la France va redécouvrir l'Etat. Dans les autres pays, l'angoisse peut se cristalliser différemment : au profit de la religion; avec la réapparition de communautés locales ou régionales, ainsi que le vote en faveur des Ligues semble le préfigurer en Italie; dans la famille ou les réflexes tribaux; par la quête éperdue du chef, du *lider máximo* ou du guide... Mais pour nous, le réflexe naturel sera de venir nous mettre à l'abri de l'Etat, mythe protecteur, garant de l'ordre et accessoirement caution des avantages acquis. L'ouverture au monde et le marché n'auront malheureusement pas eu assez de temps devant eux pour nous débarrasser de ce réflexe naturel : le travail était en cours; il n'est pas achevé. La demande d'Etat réapparaît d'ores et déjà dans les sondages, soit dans une version « gauche », plutôt Etat providence, soit dans une version « droite », davantage Etat national : cette évolution était lisible avant même que la France ait pris conscience des bouleversements internationaux en cours. Elle ne peut que se renforcer.

Mais derrière cette aspiration à l'Etat se glisse évidemment la vision que les uns et les autres ont à la fois de la société et de l'idée nationale. Pour les populistes, le dessein est clair : ils veulent retrouver leur bon vieil Etat à jugulaire qui essaie de faire régner l'ordre, qui réprime, qui barricade le territoire et qui, au nom des valeurs traditionnelles et du goût du terroir, protège agriculteurs, petits commerçants, petits bourgeois en désarroi – toutes ces vieilles couches sociales dont Vichy, Poujade, Le Pen se sont voulus les garants. Pour la gauche traditionnelle, c'est au contraire le mythe républicain qui réapparaît : la France redevenue un modèle pour le monde entier avec ses principes d'égalité et ce au nom de la vieille trinité : un même Etat, un même citoyen, une même nation. La tentation sera grande, pour tous ceux qui ont subi à regret la libéralisation et l'essor de la société civile, de croire qu'ils tiennent leur revanche et d'en revenir à leurs vieilles lunes. Or, de la même manière qu'il faut moderniser l'idée nationale, il est vital de transformer l'Etat qui en est le vecteur.

De là l'exigence d'un Etat fort dans une société civile forte, et non d'un Etat qui soit le contrepoids par son autoritarisme d'une anomie généralisée. Cet Etat-là, il ne doit pas, par exemple, porter atteinte à l'ascension du droit comme régulateur de la société, dans le dessein de rétablir le vieil ascendant de l'administration. Bien au contraire, face aux questions graves que soulève la pulsion nationale, le règne du droit est une meilleure réponse que la contrainte de la loi et du règlement. Ainsi des limites morales à ne pas transgresser, en matière de racisme, de xénophobie, d'antisémitisme ou d'accueil des réfugiés. Nombre de bons esprits réclament loi sur loi, afin de mettre le holà aux débordements actuels. Une loi pour aggraver la répression des propos racistes; une loi pour mieux réprimer les appels à la violence; une loi pour interdire la divulgation des idées révisionnistes à propos de la Shoah; une loi, une loi, une loi...

Réflexe si traditionnellement français d'attendre du législateur le bien comme le mal! Ce serait la pire des voies : elle politiserait, *nolens, volens,* la morale, donnerait des arguments en or à ceux qui font de l'antiparlementarisme leur fonds de commerce traditionnel, et surtout disqualifierait l'Etat. C'est au droit, en la matière, de trancher : il existe de ce point de vue en France un corps de « principes généraux du droit » aussi adaptés que les références de la Constitution américaine. A la jurisprudence d'élaborer ses concepts et de les faire vivre. Cela irait de soi si les citoyens pouvaient se prévaloir eux-mêmes des principes constitutionnels : la droite ne l'a pas voulu, en refusant la réforme de la Constitution proposée par le gouvernement. Elle a commis ce jour-là un crime silencieux contre la démocratie, autrement plus grave que le concubinage, à Palavas-les-Flots, de quelques conseillers généraux UDF ou RPR avec le Front national... Mais ce n'est, espérons-le, que partie remise. Aux pouvoirs publics de se convaincre qu'en ces matières sensibles le droit est un meilleur levier que la loi, et la justice un acteur plus efficace que l'administration. Ils l'ont d'ores et déjà admis pour maint sujet grave, telle la protection des libertés face à l'informatique, aux progrès de la médecine, voire l'audiovisuel. Autant traiter les règles d'immigration avec la même circonspection que la fécondation in vitro! Dépolitiser les enjeux éthiques est un impératif d'autant plus urgent que la politique se fait sur ce terrain plus agressive. Les droits de l'immigré requièrent le même doigté que les bébés-éprouvette... Imagine-t-on, de la même manière, le Parlement disserter sur le révisionnisme en matière de camps de concentration ? Avec des amendements pour fixer la limite du mensonge à partir duquel la diffusion de la doctrine serait interdite? A deux millions de déportés? Trois, qui dit mieux? Absurde! Des pays démocratiques, la France est le seul qui ose encore confier à la loi des questions historiques : voit-on le Congrès américain ou les Communes légiférer de la sorte? Le culte de la souveraineté nationale, modèle 1792, n'a pas fini de faire des ravages... La demande accrue d'Etat va, par un réflexe quasi naturel, alimenter ce genre d'idées ou de suggestions. Y répondre, ce n'est pas céder à ce prurit, mais au contraire accélérer l'évolution qui conduit la société à s'en remettre pour ces arbitrages sophistiqués à la justice et au droit. En cela, l'Etat à construire est – je l'ai dit et redit – plus « démocrate » que « républicain », plus régulateur qu'autoritaire, plus attaché à la séparation des pouvoirs qu'à la toute-puissance législative et administrative.

Car même si la nation revient en scène, elle ne simplifie pas pour autant la vie collective. Elle ajoute au contraire ses propres exigences de complexité à une société elle-même de plus en plus complexe. Face au jeu sans fin des effets et contre-effets, l'idée commençait à se répandre que le gouvernement des sociétés modernes s'assimilait aux régulations cybernétiques et que l'Etat jouait plus le rôle d'un aiguillage que celui d'un acteur. Que proclamait d'autre Michel Rocard quand il appelait à un gouvernement modeste? Fallait-il que l'opinion commune ait évolué pour qu'un Premier ministre se réclame de l'acupuncture comme doctrine d'action! Le retour de la question nationale ne bouleverse pas la société civile d'une manière telle que la solution passerait par la restauration de l'Etat d'antan dans ses pompes et ses œuvres. Les populistes, eux, le croient : c'est leur erreur, car les mêmes citoyens qui, anxieux, réclament un Etat plus policier face aux immigrés ne l'accepteraient pas pour eux. Plus les nationalistes de droite réclameront un « pouvoir fort », plus ils manifesteront leur archaïsme. Leur laisser le monopole de cette revendication-là, c'est contribuer à les disqualifier. Que la gauche n'apporte pas d'eau à leur moulin en revendiquant, elle aussi, un Etat tuteur et interventionniste !

Notre Etat se doit d'être restreint et puissant, d'assurer bien sûr les fonctions régaliennes de sécurité, et d'y consacrer les ressources nécessaires ! Mais il est, en même temps, le garant d'une collectivité nationale qui parie sur l'intégration, parce qu'elle se sent menacée par l'exclusion qui coupe la société en deux communautés, l'une officielle et stabilisée, l'autre souterraine et en déréliction. La question des immigrés constitue, nous le savons, le point extrême de l'exclusion. C'est en faisant de la lutte contre cette exclusion l'alpha et l'oméga de son action que l'Etat fera baisser la pression xénophobe. Mais ce ne sont pas les politiques traditionnelles du Welfare State qui répondent – antienne connue – à cet objectif : elles tournent au seul profit des classes moyennes et d'une façon si opaque que l'on ignore quel sous-groupe en profite aux dépens de quel autre. A l'Etat de renoncer à l'égalité de traitement entre citoyens quand celle-ci conforte l'inégalité de départ ! A lui de mettre à bas ses règles uniformes : à l'école, dans les services collectifs, dans l'action sociale ! A lui de remettre en question le mode de gestion administratif et corporatiste qui fait du système éducatif une colonne à distiller et à éliminer plus qu'à rattraper ! A lui de définir des populations cibles, de leur attribuer des subsides moins dérisoires que le RMI – le fixer à 80 % du SMIC représenterait une dépense supplémentaire inférieure à la marge d'erreur annuelle du système ! A lui de consacrer à cette tâche les meilleurs fonctionnaires, en particulier les enseignants, et de remettre en question cet égalitarisme qui croit que traiter de la même manière un jeune Turc de Tourcoing et l'héritier d'une dynastie du Nord leur donne les mêmes chances pour la vie ! A lui de moins administrer la société pour mieux intégrer les marginaux. A lui d'abandonner les mille et une tâches que le secteur privé pourrait bien mieux assumer, afin de ne se consacrer qu'à deux missions : les exigences régaliennes et le devoir d'insertion !

L'idée nationale passe d'abord par une communauté française cohérente, c'est-à-dire non pas réduite et protégée par un cordon sanitaire, mais où les quelques millions d'exclus, immigrés compris, auront retrouvé une place. Le combat contre la marginalité trouve de ce point de vue une légitimité supplémentaire, qui ne doit rien à la charité ou aux bons sentiments. Pour cet Etat-là, la France doit être une communauté en devenir et en mouvement ; non une nation frigorifiée par l'anxiété et les mesures de protection. C'est sur ce thème-là – une citoyenneté ouverte, une communauté unie et souple, un Etat moins administratif que régalien – que se bâtira l'Etat-nation du vingt et unième siècle. Seule cette philosophie sera capable de résister à l'autre tentation, dont le populisme se fera, lui, le vecteur : un Etat policier, revêche, fermé et garant des rentes et privilèges. Seul notre Etat peut répondre aux exigences d'un monde où la disparition des utopies supranationales n'aura pas diminué l'ouverture économique, culturelle, sociologique.

L'extraversion des esprits et l'internationalisation des comportements ne seront pas contradictoires avec la réapparition des pulsions nationales et la résurrection des irrédentismes : le dix-neuvième siècle a été plus ouvert et plus cosmopolite – du moins au niveau des élites – que les années quatre-vingt ont pu l'être pour l'ensemble de la société. Cela n'avait limité ni la violence des affrontements nationaux, ni les aspirations identitaires. La fin du cycle internationaliste ne signifie pas la disparition du cosmopolitisme ; elle tempère seulement la tendance à l'extraversion. Les taux d'intérêt ne redeviendront pas un attribut national de souveraineté, ni les règles sur la concurrence, ni le modèle audiovisuel, ni les comportements et les modes de vie. Bien au contraire, l'extension à la planète entière de l'économie de marché accentue une forme de mimétisme, même si elle s'accompagne, en réaction, de la réapparition des irrédentismes.

Cette dimension-là, le nouvel Etat-nation doit aussi l'assumer et non la combattre. Il doit protéger le jeu salutaire des contraintes internationales qui accompagnent le libre marché, en particulier en défendant l'intégration économique européenne, au moins jusqu'au stade qu'elle a désormais atteint. Reconstruire l'Etat-nation, c'est donc lui demander d'accepter de bon gré ce que le jeu économique comporte de supranationalité. L'Etat-nation populiste n'y est pas prêt; le vieil Etat-nation gaullo-républicain non plus. Le premier parce que toute forme de cosmopolitisme l'agresse, met en branle sa haine du monde anglo-américain et ses phobies antisémites : éternelle folie de « la terre qui, elle, ne ment pas »... Le second car il trouve enfin un prétexte pour combattre, sous couvert d'autonomie nationale, une économie de marché dont il n'a jamais accepté, au fond de lui-même, la suprématie. Seul notre Etat-nation du troisième type, ouvert et intégrateur, est susceptible de faire coexister une aspiration collective à l'identité, les contraintes d'un univers stratégique complexe et la préservation de ce qui demeure heureusement d'internationalisme.

Au-delà de quelques intuitions rapides, c'est une question abyssale qui s'ouvre devant nous. Nous nous étions accoutumés à une logique de l'Histoire qui, après l'apogée des Etats-nations traditionnels, conduisait à leur effacement à la fois par le haut – l'ordre supranational – et par le bas – la résurgence locale ou régionale. Nous étions convaincus que la société se débarrasserait de l'Etat-nation, au fil des décennies, comme un serpent de sa vieille peau. Cette vision-là s'effondre, mais la vengeance des nations n'entraîne pas la destruction de ce qui existait d'ordre international et d'interpénétration culturelle et économique; elle les empêche d'aller jusqu'au bout de leur dynamique. Deux phénomènes vont donc coexister : un monde de plus en plus ouvert en matière économique, sociale et culturelle; des Etats-nations en pleine résurrection à partir d'une poussée politique et d'une mutation des mentalités collectives. Ainsi se trouvent désormais renouvelés les plus vieux sujets de la philosophie politique : l'identité nationale, le phénomène démocratique, le rôle de la violence et de l'aléa.

Le siècle semblait se terminer dans un désert idéologique : depuis que le communisme était devenu un astre mort et que le libéralisme avait de guerre lasse triomphé, certains osaient pronostiquer la fin de l'Histoire, c'est-à-dire l'avènement d'une communauté internationale et de sociétés civiles, l'une et les autres autorégulées. Nous étions promis à un ordre stable, sûr, démocratique... et ennuyeux. Stable : rien n'est plus douteux. Sûr : à l'évidence il ne le sera pas. Démocratique : il faudra un inlassable combat pour qu'il le demeure. Ennuyeux... toutes les questions qui depuis la nuit des temps ont nourri la réflexion intellectuelle vont réapparaître. Elles seront cette fois-ci livrées au seul jeu de l'intelligence et de la raison, puisque le messianisme révolutionnaire a disparu et que la menace populiste ne trouve pas – Dieu merci ! – de projection dans l'ordre de l'intelligence. La résurrection du Politique se manifeste tous azimuts : dans l'ordre international, dans la réalité gouvernementale, dans la réflexion philosophique. Enfin, les difficultés commencent...

L'affaire de tous

Les hommes d'Etat retrouvent leur rôle, mais les enjeux les dépassent. Il serait illusoire de remettre les clefs du monde à quelques sages, en espérant d'eux qu'ils deviendront les notaires du nouvel ordre à construire. Avec la réapparition des crises – risques pour les uns, chances à saisir pour les autres – le poids des responsables est – nous devons nous pénétrer de cette évidence – redevenu essentiel. Kohl, Saddam Hussein mais aussi Bush nous l'ont rappelé chacun à leur façon. La décision politique, le positionnement sur l'échiquier international, l'intuition du possible ne seront que partiellement des vertus collectives : ils appartiennent, à la fin des fins, aux hommes d'Etat. A l'époque de la guerre froide, l'Union soviétique pouvait être aux mains de cadavres vivants et les Etats-Unis gouvernés par un Gerald Ford, l'équilibre du monde n'en était pas bouleversé. Il en va désormais autrement.

Mais la maîtrise des dominos de la stratégie ne constitue qu'une part de cet art politique en pleine résurrection. Il doit aussi incarner un projet, comporter un discours, symboliser et réformer. Ne nous leurrons pas : notre sort ne dépend pas d'un Sauveur. C'est évidemment la tentation, surtout en France où les habitudes et les mœurs de la monarchie républicaine poussent à s'en remettre à Dieu – celui du Bêbête Show, pas l'autre –, à un roi sans couronne ou à un connétable en mission. Pétain, de Gaulle... Parions que le populisme jouera à satiété sur le clavier du Chef : il le fait déjà avec Le Pen mais les Français aiment trop la symbolique du pouvoir pour se sentir à l'aise avec un histrion. D'autres héros apparaîtront, au fil des années : le populisme vingt et unième siècle n'éprouvera pas plus de difficultés que ses prédécesseurs à fabriquer des figures emblématiques. Face aux aléas, la tentation du mandat remis aux mains d'un Sauveur ne sera pas l'apanage des seuls extrémistes. La Constitution et l'élection du président au suffrage universel y poussent aussi. Nous n'en sommes d'ailleurs pas loin, avec un chef d'Etat démiurge nucléaire, chef des armées, inspirateur exclusif de la diplomatie pour le théâtre extérieur, régulateur de la société civile, arbitre suprême pour la vie collective. Plus les Français ressentiront les dangers du monde nouveau, plus ils risquent de suivre la ligne de plus grande pente et de s'en remettre à leur président. Le système présidentiel français est excessif par temps calme ; il pourrait devenir abusif par grand vent. Emprunter cette voie serait la pire des erreurs : à terme, elle ferait le jeu des nationalistes les plus durs et des populistes. Aucun système politique ne bloque de lui-même l'ascension d'une force perturbatrice, mais les mouvements de masse sont plus mal à l'aise dans le jeu parlementaire que sous une monarchie républicaine. Celle-ci constitue pour eux le cadre idéal. Mitterrand a dit des institutions qu'elles pourraient être « dangereuses après lui ». A cause des hommes, devait-il penser. Erreur : ce sera par le fait des circonstances. Ne nous trompons pas de cible : nos sociétés auront besoin d'hommes d'Etat ; elles n'auront pas besoin d'institutions taillées sur mesure pour des chefs aux instincts moins démocratiques que ceux que nous avons connus depuis 1958. Le système français mériterait d'autant plus d'être tempéré par des contre-pouvoirs que vont s'ouvrir des périodes troubles. Plus que jamais, le vide institutionnel inhérent à un pouvoir trop centralisé apparaîtra dangereux : il joue déjà un rôle non négligeable, nous l'avons vu, dans le développement du malaise français ; il peut créer demain les conditions d'une vraie secousse.

La première tâche des élites, des clercs, des responsables en tout genre est donc de mener l'inlassable combat contre les excès du présidentialisme à la française. C'est une question désormais de démocratie. Puisque celle-ci peut être un jour menacée, inutile que son propre fonctionnement institutionnel génère des risques supplémentaires! Un véritable homme d'Etat se débrouillera sans difficulté avec un arsenal de pouvoirs plus restreint; un politicien médiocre ne réussira pas, même avec l'actuel marteau-pilon institutionnel; un apprenti sorcier, lui, y trouverait des instruments à sa mesure... Au-delà même de sa mécanique juridique et administrative, le tort principal de la Cinquième République est de sécréter une mythologie du Chef : dans un univers ordonné, celle-ci constitue un simple désagrément; face à une société anxieuse et à un monde aléatoire, elle devient un encouragement aux coups de menton et propagandes populistes de toute sorte. De là la nécessité de réclamer sans relâche un poids encore plus essentiel pour le contrôle de constitutionnalité – n'oublions jamais qu'avec un Conseil constitutionnel le 10 juillet 1940 aurait été plus incertain –, la représentation proportionnelle pour mettre fin à la superposition absolue des majorités législative et présidentielle, la réduction des prérogatives d'Etat en rendant au secteur privé, au moins dans le domaine économique, ce qui devrait lui appartenir. Il ne s'agit pas de vider de sa substance la fonction suprême pour le cas où un esprit malveillant l'occuperait, mais de renforcer la nature démocratique de nos institutions au moment même où la démocratie va être contestée. Répondre par davantage de démocratie aux assauts qu'elle va subir participe de la même philosophie que d'offrir une citoyenneté ouverte en réponse aux menées xénophobes.

Mais résister au culte du Chef, combattre dans cet esprit pour une réforme des institutions, ne sont en quelque sorte que des précautions. Un immense aggiornamento nous attend dans les prochaines années. Une idée de nation qu'il faut reconstruire. Des principes démocratiques à élaborer. Un Etat à repenser : régalien vis-à-vis de l'extérieur, missionnaire face à l'exclusion sur le plan intérieur. Les fondements de la citoyenneté à restaurer avec pour toile de fond une immigration croissante. Un jeu stratégique complexe à maîtriser. Un repositionnement de la France à assumer. Autant de missions qui constituent l'affaire de tous.

La fin du communisme, la disparition de la guerre froide, la résurgence des nationalismes, la montée de l'intégrisme, la pression du populisme : comment imaginer que la société puisse s'en remettre à un mandataire pour y répondre! L'ampleur des enjeux suppose une mobilisation générale de toutes les forces vives de la société, et d'abord de leurs élites. A ces élites, l'Histoire a appris, quand tout bascule, qu'elles doivent proscrire le désarmement intellectuel, oublier leurs préjugés, rendre à l'imagination ses droits : le tout à l'intérieur d'un code éthique.

Proscrire le désarmement intellectuel, c'est-à-dire refuser de baisser pavillon face aux forces dominantes qui s'annoncent. Un demi-siècle de lâcheté vis-à-vis du communisme devrait au moins servir de leçon, au moment où le nationalisme s'exacerbe. Il ne s'agit pas de voir s'imposer les fantasmes nationalistes comme ont pu le faire les utopies communistes. Toute concession de vocabulaire est une soumission; tout emprunt idéologique une démission. Or aujourd'hui la vision que l'extrême droite offre de l'immigration et, à travers elle, de la nation est en train de se diffuser à tout le corps social... avec évidemment des dégradés en fonction du positionnement originel des uns et des autres. Lorsque le président de la République légitime, sans doute à son corps défendant, l'idée d'un seuil de tolérance, il accepte involontairement la victoire idéologique de l'adversaire. Le national-populisme est en train de devenir la référence, le foyer à partir duquel se définissent certains concepts clefs, telle l'identité nationale. Cela mesure a contrario le désert intellectuel, depuis la mort du communisme, et cette recherche absurde du consensus, devenue le degré zéro de la pensée politique. Que les intellectuels se préoccupent moins de l'octroi ou non de la pelouse de Bagatelle pour ses agapes au Front national, et qu'ils se saisissent des questions en cours! Qu'ils redessinent la nation, qu'ils pensent la stratégie, qu'ils reconstruisent le monde! Que les leaders d'opinion, figures médiatiques en tête, se sentent un minimum de devoir pédagogique, au lieu de combattre Le Pen dans les salons et de l'accueillir dans les studios! Que les technocrates s'interrogent sur les droits et les devoirs d'un Etat-nation moderne, au lieu de s'acharner à en préserver les procédures et les habitudes! Que les élites, en un mot, ne laissent pas le monopole de l'idée nationale au national-populisme! Ce ne sont pas des vœux pieux : les pires lâchetés se sont produites dans notre histoire, lorsque les élites se sont laissées aller au désarmement intellectuel. Elles doivent se reprendre à un moment où elles paraissent abdiquer : au lieu de considérer, comme elles l'ont fait dans l'après-guerre lorsqu'elles ont porté à bout de bras la reconstruction, que leurs devoirs vis-à-vis de la société sont supérieurs à leurs droits, elles se comportent comme si l'inverse prévalait. Elles n'ont aujourd'hui ni le sérieux de leurs alter ego allemands, ni le dynamisme des Espagnols, ni le professionnalisme des Américains. L'establishment, le plus « nomenklaturiste » des démocraties occidentales, a mis, dans l'ordre de l'esprit, crosse en l'air. Universitaires, fonctionnaires, journalistes, leaders d'opinion, hommes politiques, responsables économiques, nous nous embourgeoisons tous, dans une France qui, sous couvert d'égalité et avec l'alibi d'un pouvoir socialiste, est tellement douce pour nous tous, les privilégiés! Pensons, agissons, travaillons sous peine de ressembler à nos prédécesseurs de l'entre-deux-guerres dont la mollesse intellectuelle a pesé lourd dans le désastre de 1940...

Oublier dans cet esprit nos préjugés, c'est d'abord nous défaire des arthritismes de la pensée qui nous entravent, comme autrefois les réactions de castes. Or ils règnent en maîtres : à gauche; à droite; et partout. Partout, avec par exemple la rémanence du rêve européen à la Jean Monnet. Chacun entonne son couplet pro-communautaire comme si une intuition géniale en 1950 pour bousculer l'Histoire valait dans les mêmes termes, cinquante ans après, avec une Allemagne de l'Ouest redevenue l'Allemagne et une Union soviétique réduite à la Russie. La langue de bois européenne exerce aujourd'hui les mêmes effets que toute rhétorique usée : elle bloque la réflexion et l'action. Ce n'est pas parce que les Français ont eu besoin de vingt ans de plus que les autres pour se convaincre de l'idée communautaire qu'il leur faut une génération supplémentaire pour se libérer de ses excès.

Arthritisme à gauche aussi, avec la rémanence de quelques vieux principes qui sonnent comme autant d'alibis du statu quo : l'appropriation publique des biens de production; la conviction que seul l'Etat peut assurer la gestion des services collectifs; le dogme d'un Etat redistributeur centralisé, appliquant l'égalité de prestations à une population inégale; la règle d'une école identique pour tous; la certitude que l'action publique est bienfaisante, le règlement toujours utile, l'uniformité des mesures une garantie d'équité; l'attachement à un système d'administration rigide et corporatisé; la vision toujours présente que l'Etat incarne le bien et le privé le mal; et la persistance du messianisme républicain et le culte des valeurs que le monde entier nous envierait.

A droite enfin, avec d'un côté les vieux réflexes gaullistes qui vont trouver dans le bourgeonnement des nationalismes le prétexte à l'immobilité absolue – anti-américanisme, illusions de l'autonomie française, présence aux quatre coins de l'univers –, et avec de l'autre, l'incapacité des libéraux d'accepter le marché pour un instrument de mouvement social, et non comme un moyen de préservation de l'ordre établi : impossibilité d'élaborer un modèle authentiquement libéral, qui imposerait à l'Etat un inévitable abaissement; difficulté d'incarner une vision nationale en rupture avec celle de l'extrême droite, quand il s'agit de citoyenneté ou d'immigration; réflexes du type « loi et ordre » sans en avoir les moyens; corpus idéologique dont le seul point fort était le combat contre le communisme et qui se délite, une fois celui-ci gagné.

A l'aune des bouleversements en cours, la France est devenue conformiste et petite-bourgeoise, elle dont les idées constituaient autrefois le meilleur produit d'exportation! Vu de l'extérieur, notre pays sent le renfermé et la naphtaline intellectuelle. Il a révolutionné ses mœurs, sa pratique économique, sa gestion politique, mais il l'a fait en contournant l'obstacle idéologique. De là une vraie schizophrénie : elle est peu dommageable quand le règne des idées a disparu; elle devient dramatique quand il faut reconstruire notre « *Weltanschauung* ».

Autre impératif donc : rendre ses droits à l'imagination. Le nouvel Etat-nation ne se définit pas; il s'invente. Il ne sortira pas tout armé de l'esprit d'un philosophe ou d'un homme d'Etat, mais se construira au jour le jour dans une société qui recherchera inlassablement le point d'équilibre entre la poursuite de l'internationalisation et la réapparition des préoccupations d'identité. Un Etat intégrateur; une société ouverte; une citoyenneté flexible; une nation qui se définisse comme une communauté d'adhésion et non comme un fruit de l'Histoire ou de l'eugénisme : il n'existe pas de modèle à copier. Ni les Etats-Unis, dont la diversité communautaire est contradictoire avec l'existence, chez nous, d'un extrémisme politique. Ni l'Allemagne, qui se vit davantage comme peuple que comme Etat-nation, même si l'unité fait instantanément croire le contraire. Ni l'Italie, où le réflexe identitaire commence à s'exprimer à un niveau local, comme autrefois, et non plus national. Ni l'Europe centrale, qui, pour ce qu'elle représente de meilleur – la démocratie –, est en retard sur nous, et pour ce qu'elle incarne de pire – la tentation populiste –, semble en avance. Ni notre propre vision traditionnelle avec un modèle d'intégration qui est devenu une machine à rendements décroissants. Il n'existe aucune recette : ce serait contraire à la vision d'un Etat-nation en perpétuel devenir. Mais nous devons savoir que nous partons moins d'un acquis que d'une table rase. A cela une seule réponse : de l'imagination, encore de l'imagination, toujours de l'imagination. N'est-ce pas d'ailleurs la seule matière première des vieux pays ?

Mais une nouvelle invention nationale et démocratique doit partir, ne l'oublions jamais, du postulat que la vengeance des nations peut se révéler très violente et remettre en cause les valeurs d'extraversion, de tolérance et de liberté qui sont les nôtres. Nous sommes donc au front, face à un ennemi qui menace : idéologique avec le retour des vieilles lunes ; politique par le renforcement incessant du populisme ; éthique avec l'apparition d'un code moral réactionnaire à rebours du nôtre. Nous devons le combattre sur chacun de ces terrains, mais sans y perdre notre âme. Sa fréquentation, même adverse, est délétère. Ainsi nous accoutume-t-il à l'idée d'un seuil de tolérance – c'est une ineptie ; nous fait-il croire que les immigrés sont une cohorte – c'est une idiotie ; nous convainc-t-il de l'existence même d'une question « immigrés » – c'est un alibi. A l'affronter idées au vent, sans avoir repris à notre compte la question nationale, nous risquons d'être contaminés. De là l'exigence, pratique et morale, de ne pas transiger sur nos principes. C'est à la nation de se glisser dans la philosophie démocrate et libérale, et non à la démocratie de se soumettre à l'impératif national. Les compromissions sont impossibles, sauf à accepter d'avoir échappé à l'ombre portée du communisme pour nous trouver écrasés par celle du populisme. Le retour de l'idée nationale : oui, mais à l'intérieur d'une philosophie de la raison qui la prend en charge, la domine, et en circonscrit les pulsions les plus dangereuses. La toute-puissance de la nation : jamais, si ce doit être au prix d'une morale ouverte qui a mis suffisamment de temps à se constituer. Si la vengeance des nations est une certitude, ses manifestations demeurent indéterminées. La raison peut parvenir à la gouverner ; l'illusion risque de la transfigurer; les fantasmes sont susceptibles de se l'approprier. Le pire n'est jamais sûr, mais le prévoir, afin de mieux le combattre, constitue la meilleure hygiène philosophique. Le même affrontement, à la fin du dix-neuvième siècle, s'est plutôt bien terminé. A notre tour de le gagner : la nation, oui, mais sous le gouvernement de la raison...

TABLE

Cet ouvrage a été réalisé par la
SOCIÉTÉ NOUVELLE FIRMIN-DIDOT
Mesnil-sur-l'Estrée
pour le compte des Éditions Grasset
en décembre 1990

Imprimé en France
Dépôt légal : décembre 1990
N° d'édition : 8388 – N° d'impression : 16388
ISBN : 2-246-44071-8